오픈 이노베이션
창업정책 경영론

스마트폰 속 미래 세상

윤진효 저

북&월드

오픈 이노베이션 창업정책 경영론
– 스마트폰 속 미래 세상

초판 인쇄 2010년 4월 30일
초판 발행 2010년 5월 17일

지은이   윤진효
펴낸이   신성모

펴낸곳   북&월드
주소   서울시 마포구 서교동 449-43 국일빌딩 503호
등록   2000년 11월 23일 제10-2073호
전 화   02-326-1013
팩 스   02-322-9434, 031-771-9087
이메일   gochr@hanmail.net

ISBN 978-89-90370-75-4 (93320)

오픈 이노베이션
창업정책 경영론

스마트폰 속 미래 세상

윤진효 저

북&월드

감사의 글

    본 저서는 필자가 대학에서 개방형 혁신 연구, 개방형 혁신 창업, 그리고 개방형 혁신 비즈니스 모델 개발 등의 과목 강의에 활용하고자 하는 목적에서 저술한 것이다. 다소 늦은 출판 기다려 준 저의 학생들에게 감사의 말씀을 전합니다. 오픈 이노베이션 연구의 여러 영역에서 국내의 다양한 사례들과 방대한 이론적 논의 및 사례들에 대한 체계적 분석이 함께 제시되고 있어서, 이 저서가 오픈 이노베이션 강의의 교재로 적합할 것입니다. 아울러, 스마트폰 기반 1인 창조기업 예비 창업자, 그리고 오픈 이노베이션을 통한 새로운 성장동력 개발에 골몰하고 있는 국내 대기업 관계자들이나 정책 담당자들에게 이 책을 권해 드리는 바이다.

    다음으로 이 책에서 인용한 많은 기사를 쓰신 『전자신문』, 『한국경제신문』, 『동아일보』, 『조선일보』, 『코리아 헤럴드』, 『경남매일』, 『경남신문』(순서:인용 기사 수)의 기자님들께 깊은 감사의 말씀을 드린다. 필자는 국내 오픈 이노베이션 사례 발굴에 있어서 1차적으로 기자님들의 주옥같은 기사들에 의존하고 있음을 고백하여 아울러, 본 저서에서 인용한 기사의 내용에 대해 책임이 저자에게 있음을 밝히는 바입니다.

    그리고 이 책을 쓰는 동안 신문 기사 등 자료 정리에 도움을 아끼지 않았고, 계명대학에서 필자의 강의를 들으며 많은 의견을 나누었던 허현미, 박지현, 박진수, 이아람에게 감사의 말을 전하고 싶다.

또한 필자가 진주산업대학교 창업대학원에 재직하면서 동 저서를 저술할 수 있도록 물심양면으로 후원을 아끼지 않았을 뿐만 아니라, 많은 아이디어를 직접 제시해 주신 이웅호 대학원 원장님과 김상표 주임 교수님께도 깊은 감사의 말씀을 전하고자 한다. 그리고 창업대학원에서 필자의 다양한 학사 및 창업 관련 행정 업무를 원활히 처리하여 저자의 저술 활동을 적극 도왔던 이정숙 선생에게도 감사의 말씀을 드린다.

한편 필자와 개방형 혁신 기업 'Isceneshop' 창업에 동참하여 불철주야 노고를 아끼지 않고 있는 부상시스템tm의 송진영 사장에게도 감사의 말씀을 전한다. 그와의 토론은 필자의 개방형 혁신 아이디어를 보다 풍부하고 창조적으로 이끄는, 무엇과도 바꿀 수 없는 귀한 시간들이었음 밝히고 싶다.

그리고 부족한 졸저가 책으로 출간될 때까지 후원을 아끼지 않았던 친구 김상배와 도서출판 북&월드의 신성모 사장님께도 감사의 말씀을 전한다.

마지막으로 부족한 제자를 노심초사 돌봐 주시고 제자의 학문적 발전을 위해 후원을 아끼지 않으신 고려대학교의 함성득 교수님께 깊은 감사와 존경의 마음을 전한다.

2010년 4월 20일
윤진효

차례

3부 개방형 혁신 기술 전략론

4부 개방형 혁신 비즈니스 모델

5부 기술·지식 중개 및 특허 경영

6부 개방형 혁신 제안

[사례 차례]

[표 차례]

[그림 차례]

1부

서론

1-1. 의의

지식기반 경제의 등장으로 경제성장의 중심이 노동, 자본에서 지식과 아이디어로 전환함에 따라 새로운 형태의 경제성장 정책과 기업성장 전략이 필요한 시대가 되었다. 새로운 성장과 발전의 원동력이 지식과 기술이 된 시대는 슘페터(Schumpeter)가 제안한 불균형 성장, 즉 기업가 정신을 토대로 하는 창조적 파괴의 일상화, 혹은 정규화인 것이다. 끊임없이 새로운 아이디어와 지식이 등장하고, 그것이 혁신으로 연결되며, 나아가 시장 성장의 새로운 동력으로 작용하게 되었다. 이러한 지속적이면서도 불연속적이고 예측할 수 없는 새로운 지식과 기술에 기반을 둔 성장의 일상화, 즉 창조적 파괴의 일상화가 현대 지식기반 경제의 핵심이다.

그런데 2009년부터 전 세계 경제를 위기로 몰아갔던 서브프라임 모기지 위기의 도래로 정통 신고전학파 경제학에 대응하는 케인즈(Keynes)와 슘페터가 새롭게 시장의 관심을 받고 있다(히로시, 2009). 케인즈는 유효수요의 부족 문제를 20세기 공황의 근본적 원인으로 처방하고, 그것을 위한 정부의 능동적 역할에 주목했던 반면, 슘페터는 경제성장에 있어서 혁신의 중요성, 창조적 파괴 혹은 기업가 정신을 통한 새로운 불균형 성장 동력을 지속적으로 확보하는 것에 대한 중요성을 제시하고 있다. 케인즈의 유효수요 확대정책론은 미국뿐만 아니라 우리나라를 포함한 G20 회의를 통해 주요 선진국 경제를 중심으로 전 세계적인 유효수요 확대 정책으로 이어졌다.

그런데 새로운 수요를 자극하고 기존 수요를 새로운 수요로 전환 발전시키는 원동력은 무엇인가? 그것은 바로 강력한 혁신, 기업가 정신과 창조적 파괴를 중심으로 하는 강력한 혁신 동력의 지속적인 출현에 있다. 서브프라임 모기지가 초래한 세계적 경제 위기의 근본에는 새로운 혁신 동력의 고갈과 그로 인한 유효수요의 부족, 그리고 수요 공급의 시장 조정 장치에 대한 신뢰의 저하 등이 연속적으로 작용한 점을 주목하지 않을 수 없다. 세계적인 경제 위기의 원인에 대해 보다 근본적인 시각에서 볼 때, IT 기반의 세계 경제의 혁신적 성장 기조가 주춤해 짐에 따라 창조적 파괴에 의한 새로운 성장 혁신 동력이 작동을 멈추게 되었고 그것이 시장의 수요 부족과 신용 경색으로 연결된 것이라는 해석이 가능하다. 따라서 경제 시스템의 진화적 성장, 돌연변이의 시스템화, 즉 새로운 아이디어와 지식이 세계 경제 시스템에 체계적으로 적용되는 상황의 창출이야말로 세계 경제 침체에서 벗어나 지속적인 성장을 견인할 수 있는 주요한 원동력이 되는 것이다(마이클 서머, 2009). 정점에 달한 세계 경제의 혁신 현상을 탈피할 방법은 무엇인가? 전통적 자본주의적 대량 생산 경제, 그리고 IT 기반의 효율적 혁신 생산 공급경제는 현대의 시장 상태를 더 이상 생태계 구조가 변화할 수 없는 정점의 상태인 극상의 경제 상태로 이끌었다. 이후의 창조적 파괴의 경제 혁신의 원동력은 어디에 있는가?

개방형 혁신(Open Innovation)이야말로 새로운 혁신 동력을 창출할 수 있는 새로운 패러다임인 것이다. 새로운 지식과 기술 중심의 창조적 파괴와 기업가 정신의 성장 패러다임이 바로 개방형 혁신에 의한 성장 패러다임인 것이다. 개방형 혁신이란, 체스브로(Chesbrough, 2003)가 최초로 제시한 개념으로 외부로부터의 아이디어와 지식을 기업에 가져오거나 기업의 미활용 지식과 기술을 외부로 유출하여 새로운 제품, 혹은 공정 혁신을 통해서 시장 형성과 성장 그리고 경제발전의 원동력을 창출하는 신개념 혁신 패러다임, 전략, 및 방법론을 칭한다. 그런데 폰 히펠(Von Hippel, 2005)이 제시한 사용자 혁신, 즉 제품과 서비스의 사용자가 사용의 숙련 경험을 통해서 창출하는 새로운 형태의 혁신의 개념 또한 개방형 혁신의 범주에 포함된다. 사용자들이 새로운 아이디어와 지식을 더하여 만들어내는 혁신이 자신의 수요로만 사용될 때에는 사회적, 시장적 가치가 크지 않은 것이 사실이다. 하지만 우리의 논의 대상이 되고, 사회적 관심을 불러일으키는 대부분의 사용자 혁신은 사용자 혁신에 머무르지 않고 생산자의 신제품이나 신공정 혁신으로 연결되어, 개방형 혁신이라는 이름으로 그 가치가 드러나게 된다. 즉 사용자 혁신이 새로운 제품과 서비스 생산의 개방형 혁신으로 매우 빈번히 이어진다는 점이 현대 자본주의 사회의 주요한 혁신의 한 형태이다. 이러한 형태의 사용자 혁신 기반의 개방형 혁신을 사용자 개방형 혁신, 혹은 사용자 기반 개방형 혁신(User based Open Innovation)이라고 정의한다.

개방형 혁신, 사용자 혁신, 사용자 기반 개방형 혁신 모두 광의의 개방형 혁신의 범주에 포함된다. 지식과 기술의 개방형 활용을 통한 새로운 혁신의 창출, 그것이 바로 바로 개방형 혁신인 것이다. 개방형 혁신에 의한 성장은 새로운 아이디어와 지식을 중심으로 혁신이 일어나고 시장에 진입하여 새로운 시장이 형성되는 진화 경제학적 시장 형성의 근본 토대에 해당된다. 개방형 혁신은 바로 진화 경제학의 돌연변이라는 체계적 발생과 생산으로의 전환 과정에 있어서 핵심적 역할을 담당하는 것이다. 성장의 한계, 즉 극상에 탈출하는 데 성공한 IBM이나 지속적으로 새로운 성장 동력을 견인하고 있는 구글, 그리고 전 세계적인 새로운 창조적 파괴 시스템인 앱스토어를 만들어 혁신의 시스템화에 성공한 애플 등 경제 위기 속에서 지속적 성장과 새로운 성장 패러다임에 대한 방향 제시를 하고 있는 세계적인 주요 기업들이 바로 개방형 혁신 성장 전략에 기반하고 있음을 주목할 필요가 있다.

개방형 혁신은 창조적 파괴와 기업가 정신을 기반으로 새로운 창업이라는 구체적인 작용을 하게 된다. 기존 기업이 개방형 혁신을 통해서 새로운 업종으로 확장하거나 전환하는 개방형 전환형 창업, 사용자에서 출발한 개방형 혁신 비즈니스 모델에 바탕을 둔 사용자 기반의 개방형 비즈니스 모델 창업, 그리고 개방형 혁신의 근간이 되는 지식과 기술의 중개를 통해 새로운 이윤과 기업 성장의 원천을 확보하는 지식 및 기술 중개 중심의 창업 등이 바로 그것이다. 지식과 기술 중심의 개방형 창업 모델의 개발은 창조적 파괴를 통한 기업가 정신의 함양으로 21세기에 걸맞은 의미와 가치를 가진다.

그런데 개방형 혁신은 이미 우리나라에서 다양한 형태로, 또한 상당한 수준으로 나타나고 있다. 그것이 개방형 혁신의 순방향이든 혹은 부정적 측면이든, 이미 우리나라의 경제 현실과 기업 경영의 범주 안에 개방형 혁신적 요소들이 상당 부분 출현하고 있다는 뜻이다. 그리고 많은 정부 정책 담당자, 기업 경영자, 그리고 21세기 경제 성장의 가장 근본적 원천인 사용자로서의 소비자들이 한국의 개방형 혁신 현황과 가치 파악에 있어서 개별적 수준에서는 이미 상당한 수준에 이르고 있다. 다만 체계적인 방식의 종합적 수준에서 국가적 차원의 한국의 개방형 혁신 현황과 수준, 그리고 가능성에 대한 전반적인 이해와 대응책 마련이 다소 부족한 것이 사실이다. 따라서 한국 전체를 대상으로 다양한 차원에서 개방형 혁신의 현황들을 체계적으로 분류하고 분석적으로 살펴보는 것은 향후 지속적인 국가 경제 성장 패러다임의 정립뿐만 아니라 기업들의 새로운 기업 전략의 확충, 나아가 사용자로서의 개인의 경제활동의 방향 설정에 중요한 단서가 될 것이다.

1-2. 연구범위와 방법

본 저서는 한국에서 발행되고 있는 주요 일간 신문 중 주로 『전자신문』과

『한국경제신문』을 기본으로 하고『동아일보』,『경남매일』,『경남신문』, 그리고『코리아 헤럴드』등을 보조 자료로 사용하여 내용 분석을 실시하였다. 우선 동 신문들에서 나타나는 한국의 개방형 혁신 현상과 관련한 기술들을 발췌하여, 먼저 해당 기사들에 대한 간단한 분석을 서술하고 원본 기사를 제시하는 방식으로 본 저서의 내용을 구성하였다.

본 저서의 분석대상이 된 신문 자료는 시간적으로 2008년 1월부터 2009년 12월 31일까지의 기사를 분석하였다. 물론 동 기간 중 모든 기사를 분석한 것이 아니라, 필자가 전문가 직관에 의하여 관심을 가진 기사를 중심으로 분석과 기사 발췌를 진행하였음을 밝히는 바이다. 따라서 본 저서에서 분석대상에 포함하지 못한 동 기간 동안의 우리나라의 주요한 개방형 혁신 이슈들이 존재한다면 그것은 전적으로 저자의 책임이며, 그것은 후속 연구와 분석을 통해 추가적으로 규명할 것임을 분명히 밝힌다.

본 연구에서는 기사 분석을 위해 과학적 연구방법을 동원하기 보다는 연구 분석틀에 기초해서 해당 기사들에 대한 질적인 분석을 진행하였다. 즉 필자가 가지고 있는 분석틀의 범주에 해당하는 기사들을 발췌하는 것이 우선 본 연구 분석의 첫 번째 단계인 것이다. 다음으로 해당 기사들에 나타나는 개방형 혁신 패러다임상의 의미와 가치를 체계적으로 서술한 것이 두 번째 단계이다. 그리고 해당 기사의 개방형 혁신 관련 부분을 발췌하여 본 연구 분석의 목차에 맞추어 독자들에게 직접 제시한다. 마지막으로 본 저서의 분석을 통해서 한국의 개방형 혁신의 현황을 진단하고 향후 나아갈 개방형 혁신 전략과 정책의 방향을 제시하였다.

그리고 본 저서의 결론을 통해서, 지난 2년 동안 한국 사회에서 진행된 다양한 개방형 혁신 현상들에 대한 종합적인 평가와 의미부여, 그리고 향후 한국 정부, 기업 그리고 사용자 개인의 개방형 혁신 정책, 개방형 혁신 전략, 그리고 개방형 혁신 비즈니스 모델 창업 방향을 제시하고자 했다.

1-3. 연구의 분석틀

본 저서는 정부의 개방형 혁신 정책, 기업의 개방형 혁신 전략, 개방형 혁신 비즈니스 모델, 그리고 기술 및 지식 중개 및 특허 경영을 연구의 4대 분석 요소로 설정하였다. 개방형 혁신은 체스브로(2003, 2006)가 개념을 제시한 이래, 그것이 기업의 경영전략의 수준을 넘어서서 개인, 조직, 기업, 지역, 클러스터 그리고 국가혁신체제 등 다양한 수준에서 논의되고 연구될 필요가 있음이 여러 학자들에 의해 이미 제시된 바가 있다(West, 2006). 본 연구에서도 선행연구들에서 제시하는 바와 같이 다양한 차원에서 한국의 개방형 혁신 현황을 기사 분석을 통해서 규명한다.

첫째, 정부의 개방형 혁신 정책 분석은 대학, 지역혁신체제, 국가혁신체제 등 중앙 정부나 공공 부문과 관련 있는 개방형 혁신 이슈들을 발굴하고 규명하고 제시하는데 초점을 맞추고 있다. 물론 대부분의 기업, 혹은 시장 부분의 이슈들이 정부의 개방형 혁신 정책과 이중적인 관련성을 가진 것이 사실이다. 하지만 이 연구부문에서는 정부의 역할, 공공부분의 정책 등과 일차적 관련성을 가진 기사들만을 연구의 대상으로 설정하였다.

둘째, 기업의 개방형 혁신 전략 분석은 기업들의 다양한 개방형 혁신 경영 전략과 관련한 기사들을 발굴하고 분석하고 규명하며, 나아가 해당 기사들의 관련 부분을 제시하는 것을 연구의 범위로 설정하였다. 국내 대기업들뿐만 아니라 중소기업들의 개방형 혁신 전략 성공 사례, 그리고 개방형 혁신 전략 부족 혹은 실패 사례들까지도 다양하게 발굴하였다.

셋째, 개방형 혁신 비즈니스 모델 분석 부문에서는 스마트폰 활성화를 중심으로 국내에서 폭발적으로 늘어나고 있는 앱스토어 산업 등 개방형 혁신, 특히 사용자 기반 개방형 혁신 자체를 비즈니스 모델로 설정하여 사업화 하고 있는 사례들을 발굴하고 분석하고 규명하며, 나아가 해당 기사들의 관련 부분을 독자들에게 제시하고 있다.

마지막으로는 기술지식 중개 및 특허 경영 부문에서는 특허괴물(Patent Troll) 논쟁을 시발로 해서 국내에서 최근에 폭발적으로 논의가 활성화 된 바 있는 인텔렉추얼벤처스(Intellectual Ventures), 이노센티브(InnoCentive) 등과 같은 지식과 기술 중개 기업들, 그리고 특허괴물 등에 대한 기사들의 핵심 내용을 발굴하고 한국 현황을 분석하여 독자들에게 제시하였다.

그리고 이상의 논의에 대한 종합으로 한국정부, 국내 대기업, 그리고 예비 창업자들을 대상으로 개방형 혁신 정책 제언을 간략하게 제시하였다. 이미 본문에서 밝힌 내용의 핵심을 요약하여 제시하는 방법을 취하였다.

2부

개방형 혁신 기술 정책론

2-1. 개방형 비즈니스 모델과 정부규제

E-Book(이하 전자책)은 아마존의 킨들(kindle, 전자책 단말기)을 시작으로 본격적인 시장화의 길을 들어서고 있다. 공급자 중심 방식에서 외부로부터 새로운 지식과 기술을 유입하고 그것을 신제품으로 공급하는 개방형 혁신 방식을 채택함으로써 전자책 사업의 시장화가 가능해 진 것이다. 특히 무선 인터넷을 기반으로 세계 어디에서나 새로운 콘텐츠 구매가 가능한 전자책 시스템은 사용자 친화형의 전자책 시장을 성장시키는데 충분한 조건이 되고 있다.

사례 2-1. 킨들의 소비자 권리 보호 미비

사업가인 사무엘 보르헤스는 최근 비행기에 수백 권의 책이 담긴 299달러짜리 킨들을 놓고 내렸다. 그는 아마존 측에 자신의 킨들 계정을 폐쇄한 뒤 일련번호를 재등록 금지 명단에 올려줄 것을 요청했다. 하지만 아마존은 뜻밖에 이를 거절했다. 지난 7월 킨들 콘텐츠 강제 삭제로 한바탕 곤욕을 치른 아마존이 이번엔 무성의한 분실 제품 대응 정책으로 고객을 두 번 울리고 있다.

아마존은 영장을 소지한 경찰의 요구가 있어야만 제품을 습득한 새 주인의 정보를 제공할 수 있다고 설명했다. 이에 대해 아마존의 킨들 커뮤니티 게시판에는 아마존의 정책을 비판하는 목소리가 높다. 보르헤스는 "아마존은 분실한 제품이 또 다른 곳에서 사용되고 있는 것을 알고 있다"며 "하지만 주인에게 이를 돌려주는 것보다 이를 훔치거나 습득한 새 사용자에게 당장 콘텐츠를 더 파는 쪽을 택했다"고 불만을 토로했다. 드류 허드너 아마존 대변인은 이메일 답변을 통해 "아마존은 규정에 따를 뿐"이라는 원론적인 답변만 되풀이했다.

외신은 이번 분실 킨들 논란으로 아마존의 대고객 마케팅이 또 한 번 딜레마에

부딪쳤다고 전했다. 지난 7월 아마존은 조지오웰의 소설『1984』, 『동물농장』 등이 불법 저작물이라고 판단, 강제로 이를 킨들에서 삭제해 물의를 일으켰다. 뒤늦게 아마존은 공식 사과와 환불 등의 조치를 취했지만 집단 소송에 휘말리며 기업 이미지에 흠집이 났다. 뉴욕타임스는 이유가 어떻든 아마존의 분실 제품 관련 정책이 매우 '독특하다(unique)'고 비꼬았다. 한때 소프트웨어 업체를 운영했던 보르게스는 아마존에 대해 새 정책을 제안했다. 분실된 제품이 누군가에게 넘어가 다시 사용되기 전에 원래 주인에게 이메일을 보내 '이 제품을 다른 사용자에게 판매했다'는 것을 인증하도록 하자는 것이다.

하지만 이에 대해 아마존은 공식 답변을 회피했다. 이번 아마존 킨들 분실 정책 논란으로 소극적인 미국 IT 기업들의 대응까지 빈축을 사고 있다고 전했다. 예를 들어 영국 주요 이동통신사업자들은 휴대폰 일련번호를 포함한 블랙리스트를 보유하고 소비자들이 언제든지 도난당한 휴대폰을 정지시켜 재등록되지 않도록 조치를 취하고 있다. 미국에서 아이폰을 분실한 고객이 위치추적 기능 등을 통해 제품을 찾을 방법은 있지만 아이폰 판매 이통사인 AT&T가 서비스를 정지시키지는 않는 것과 대조적이다. - 생략 -

자료: 『전자신문』, 2009년 9월 9일, 국제면, 「킨들 분실 땐 '속수무책'」 기사 중 일부.

그런데 기사에서 나타나는 바와 같이 전자책 분실과 관련해서 아마존의 대응은 사용자 중심의 기업 전략에 초점이 맞추어져 있어서, 소비자 주권의 문제가 심각하게 침해될 수 있는 여지를 남기고 있다. 전자책을 구매한 사람에게서 그 제품이 다른 사용자로 이전된 상황, 특히 분실이나 도난 상황에 대한 통제 장치를 스스로 마련하지 않고 있는 점이 바로 그렇다. 이러한 구매 후 사용자 이전은 사실 아마존 입장에서는 킨들 사용 활성화의 핵심 조건인 것이다. 반면 구매 사용자 입장에서는 명백한 도난과 분실의 경우에도 확인과 통제가 가능한 자신의 전자책을 회수할 수 없는 상황에 직면하게 된다. 이 경우는 사용자의 권리, 혹은 공공질서와 생산자의 경영전략의 충돌 문제로 환원된다. 개방형 혁신은 비즈니스 모델 활성화 조건과 기존의 규제 방식의 불일치 문제가 상존하고 있다. 새로운 차원의 개방형 규제 정책과 제도의 마련이 무엇보다도 긴급하게 요구되고 있다.

2-2. 일본 정부의 개방형 혁신 연구개발 프로젝트

일본은 로봇분야에서 세계 최고의 기술력을 갖추고 있다. 산업형 로봇에서 출발했지만, 일본이 세계에서 유래가 없는 고령화 사회로 향해 감에 따라, 인간의 힘을 보좌할 지능형 로봇 개발에 일본 정부와 기업들이 함께 세계에서 가장 앞서 뛰어 든 바 있다. 마켈 포터(Markel Porter)가 1980년대 초반 국가 경쟁우위를 저술할 때 이비 일본 로봇 산업의 경쟁우위를 분석한 바 있다. 그런데 이목을 끄는 것은 일본이 지능형 로봇 연구에서 국가 연구기관과 기업들 간에 개방형 연구시스템을 갖추고 있다는 점이다. 일본의 대표적인 국가 연구기관인 이화학연구소가 환자 지원용 지능형 로봇인 '리만'의 원형을 이미 완성해 두고 토카이 고무공업과 실용적인 환자지원 로봇인 '리바'를 개발하는 방식은 개방형 혁신 연구개발 프로그램의 전형이라고 하지 않을 수 없다. 즉 지능형 로봇 연구의 초기는 시장실패가 존재하는 불확실한 영역이기 때문에 일본 정부가 독자연구를 하고 일정한 시장형성의 가능이 만들어진 후에 일본 기업과 정부의 개방형 혁신 후속 프로그램을 통해 지능형 로봇의 시장화 작업이 이루어지고 있는 것이다.

사례 2-2. 일본 지능형 로봇 개발을 통해 본 개방형 혁신 정책

일본 문부과학성 산하의 이화학연구소는 토카이 고무공업과 공동으로 사람을 두 팔로 들어 옮길 수 있는 개호(介護, 전문 간병) 로봇 '리바(RIBA)'를 개발해 30일 언론에 공개했다. 키 140㎝, 무게 180㎏의 백곰 모양으로 제작된 '리바'는 간병인의 음성을 인식해 환자를 안전하게 옮겨주는 역할을 맡는다. 공개 실험에서 간병인이 구두로 지시하자 침대에 있는 환자를 안아 올려서 휠체어로 안전하게 옮겼다. 환자역을 맡은 여성은 "사람이 안아 옮기는 것처럼 편안하고 안심이 됐다"고 말했다.

'리바'는 니켈수소전지에서 동력을 얻어 지시자의 육성이나 몸짓에 반응한다. 로봇의 피부는 발포 우레탄과 수지로 만들어져 폭신하며, 팔 안쪽에는 촉각센서가 설치돼 정밀도 및 안정성을 높였다. 현재 이 로봇이 안아서 옮길 수 있는 환자의 무게는 최대 61㎏이다. 2006년 이화학연구소는 같은 용도로 또 다른 로봇 '리만'을 개발한 바 있지만 관절의 움직임이 부자연스럽고, 들어 올릴 수 있는 환자의 몸무게도 18.5㎏에 불과해 상용화되지는 못했다. 저출산, 고령화 시대에 접어든 일본은 간병인이 턱없이 부족한 데다 간병인 한 사람이 하루에 평균 40회 가량 환자를 안아 옮겨야 하므로 허리통증을 호소하는 사례가 늘고 있다.

자료: 『전자신문』, 2009년 8월 31일, 국제면, 「일본, 환자 지원용 지능형 로봇 개발」 기사.

지식기반 경제 하에서 새로운 원천연구 프로그램이나 신성장 동력 연구 프로그램의 초기 기초연구의 경우, 정부의 독자적 대규모 연구 프로그램이 중요한 의미를 가진다. 하지만 초기 원천연구에도 기업의 참여를 토대로 하는 개방형 혁신 연구 프로그램의 형태를 취하는 것이 2단계의 개방형 혁신 응용

연구 프로그램을 만들고 제품을 실용화하는 데에 도움이 될 것으로 판단된다.

특히 세계적인 신성장 분야 개척을 위해서는 기초연구, 응용 및 실용화 개발 프로그램 전 과정을 대학, 국가연구기관 및 기업이 다함께 참여하는 개방형 혁신 연구 프로그램으로 설계할 필요가 있다. 물론 응용이나 실용화로 갈수록 기업의 역할과 기능을 확대하는 개방형 연구 프로그램 본연의 유연성을 갖출 필요가 있는 것은 사실이다.

2-3. 개방형 혁신 클러스터 정책의 방향과 내용

클러스터에 기업이 모이는 이유는 클러스터 안에 있는 기업으로부터 다양한 지식과 정보를 얻을 수 있기 때문이다. 그런데 동종 기업들이 모여 있다는 것 자체로 기업들 간의 지식과 정보의 흐름이 촉진되는 것은 아니다. Yun JHJ(2009)의 사례 연구에 따르면, 기업들은 무엇보다도 가치사슬(value chain) 상의 연계 기업들로부터 새로운 기술과 지식 및 신산업 진출 등에 관한 개방형 혁신 정보를 결정적으로 획득한다. 그런데 가치사슬 상의 정보 획득 대상 기업 중 가장 손쉽게 정보를 획득할 수 있는 대상이 바로 동일 클러스터 내에 위치하고 있는 기업들인 것이다. 따라서 지식경제부가 사례 2-3과 같이 한국산업단지공단을 통해서, 클러스터 내 동종 기업들 간의 지식과 정보를 교류할 수 있는 시스템, 즉 미니 클러스터 사업을 강화하는 것은 해당 클러스터 내 기업의 개방형 혁신을 촉진하는 중요한 정책 수단이 된다. 그림 1과 같이 리서치 트라이앵글 내에 있는 이종기업의 다양한 존재 또한 이들 기업 간의 개방형 혁신을 촉진하는 중요한 수단이 될 것이다.

그런데 클러스터의 집적 효과를 클러스터 내 기업 간의 개방형 혁신으로 제한할 여지가 있다. 따라서 G밸리의 '디지털콘텐츠 미니클러스터'사업이 클러스터 내 기업으로 범위를 제한하지 않는 것은 매우 중요한 의미를 가진다.

사례 2-3. G밸리 클러스터의 개방성

서울디지털산업단지(G밸리)에 게임, 애니메이션 업체들의 협업과 지원을 위한 미니 클러스터가 구축된다. 한국산업단지공단은 G밸리에 입주한 콘텐츠 관련 업체들을 모아 협의회를 구성 '디지털 콘텐츠 미니 클러스터'를 운영할 계획이라고 밝혔다. 이번 사업은 G밸리에 상당수의 게임 및 애니메이션 업체가 입주해 있는 데도 상호 교류가 적다고 판단, 업체 간 네트워크 구축을 통해 윈-윈 모델을 만들어 가자는 취지에서 추진됐다. '디지털콘텐츠 미니클러스터' 사업은 '지능형 메카트로닉스(IMT) 클러스터' 이후 G밸리에서 추진되는 두 번째 미니 클러스터 사업이다. 게임, 애니메이션 관련 산학연 네트워크 활동을 통해 과제 도출과 해결 방안을 모색하게 된다. 이에 따라 G밸리 내 게임업체가 기획을 맡고 애니메이션 업체가 캐릭터 원화 및 그래픽 작업을 맡은 게임 콘텐츠의 개발도 예상된다. 사업 주체인 서울클러스터추진본부 측은 미니클러스터 활동을 통해 온라인 게임의 모바일화, 게임의 애니메이션화 등 개별 콘텐츠의 영역 확대와 이종 분야 진출이 힘을 받을 것으로 예상하고 있다.

- 중략 -

추진본부는 9월 말까지 조직 구성을 완료해 지원 사업 설명회와 창립총회를 개최하고, 협업 프로젝트 발굴 및 전시회 공동 참여 등의 활동을 시작할 계획이다. 클러스터 지원금은 업체별로 최고 2,000만 원까지 지원되며, 여러 업체가 공동으로 추진하는 프로젝트 사업에 대해서는 지원 한도를 따로 두지 않고 있다. 특히 G밸리 내 업체가 아니어도 콘텐츠 관련 업종이면 클러스터 합류는 물론이고 프로젝트 사업

지원금을 받을 수 있도록 문을 열어 놓았다. 클러스터의 범위를 G밸리 밖으로 확장해 유수의 콘텐츠 관련 업체를 유치하고 대규모 네트워크를 구축하겠다는 복안에서다. – 생략 –

자료:『전자신문』, 2009년 8월 4일, IT/과학면, 「G밸리의 콘텐츠 클러스터 구축」 기사 중 일부.

그런데 쿠크(Cooke, 2007. p. 19-38)에 따르면, 지역 간, 혹은 클러스터 간 지식과 정보의 불일치로 인해 클러스터 외부, 혹은 지역혁신체제 외부와의 개방형 혁신이 클러스터 내 기업의 혁신성과와 생산성에 매우 중요한 영향을 미친다고 한다. Yun JHJ(2009)의 연구에서도 기업들의 개방형 혁신의 대상이 되는 대상의 지역적 범위(Boundary of Open Innovation)는 클러스터 내부 보다는 글로벌 범위를 대상으로 하는 개방형 혁신이 기업성과에 보다 긍정적인 영향을 미치는 것으로 나타나고 있다.

쿠크(2007)는 그림1과 같이 지역의 지식 역량은 특정 지역의 특정 분야 지식의 총량이 다른 지역보다 많은 데서 오고, 그러한 장점은 지식의 불일치나 특정 지역의 지식점유 강점분야 등으로 인해 지역 지식 역량이 특정 분야를 중심으로 두드러진다고 말한다. 또한 그는 이로 인해 해당 지역혁신체제나 클러스터 내 기업의 이익이 커진다고 진단하고 있다. 그런데 주목할 것은 지식의 지역 간 불일치로 인해 특정 지역이나 클러스터의 경쟁우위 및 발전을 지속적으로 촉진하기 위해서는 해당 클러스터 외부 기업이나 대학 등과의 개방형 혁신이 매우 중요하다는 것이다.

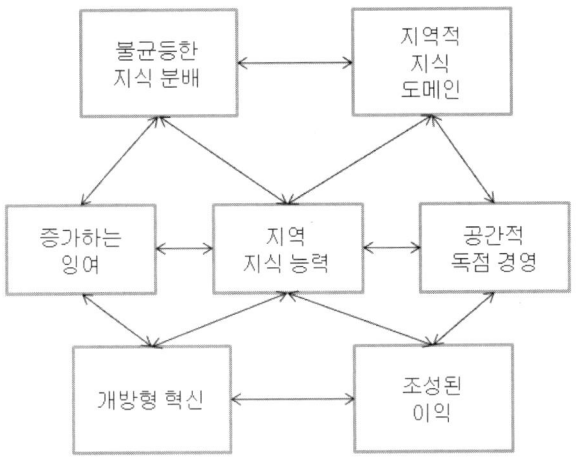

그림 1. 역동적인 지역 지식 능력. 자료: Cooke(2007. p. 28)

사례 2-4. 인력 유입을 통한 지식 개방성을 유지하고 있는 RTP 클러스터

지난 2009년 12월 4일 미국 동부의 '실리콘 밸리'로 불리는 '리서치 트라이앵글 파크(RTP)'를 방문했을 때 가장 먼저 눈에 띈 것은 '키 작은 나무들'이었다. RTP개발과 관리를 담당하고 있는 '리서치 트라이앵글 재단(RTF)'의 카라 루소 홍보담당은 "담배를 경작하다 버려진 땅을 연구 단지로 활용하기 위해 나무를 전부 베어 내고 다시 심었기 때문"이라고 설명했다. 지력(地力)이 다해 농사도 못 짓던 '불모지'가 계획적인 개발로 노스캐롤라이나 주를 먹여 살리는 북미 최대의 연구개발(R&D)단지로 변모한 것이다. RTP는 노스캐롤라이나 주의 주도(州都)인 랄리와 인근 더램, 채플힐 등 세 도시를 잇는 삼각형 안에 여의도 면적의 3.4배 크기로 조성돼 있다. 최근 국토연구원이 세종시를 '과학비즈니스벨트'로 조성할 때 벤치마킹하겠다고 발표한 곳이 바로 이곳이다. 과연 RTP의 기적이 한국에서도 재현될 수 있을까. - 중략 -

RTP가 성공한 두 번째 요인으로는 우수한 두뇌의 원활한 유입이 꼽힌다. RTP

인근에는 '남부의 하버드대'로 불리는 사립 명문 듀크대학(더램)과 엔지니어링 부문에 강점을 가진 NC주립대학교(랄리), 제약 및 화학 분야에서 손꼽히는 노스캐롤라이나대학(UNC채플힐) 등 3개 명문 대학이 포진해 있다. 이들 세 개 대학에 투입되는 연구기금만 연간 16억 달러(1조8400억 원. 2007년 기준). 또 이들 대학을 포함해 RTP 인근 10개 대학 및 단과대학에서 총 11만7000명이 공부하고 있고 매년 1만 5000명이 졸업한다. NC주에 있는 10여개 대학이 거대한 선단을 이뤄 RTP에 인력을 공급하는 셈이다. 프랭크 캐이즐러 UNC교수는 "일부 학교에서는 기업 인턴을 의무화해 산학연 협력을 강화하고 있고, 기업들은 이들 대학에 연구자금을 지원해 우수 인력을 채용하는 윈-윈 체계가 구축돼 있다"고 말했다.

자료: 『한국경제신문』, 2009년 12월 6일, 행정면, 「기업이 세율 정하는 '미국의 세종시', 불모지가 지역경제 '젖줄'로」 기사 중 일부.

미국의 리서치 트라이앵글의 경우에도 인근의 유수 대학으로부터 끊임없이 새로운 연구 인력들이 유입됨으로써 지속적으로 새로운 지식과 기술이 해당 클러스터로 유입되는 개방형 혁신이 활발하게 이루어지고 있는 것이다. 표 4의 기사 사례에서 나타나는 바와 같이 새로운 연구 인력의 지속적인 유입은 특정 클러스터의 개방형 혁신을 촉진하는 중요한 수단이 될 수 있을 것이다.

클러스터 내 기업들의 개방형 혁신 확산과 그를 토대로 한 신제품 개발 등 혁신을 촉진하기 위해서는 클러스터 내부 기업들의 글로벌 개방형 혁신을 촉진할 수 있는 다양한 정책 개발이 요구된다. 한국산업단지공단이나 정부 스스로 나서서 클러스터별 특성화 산업을 분석하고 그것을 중심으로 클러스터 내 기업들과 대학들, 그리고 연구기관을 연계시키되 해외 유관 기업들, 대학들, 그리고 연구기관 등과의 네트워크를 조직하고 활성활 수 있도록 지원할 필요

가 있다. 이는 클러스터 내 기업의 혁신성과를 획기적으로 향상시키고 세계적
인 산업발전을 견인할 수 있는 주요한 원동력이 될 것이다. 대만의 신주 클러
스터가 '신주디스트릭트'라는 실리콘밸리 연계 네트워크를 만들고 이스라엘
벤처 클러스터가 미국 실리콘밸리와 네트워크를 조직화하여 세계적인 클러스
터 성공의 신화를 만든 사례에 주목할 필요가 있다.

2-4. 동전의 양면 : 정부와 시장의 개방형 혁신 역량 상반관계(Trade-Off) 검토

특정 지역의 기업의 개방형 혁신의 채널에는 동종기업, 그리고 가치사슬
상의 전후방 연계 기업 등이 최우선적으로 존재한다. 하지만 이러한 기업들과
의 연계가 활성화되어 새로운 개방형 혁신 성과가 창출되기 위해서는 지역의
출연(연)이나 연구 및 시험 시설, 그리고 대학 등과의 협동 연구 및 공동 작업
을 통한 지식과 기술의 유입이 필수적이다.

사례 2-5. 정부가 직접 나선 지식서비스업 성공, 지식서비스 산업 미래는?
부산 테크노파크 기계부품소재기술지원센터(센터장 이승갑, www.bmp.re.kr. 이하
기계부품센터)가 정부 지역산업진흥사업의 일환으로 설립 · 운영 중인 전국 72개 특
화센터 중 처음으로 자립을 선언했다. 정부의 지역산업 정책이 지자체 주도와 책임
아래 성과 확산 중심으로 전환되고 있는데 따른 대응이자, 향후 전국 특화센터의 생
존을 위한 자립화 물결의 신호탄으로 해석되고 있다. 기계부품소재기술지원센터는
2009년 상반기 센터 운영 현황 자료를 통해 그간 센터가 구축한 장비와 이를 활용
해 거둔 수익 내역 등을 제시하고, 올해를 센터 자립화 원년으로 만들겠다고 16일

밝혔다.

기계부품센터에 따르면 센터는 올 상반기에만 장비활용에서 7억3000만 원, R&D관련 위탁사업과 교육, 임대 수입 등으로 1억여 원 등 총 8억3000여만 원의 수익을 올렸다. 특히 장비활용 실적이 두드러져 연간 목표치의 90% 이상을 상반기에 달성한 것으로 나타났다. 올해 센터의 총 예산이 17억1500만 원이고 상반기 지출 금액이 7억 원을 약간 웃돈 것으로 볼 때 이미 지출 금액 이상을 벌어들이고 있는 셈이다. 이에 따라 센터는 올해 수익 목표치를 당초 10억4700만 원에서 2010년 목표치인 15억 원으로 1년 앞당겨 상향 조정했다. 이미 이번 상반기에 올해 목표의 80% 가량을 달성했기 때문. 이어 내년에는 20억 원 이상의 수익을 거둬 인건비를 포함한 센터운영 등 모든 면에서 완전 자립화를 이룬다는 계획이다. 이를 위해 R&D 과제 발굴 및 공동기술개발을 통한 기술료 수익 비중을 확대하고 인증교육 등 교육 사업에도 나서 현재 장비활용 수익에 쏠려 있는 수익 비중을 다원화시켜 나갈 방침이다.

이승갑 센터장은 "센터가 보유한 각종 장비를 그룹화해 연구원 한 명마다 해당 장비그룹을 책임지고 가동할 수 있는 능력을 갖추도록 만들어 장비 가동률을 크게 높였다"며 "이러한 노하우를 바탕으로 전국의 기계부품소재 기업을 대상으로 인증, 테스트, 교육, 공동 R&D 등을 수행하는 종합 자립 서비스 기관으로 거듭날 것"이라고 말했다.

자료:『전자신문』, 2009년 8월 17일, 「부산 기계부품센터, 전국 72개 특화 센터 중 첫 '자립' 선언」 기사.

그런데 이러한 지식과 기술의 기업 유입을 촉진하는 주요 행위자 중에 연구기관으로써, 혹은 새로운 지식 체화형 인력유입 기관으로써 대학과 출연(연)

이 중요한 역할을 한다. 뿐만 아니라 이러한 지식과 기술의 기업 유입과 기업의 미활용 지식과 기술의 유출 등을 촉진하는 개방형 혁신 활성화 기업들인 지식서비스 기업들의 역할 또한 매우 중요하다. 특화 센터의 자립화는 국민의 세금을 가지고 건물, 설비 및 심지어는 일부 연구개발 투자 자금을 확보 운영하여 서비스를 지역 기업들에게 제공하던 것이 시간이 흘러 더 이상의 추가적인 국가 예산 지원의 필요성이 없어진 상태와 같다. 동 기관 자체는 추가적인 세금 지출의 필요성이 없어짐으로써 일정한 기능 정착으로 평가받을 단계에 이른 것이 사실이다. 하지만 특화 센터 등 국가의 세금으로 설치하여 국립 혹은 공립의 형태로 자립화 하는 기관이 가져올 국가혁신체제의 왜곡현상을 지적하지 않을 수 없다. 개방형 혁신 컨설팅과 개방형 혁신 활성화 관련 역할로 존재 가치를 가질 지식서비스 기업들의 존립을 위협할 수도 있기 때문이다. 국가의 예산을 토대로 설립된 기관들이 자립화를 하게 된 국가혁신체제 혹은 지역혁신체제 내에서 스스로 존립 가능한 개방형 혁신을 목적으로 하는 컨설팅, 기술사업화, 지식서비스업은 존립 자체가 불가능하다. 그리고 국립 혹은 공립으로 설립되어 자립화 목표를 추구하는 지식서비스 기구들이 과연 기업과 시장이 요구하는 지식과 서비스제공 기능을 시장의 왜곡 없이 제대로 수행할 수 있을까? 동 기관들이 국제적 경쟁력을 가지고 국내뿐만 아니라 해외시장을 타깃으로 작동하는 특화센터 혹은 지식서비스 기관으로 활동할 수 있을까?

지역의 개방형 혁신 활성화를 촉진하는 역할과 기능을 하는 핵심 사업들인 지역산업진흥사업 그리고 광역경제권 신성장 동력사업이 과연 기업들의 개방형 혁신과 신산업 진출 그리고 신제품 창출을 촉진하는 촉매제인가? 혹시 기업들 스스로의 혁신 노력과 창조적 파괴 의지를 왜곡하고 파괴하여 장기적으로 국가 및 지역혁신체제의 경쟁력을 훼손하는 것은 아닌가?

부디 개방형 혁신체제의 관점에서 지역 및 국가혁신체제의 시스템 실패에 대응하여 혁신체제 자체의 기능 활성화를 목표로 하는 지역혁신정책 혹은 국가혁신정책이 마련되고 운영되기를 기대한다.

2-5. 사용자, 개방형 혁신 비즈니스 모델의 새로운 원천이다

폰 히펠(2005)에 따르면 공개소프트웨어 기반 S/W 제품 분야, 의료장비 분야, 그리고 실외 소비재와 극한 스포츠용품 분야 등에서 10%에서 30%대의 높은 사용자 혁신이 이루어지고 있는 것을 선행연구들이 밝혔다고 한다. 사용자 혁신이란 제품 개발이나 수정 혹은 보완이 사용자 기업이나 혹은 개인 소비자로서의 사용자에 의해 빈번히, 주도적으로 그리고 중요하게 이루어지는 것을 말한다. 그리고 사용자 혁신으로 귀결되는 많은 혁신들은 서로 다른 필요와 서로 다른 독특한 지식(sticky information)을 가지고 있는 사용자들의 커뮤니티에 의해 사용자들 사이에 확대되는(widely distributed) 경향이 있다.

사례 2-6. 첨단 의료장비 산업, 사용자 개방형 혁신이 필수

최근 첨단의료복합단지로 지정된 대구 신서와 충북 오송 권역의 IT 및 소재 관련 기업들이 첨단의료 분야 진출 채비를 서두르는 등 관련 산업이 활성화할 조짐을 보이고 있다. 이 기업들은 소프트웨어(S/W)에서부터 의료기기, 제약 등 다양한 분야에서 융·복합형 기술개발과 신제품 개발이 이뤄져 향후 첨단의료복합단지가 성공적으로 안착할 수 있는 산업적인 밑거름이 될 것으로 기대된다.

대구디지털산업진흥원 입주기업인 모바일 임베디드 SW전문업체 자누리(대표 박태순)는 자사의 모바일 기술과 지역 GIS전문기업인 대진기술정보와 공동으로 낙상폰을 개발해 의료시장에서 주목을 받고 있다. 낙상폰은 노인 환자가 넘어져 쓰러지는 응급 상황이 발생하면 긴급구조요청을 하지 않아도 자동으로 운영센터에 사고를 통보해 의료진이나 119구조센터가 출동할 수 있도록 하는 시스템이다. 이와 함께 노인들의 복약을 도와주는 스마트 복약지원단말기도 개발 중이다.

초음파영상분야 전문기업인 온디맨드소프트(대표 채은미)는 이미 2차원 초음파영상을 3차원 및 4차원 영상으로 볼 수 있는 솔루션을 개발해 해외에서 인정받았다. 이 회사는 한국과학기술원(KIST), 삼성SDS, 포스코 등과 활발한 산학교류협력으로 개발한 의료영상처리 솔루션을 일본과 캐나다, 중국 등에 수출했다.

대구테크노파크의 의료텔레매틱스사업화의 지원을 받았던 모다메디텍(대표 서성수)도 다양한 첨단의료기기를 개발한 u헬스전문기업이다. 다수의 약물을 투여하기 위한 주사장치, 약물주사 제어방법과 장치, 치료제를 방출하는 의복 등 5건의 국내특허와 2건의 국제특허를 보유했다.

특히 GPS 기술을 접목한 시계는 노인이나 어린이가 급격한 신체이상이 있을 때 자동으로 응급센터에 알려주는 장치로, 올해 이 제품으로 80억 원의 매출을 올린다는 계획이다. 이 회사는 앞으로 휴대폰과 연계한 의료기기와 자동차에 치료기를 탑재하는 기술, 귀금속이나 가전제품에 의료기기를 접목하는 제품 개발로 사업영역을 확대해 나갈 계획이다.

지비테크(대표 황외석)도 최근 요(尿)분석기를 개발해 활발한 마케팅을 벌이고 있다. 이 제품은 스트립지의 색상변화를 광 센싱 모듈을 이용해 측정하고 분석하는 시스템이다. 경북대 모바일테크노빌딩입주기업인 넷블루(대표 김학병)는 산소포화도 측정장비와 요분석기, 낙상방지베드를 개발, 현재 국내 일부 병원 등에 시범 공급했다.

특히 이 회사가 개발한 의료기기들은 다음 달께 뉴질랜드 정부가 추진하는 원격진료 시범사업(ASSET) 입찰에도 참여해 제품을 공급할 전망이다. - 생략 -

자료:『전자신문』, 2009년 8월 26일, 산업면, 「'첨단 IT+의료' 융합화 잰걸음」, 기사 중 일부.

사례2-6을 보면 첨단의료복합단지로 지정된 대구의 경우, 인구 당 전국 최대의 대학병원 수 등에서 나타나는 바와 같이 상당히 집적된 의료 관련 인력들이 권역 대 IT 기반과 결합함으로서 많은 의료장비 혁신 및 신제품을 이미 출시하고 있다. 예를 들어 넷블루의 경우, 의사 및 간호사들과의 긴밀한 상호작용을 통해서 지속적으로 사용자의 혁신 아이디어에 의한 혁신 제품의 개발과 상용화에 성공하고 있다(윤진효 외, 2009). IT 의료장비 분야의 경우, 사용자들의 아이디어와 혁신이 바로 제품 혁신의 출발점이 되고 있는 것이다.

윤진효(2010)는 사용자 혁신이 생산자의 신제품 개발로 직접적으로 연결되는 사용자 기반 개방형 혁신 유형을 여러 사례를 통해서 제안한 바 있다. 사용자 스스로, 혹은 사용자와 직접적으로 연계해서 사용자 지식과 아이디어를 신제품으로 연결하는 혁신이 새로운 제품의 혁신 채널로서 상당히 중요한 의미를 가진다.

폰 히펠이 표1에서 밝힌 바와 같이 의료장비나 의료기기, 그리고 앱스토어의 개인 개발자들과 관련한 S/W 개발 등이 대표적인 사용자 기반 개방형 혁신(User based Open Innovation)의 영역인 것이다.

구분	대상	사용자 혁신의 비중
산업재	1. CAD 소프트웨어	24.3%
	2. 파이프 행거 하드웨어	36%
	3. 도서관 정보 시스템	26%
	4. 외과 의료 장비	22%
	5. 아파치 OS	19.1%
소비재	6. 야외용 소비재	9.8%
	7. 극한 스포츠 장비	37.8%
	8. 산악 자전거 장비	19.2%

표 1. 사용자 혁신의 분야와 비중. 자료: Hippel(2005. p. 20)

사례 2-7. 건강 관련 장비 산업, 사용자 개방형 혁신 필요

한국을 아시아 헬스케어 시장의 거점으로 삼고 적극 투자해온 제너럴일렉트릭 (GE)이 인천 송도에 약 2,000만 달러를 들여 글로벌 연구개발(R&D)센터를 세운다. - 중략 -

헬스케어를 차세대 성장 동력으로 삼은 GE는 한국의 탁월한 IT와 우수한 인프라에 큰 매력을 갖고 그동안 꾸준히 한국 시장에 투자해왔다. 국내 병원들이 u헬스케어 등 선진 의료 시스템에 관심이 많은 것도 GE가 한국 시장을 눈여겨보는 이유다. GE헬스케어는 이런 이유로 지난 2007년 말 환자의료기록을 디지털화한 'EMR (Electronic Medical Record, 전자의무기록)센터'를 서울에 설립하기도 했다. GE코리아 관계자는 송도 연구센터에 대해 "GE가 아시아에서 처음으로 연구하는 분야가 있다"며 의미를 부여했다. 업계 관계자도 "그동안 GE가 투자처로 중국·싱가포르·한국 등을 놓고 고민해왔다"면서 "중국과 싱가포르를 제치고 한국이 유치한 것은 상당히 의미 있는 일"이라고 밝혔다. GE는 앞서 지난 10월 국내에서 열린 '유비쿼터스 헬스포럼 2009'에서 향후 GE헬스코리아가 MPI(Master Patient Index, 환자식별색인), 임상포털(Clinical Portal), PHR(Personal Health Record, 개인건강기록) 같은 u헬스 관련 솔루션을 보급하겠다고 밝혔다. '송도 글로벌 연구센터'도 이와 관련한 것으로 관측됐다.

자료:『전자신문』, 2009년 12월 17일, 경제 · 교육 · 과학면, 「GE, 송도에 글로벌 R&D센터 세운다」 기사 중 일부.

연장선상에서 GE가 송도에 헬스케어 관련 센터를 설립하고자 하는 취지를 이해할 필요가 있다. 의료 서비스와 관련 장비 개발은 다함께 집적함으로써 사용자 기반 개방형 혁신이 가능하다. 사용자로서 의사나 의료종사자들이 스스로 새로운 아이디어를 창출함으로써 사용자 기반 개방형 혁신이 가능한 것이다.

사례 2-8. 혁신 커뮤니티(Innovation Community), 사용자 혁신의 도가니
웹기술 전문 블로그인 '리드 라이트 웹(Read Write Web)'은 2007년이 끝나가는 즈음 '2008년 가장 유망한 웹 기술'로 '오픈 소스 운동'을 선정했다. 리드 라이트 웹은 2007년 가장 유망한 대기업, 중소기업으로 페이스북과 트위터를 꼽은 적이 있다. 두 회사 모두 2009년 인터넷 업계의 가장 뜨거운 감자가 됐다. 1년 앞서 알짜 감자를 미리 캐낸 덕에 리드 라이트 웹은 유명세를 톡톡히 치렀다. 이 블로그는 특정 회사 대신 오픈 소스 운동이라는 모호한 대상을 지목하면서 "2007년에는 두각을 나타낼 만한 특정 회사를 꼽을 수 있었지만, 올해는 어떤 회사도 오픈 소스 운동만큼 강력한 영향을 줄 수 없을 것"이라고 단언했다. 이들은 왜 오픈 소스 운동에 주목했을까. 1980년대 처음으로 등장한 이래 오픈 소스 소프트웨어(OSS, 공개 SW)는 최근 더욱 주목받고 있다. 인터넷 업계에서는 웹 2.0 트렌드를 빼놓을 수 없다.

자발적인 참여와 공유를 모토로 하는 웹 2.0의 흐름은 사용자나 개발자에게 더 많은 참여와 자유를 보장하는 SW를 요구하고 있다. 경기 침체도 한가지다. 라이선스 비용을 줄이기 위해 공개 SW 기반으로 사업 방향을 트는 기업이 등장하고 있다. - 중략 -

우리나라에서도 공개 SW 커뮤니티의 중요성을 인식하고 이를 활발히 도입하는 추세다. 국산 데이터베이스관리시스템(DBMS) 업체를 표방하는 큐브리드는 지난해 말 오픈 소스 기반으로 사업을 전환했다. 외산 DBMS가 시장을 장악한 상황에서 기존의 라이선스 중심 사업은 승산이 없다고 판단했다. - 중략 -

지식경제부는 2009년 4월부터 11월까지 대학·기업이 진행하는 공개 SW 개발자 커뮤니티의 연구 과제를 발굴, 지원하기로 했다. 2008년 10개였던 지원 대상을 3배로 늘리고, 관련 예산도 과제별로 평균 5,000만 원씩 총 15억 원을 배정해 업계 사기를 올리고 있다. 공개 SW 커뮤니티에서 디지털교과서, 안드로이드 UI 개발 도구 같은 유망한 분야를 키운다는 전략이다. 지경부의 지원 사업에는 유수 기업도 팔을 걷어붙였다. 다음커뮤니케이션스·NHN은 필요한 SW를 개발하기 위해 커뮤니티를 활용하고 있으며, 삼성전자·LG전자 등도 멘토로 참여하고 있다.

자료: 『전자신문』, 2009년 7월 10일, IT 및 과학면, 「SW 글로벌 스타를 향해, 공개 SW 커뮤니티 활성화」 기사 중 일부.

사례2-8에 나타난 바와 같이 웹 2.0의 정신이란, 참여와 자유를 통해 S/W 개발자와 사용자의 아이디어와 지식을 다음 제품에, 혹은 기존 제품의 혁신에 반영하는 것이다. 이러한 사용자 주도의 혁신 아이디어 공동체를 바로 혁신 커뮤니티(innovation community)라고도 한다. 사용자들의 커뮤니티임에도 불구하고 최근에는 생산자들이 그 중요성을 인지하고 적극적으로 참여하거나 동 커뮤니티 활성화를 지원하고, 그곳에서 발생하는 지식과 정보를 바로 생산에 연결하기도 한다. 공개소프트웨어 운동을 통해 활성화되기 시작한 혁신 공동체 운동이 현재는 다양한 산업으로 점차 확산되어 가고 있다.

첨단의료복합단지, GE의 헬스케어와 관련한 송도 글로벌 R&D센터, 그리고 SW 커뮤니티 모두 사용자 혁신의 핵심적 영역이거나 핵심적 수단이다. 의료 장비나 헬스 장비의 경우, 전형적으로 사용자들의 혁신에 기반을 두어 제품의 세련화와 세계적인 경쟁력을 확보할 수 있는 영역인 것이다. 그리고 S/W 커뮤니티, 특히 공개 S/W 커뮤니티의 경우 전형적인 혁신 공동체이다. 따라서 동 커뮤니티의 활성화를 위한 적극적인 지원, 특히 생산자로부터의 지원은 혁신적인 S/W 제품 생산의 원동력이 될 것이다.

한국의 중앙정부나 지방정부에 의해 주도되거나 주목받고 있는 첨단의료복합단지, 공개S/W 커뮤니티 그리고 헬스 글로벌 R&D센터 등의 정책개발에 있어서 사용자 혁신이 가지는 본질적 중요성과 가치를 주목하고, 거기에서 출발하는 정책개발과 기획이 필요하다.

2-6. 개방형 혁신, 창조적 인재양성 전략

미국의 슬로안 연구 펠로십은 노벨상 배출의 산실로 유명하다. 해당 펠로십을 받은 연구자는 자신이 가지고 있는 연구 주제에 전념하여 연구를 수행할 수 있는 연구비를 일정 수준에서 지급받을 수 있으며, 따라서 개인의 특성화 분야의 원천 기술 지식을 축적할 수 있다. 또한 그 이후에 미국뿐만 아니라 전 세계의 기업들과 기타 연구기관들이 연구비를 지급한다. 이렇게 글로벌 개방형 혁신 연구 프로그램이 만들어지는 것이다. 세계적인 기업 및 기관들과 원천적인 연구 성과의 활용을 목적으로 하는 개방형 혁신 연구 프로젝트가 진행되게 된다. 결국 원천 연구 분야의 창조적 인재 양성을 통해, 개방형 혁신이 구현되는 것이다.

사례 2-9. 기초연구 분야의 개방형 혁신 촉진 해외 시스템 사례

정부가 총 38명의 노벨상을 배출한 미국의 '슬로안 연구 펠로십(Sloan Research Fellowship)'과 유사한 파격적이면서 세계적인 명성을 얻을 수 있는 젊은 과학자 지원 프로그램을 2009년 내에 추진한다. 2009년 8월 25일, 지난주 국가 과학기술위원회 회의에서 이명박 대통령이 젊은 과학자들이 연구에 전념할 수 있는 프로그램을 적극 검토하라고 지시함에 따라 교육과학기술부가 미국의 젊은 과학자 지원 프로그램인 슬로안 연구 펠로십과 유사한 제도 마련에 착수했다. 이 대통령은 위원회에 참석한 과학자들이 "탁월한 역량을 지닌 젊은 과학자들이 아무 걱정 없이 연구에 전념할 수 있도록 파격적인 지원책이 필요하다"고 제안함에 따라 이 프로그램의 긍정적인 검토를 지시했다. - 중략 -

과학기술계 관계자는 "과학자들이 가장 뛰어난 연구 능력을 발휘하는 시기가 석 · 박사나 포스닥(박사 후 과정) 과정과 같은 젊은 시기지만 지원은 상대적으로 적었다"며 "우리나라가 노벨상 수상자를 배출하려면 이때부터 뛰어난 과학자를 지원해야 한다"고 밝혔다. 교과부 과학인재육성과 설세훈 서기관은 "젊은 과학자 지원 사업을 위해 현재 연구 용역 중"이라며 "그 결과를 바탕으로 예산을 수립, 내년부터 지원에 나설 계획"이라고 설명했다. 교과부는 미국의 '슬로안 연구 펠로십'을 벤치마킹하고 있다. 제너럴모터스(GM)의 최고경영자(CEO)였던 알프레드 슬로안이 지난 1934년 설립한 알프레드 슬로안 재단은 젊은 과학자에게 파격적인 지원과 세계적인 명예를 주는 '슬로안 연구 펠로십'을 수여해 왔다. 펠로 가운데 38명이 노벨상을 수상하는 등 과학계에서 큰 명성을 얻고 있다. 이 재단은 해마다 100여 명의 펠로를 선정하며, 펠로에게는 2년에 거쳐 연간 5만 달러, 펠로십 펀드 이용 등 파격적인 금액과 함께 최고의 명예를 부여한다.

자료: 『전자신문』, 2009년 8월 26일, 경제면, 「한국판 '슬로안 연구 펠로십' 추진」 기사 중 일부.

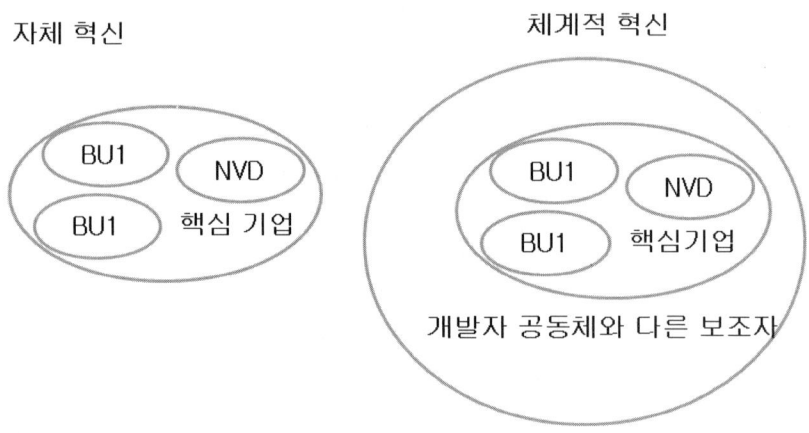

그림 2. 시스템적인 혁신의 영향. 자료: Maula. Keil. Salmenkaita(2007. p. 247)

마우라(Maula) 등에 따르면 여러 비즈니스 단위(BU)들과 신생벤처 개발자(NVD)들이 결합하면 중점 기업 중심으로 자주적 자체 혁신을 발생시키게 된다고 한다. 그러나 시스템적인 개방형 혁신시스템 하에서는 여러 비즈니스 단위들과 신생벤처 개발자들이 결합한 중점 기업이 개발자 공동체나 다른 보조적 장치들의 지원 하에 혁신을 주도함으로써 보다 개방적인 혁신이 가능하다. 개발자 공동체 혹은 다른 보조적 장치들이란 개방형 혁신시스템에서 활동하는 탁월한 개방적인 기초연구 공동체나 혁신적 창업 네트워크 등이 될 것이다. 사례 2-10에서 소개되어 있는 경기도가 운영하는 경기창조학교야말로 전형적인 연구개발자 공동체로서 개방형 혁신을 촉진하는 중요한 촉매제가 된다.

사례 2-10. 지방자치단체의 창조적 교육 시스템 도입

국가 경쟁력을 높이기 위해 사회전반적인 창조성 향상이 시급한 가운데 오명 건국대 총장, 이어령 전 문화부 장관, 이용태 숙명여대 이사장, 안철수 카이스트 석좌교수 등 사회 저명인사들이 멘토로 참여하는 사이버 창조학교가 내달 문을 연다. 오프라인 학교와 병행해 운영되는 이 사이버창조학교는 멘토링 시스템을 이용, 누구나 자유롭게 지식과 경험을 습득 할 수 있는 세계 최초의 디지로그형 학교이자 미래형 실험학교를 표방하고 있다.

2009년 7월 15일 경기도와 경기문화재단은 김문수 경기지사 등 각계 인사가 참가한 가운데 서울 세종문화회관에서 창조문화와 창조인재육성을 모토로 한 '경기창조학교' 개교 선포식을 개최했다고 밝혔다.

경기창조학교는 이론과 교육(Creative Mind)을 비롯해, 언어와 인문학(Creative Thinking), 예술과 오락문화(Creative Imagination), 과학과 기술(Creative Technology), 경영-기업과 가정(Creative Management) 같은 5개 분야 창조교실로 구성돼 있는데 내달 온라인 상의 사이버 캠퍼스를 개설한다. - 중략 -

각 창조교실은 1명의 멘토와 50~120명의 멘티로 구성된다. 도는 세계최초의 디지로그형 학교를 구현하기 위해 사이버 캠퍼스와 함께 월 2회 이상의 오프라인 캠퍼스도 내달부터 운영한다. 도 관계자는 "글로벌 경쟁시대를 맞아 이의 성패를 좌우하는 창조성 향상이 개인과 기업은 물론 사회 전반에 절실하다"면서 "보다 많은

사람들이 볼 수 있도록 사이버 창조학교를 포털과도 연계 할 계획"이라고 밝혔다.
자료: 『전자신문』, 2009년 7월 16일, IT 및 과학면, 「저명인사 멘토로 참가하는 사이버창조학교 개설」 기사 중 일부.

솔로안 연구 팰로십이나 경기 사이버 창조학교의 공통된 특징은 바로 개방적 혁신의 핵심 맥락으로서 개발, 혹은 발전 공동체의 기반을 형성한다는 것이다. 개방적이고 자유로운 기초연구 그룹의 육성과 지역의 창조적 창업 기반의 확충이야말로 개방형 국가혁신체제 혹은 개방적인 지역혁신체제 형성의 시스템적인 기초를 이루는 것이다. 따라서 자유롭고 역동적으로 기업들과 다양한 형태로 결합할 수 있는 창조적 원천연구 인력과 창조적 창업 네트워크 및 기반 확충은 지역 혹은 국가혁신체제 개방형 혁신의 출발인 것이다.

2-7. 국가연구기관 개방형 혁신 시스템 확충 시급

한국의 국가출연 연구기관 중에서 국가로부터 필요한 연구개발예산의 일부를 지원받는 기관들은 그 역할에 맞는 개방형 혁신 시스템의 확충이 시급하다. 현재는 연구소 기업, 기술지주회사 등의 제한된 방식으로만 자신의 기술을 새로운 제품이나 새로운 시장 창출로 연결시킬 수 있다. 사실 사례 2-11에서 소개되고 있는 바와 같이, 산업기술연구회 소속의 출연 연구기관의 신기술을 전통적인 폐쇄형 혁신 패러다임의 방식으로 기술이전이나 라이센싱 등을 통해 시장화 하는 것은 매우 제한된 성공만 가능하다.

사례 2-11. 출연연구기관의 개방형 혁신 시스템 확충 미흡

2009년 9월 1일 산업기술연구회와 ETRI에 따르면 최근 열린 산업기술연구회 임시이사회가 ETRI의 기술지주회사 설립 승인안에 보류 결정을 내렸다. ETRI는 당초 설립 자본금으로 200억 원을 현금 출자하고, 매년 출자 규모를 늘려 오는 2014년까지 500억 원을 확보하는 내용을 담은 기술지주회사 'ETRI 홀딩스(가칭)' 설립 계획안을 제출했다. ETRI는 기술지주회사를 통해 오는 2020년까지 70개의 자회사 설립과 연간 400억 원의 수익달성, 자회사 총매출액 연간 1조 원 등을 달성해 명실상부한 IT융합기술 사업화 전문기업으로 발돋움해 나간다는 구상을 제시했다.

산업기술연구회 임시이사회는 이러한 ETRI의 기술지주회사 설립 계획안에 더욱 세밀한 검토가 필요하다며 보류 결정을 내렸다. 산업기술연구회와 ETRI에 따르면 임시이사회에 참석한 일부 이사진이 200억 원 규모의 현금 출자 계획에 조심스럽게 접근할 필요가 있다는 의견을 제시했다. 공공기관에서 출자하는 대규모 사업인 만큼 공정성과 투명성을 확보하는 차원에서 현재보다 더 구체적으로 사업안을 만들어야 한다는 것이다. 산업기술연구회와 ETRI는 이번 이사회의 결정을 두고 전면 보류가 아닌 사업을 추진하는 과정에서 내실을 다지는 의미로 받아들이고 있다. 이러한 상황에도 불구하고 ETRI의 기술지주회사 설립 일정에 상당 부분 차질이 빚어질 수밖에 없다. 이미 올 초에 기술지주회사 설립 계획을 제시했던 ETRI는 일정대로라면 5월에 이미 대표 이사 선임을 마치고 중소기업청에 신기술창업전문회사로 등록을 마쳐 지주회사를 출범시켜야 했지만 연구소 내부 일정으로 한 차례 늦췄다. 임시이사회마저 기술지주회사 설립 승인안에 보류 결정을 내려 사실상 연내 출범도 불투명한 상황이 됐다.

자료:『전자신문』, 2009년 9월 2일, 경제면, 」대덕특구 기술지주회사 설립 '제동」 기사.

기술을 개발한 연구자 스스로 국내뿐만 아니라 글로벌 기업 파트너들과 함께 적극적으로 새로운 기업을 창출하거나 새로운 기술사업화 시스템을 기반으로 신제품을 만들 수 있는 시스템 정비가 시급하다. 사례 2-12의 독일의 예에서 나타난 바와 같이 국가 연구기관들도 글로벌 공동연구 혹은 글로벌 개방형 혁신 연구 프로그램을 통해서 훨씬 탁월한 연구 성과를 창출할 수 있다. 이를 위해서는 연구원들이 출연 연구기관 내부에 머무르는 것보다 자신이 만든 기술을 시장으로 이동시키는 일에 나서는 것에 경력이나 경제적 보상차원에서 훨씬 파격적인 인센티브를 받도록 할 필요가 있다.

사례 2-12. 글로벌 개방형 혁신 공동 연구의 힘

"MP3플레이어의 원천기술이 바로 프라운호퍼에 있다는 것을 아는 사람은 많지 않지만, 프라운호퍼가 MP3플레이어 기술 이전으로 벌어들이는 로열티는 연간 1억 5000만 유로에 달합니다. 기술유출을 두려워해 독일 안에서만 이 기술을 지키고 있었다면 성공은 불가능했습니다. 한국의 국제공동연구소에 바라는 것도 바로 이러한 모델입니다." 라두 포페스쿠 첼레틴 프라운호퍼 FOKUS 원장의 지론은 글로벌 시대에는 글로벌 사업모델을 만들지 않으면 산업을 키울 수 없다는 것이다. 한국에 국제공동연구소를 설립하고 이곳에서 개발된 연구 성과를 세계 곳곳으로 수출하는 것이 바로 프라운호퍼 FOKUS가 그리는 모델이다.

첼레틴 원장은 "한국과의 공동 연구개발을 통해 전자정부 · 국방 · 금융 비즈니스 로직의 기반이 될 서비스지향아키텍처(SOA) 기술을 세계로 수출할 것"이라고 포부를 밝혔다. 그는 "독일과 한국뿐만 아니라 전 세계는 중앙과 지방정부가 각기 독립성을 보장받으면서 업무 간에 서로 연계성을 가질 수 있는 전자정부 비즈니스 로직에 목말라 있다"며 "이는 정부는 물론이고 정보의 교환이 생명과도 같은 군 조직과 금융 조직에서도 필요한 로직인 만큼 세계 곳곳에 수출이 가능할 것"이라고 덧붙였다. 첼레틴 원장이 한국과의 공동연구소 설립에 큰 기대감을 보이는 것은 독일을 기술선진국의 반열에 오르게 한 원동력이 바로 '협력'에 있었기 때문이다. 전 세계가 기술유출에 골머리를 앓고 있는 상황에서도 프라운호퍼는 세계 유수의 기업들과 공격적으로 공동 프로젝트를 진행하면서 기술력을 다져가고 있다. 세계 유수의 기업·연구소와의 협력은 독일이 누구보다 먼저 앞선 기술을 산업화할 수 있는 요인이라고 그는 강조했다. 전자정부 관련 소프트웨어 개발만 해도 MS나 오라클을 비롯한 45개 기업과 공동 프로젝트를 진행 중이다. 첼레틴 원장은 "독일의 순수기술 연구소 막스플랑크가 100% 정부 예산지원을 받는 것과 달리 프라운호퍼는 40%만 정부지원을 받는다"며 "나머지는 산업과 협력해 충원하도록 돼 있는 모델이 연구와 산업화의 선순환모델을 이루게 하는 근간이 되고 있다"고 설명했다. 이어 그는 "프라운호퍼의 과제는 연구결과물을 산업화하는 데 있는 만큼 한국의 국제 공동연구소의 결과물도 곧 산업으로 이어질 수 있을 것"이라고 말했다.

자료: 『전자신문』, 2008년 9월 2일, 종합면, 「공동연구 성과물 세계 곳곳에 수출」 기사.

국가적 필요에 의한 국가연구기관 혹은 기초기술연구회 소속 연구기관 이외의 산업기술 연구회 소속 출연 연구기관 연구원들의 개방형 혁신 활성화를 위한 국가차원의 혁신적인 시스템 정비가 필요하다. 프라운 호퍼가 글로벌 연구 공동체 및 공동연구를 통해서 독일 내 뿐만 아니라 글로벌 기반의 기술사업화와 새로운 혁신을 주도하고 있는 사실은 자체 개방형 혁신 시스템인 기술지주회사 설립에 실패한 우리나라 최고의 응용 및 개발 연구기관인 ETRI에게는 중요한 타산지석이 될 것이다.

그림 3과 같이 혁신은 다양한 아이디어와 지식의 제기 단계를 거쳐서 구체

적인 제품이나 혁신 성과를 향한 수렴단계로 귀결된다. 정부 출연연구기관의 글로벌 개방형 혁신 연구 프로그램의 활성화는 아이디어 다양화 단계의 창조적 지식과 기술의 발굴을 위해서 반드시 필요한 것이다. 글로벌 개방형 혁신 연구 프로그램은 국내에서 제한된 아이디어와 지식 제시단계에서 마주칠 가능성이 있는 국가 연구개발 프로그램의 다양성을 극대화하여 궁극적으로 창조적인 혁신이 가능하도록 한다.

한편 기술지주회사 등의 정부 출연(연)이나 대학의 신개념 개방형 혁신 창업 프로그램은 공공부문의 아이디어 수렴 단계를 보다 강력하고 구체적으로 추진할 수 있도록 유인하는 역할을 수행하게 된다. 즉 출연(연)과 대학의 아이디어 수렴에 있어 가장 강력한 수단 중 하나가 바로 기술지주회사 프로그램인 것이다.

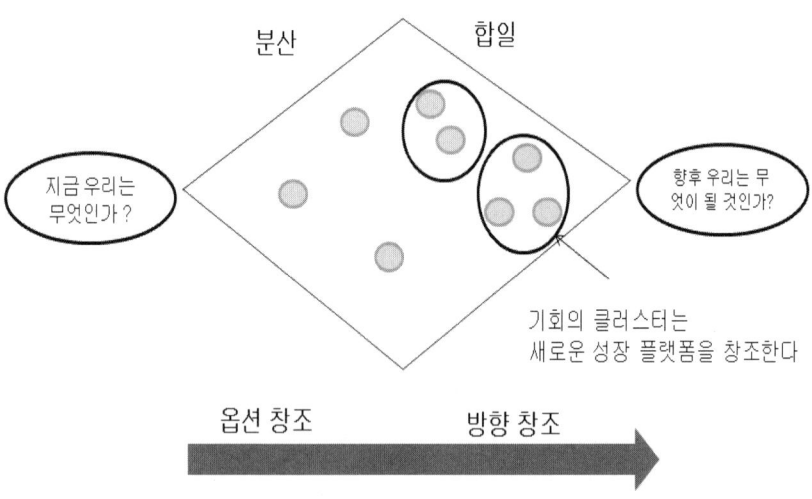

그림 3. 혁신 아키텍츠 과정의 수렴 단계. 자료: Skarzynski and Bibson(2008, p. 141)

2-8. 국가연구개발 프로그램, 글로벌 개방형 혁신 프로젝트로 전환 필요

사례 2-13에서 보듯 베인&컴퍼니사가 한국 정부에 제안한 줄기기술 창출을 위한 '사업화 연계 기술개발(R&BD)' 활성화 제안은 기업들의 새로운 제품 및 신산업 창출과 직결되는 개방형 혁신 대형 원천연구 프로그램에 다름 아니다. 여러 기업들이 원천연구 프로그램 기획 단계에 참여하여 사업화를 개념적으로 포함하는 대형 원천연구 프로그램을 추진할 필요가 있다.

사례 2-13. 국가연구개발 프로그램의 개방형 혁신 시스템 확충 요망

글로벌 컨설팅업체인 베인&컴퍼니는 2009년 12월 7일 "기술 개발 위주의 연구·개발(R&D)에서 탈피해 신성장 동력이 될 '줄기기술'을 창출하기 위한 R&BD (Research&Business Development, 사업화 연계 기술개발)로 시급히 전환해야 한다"고 지적했다. 베인&컴퍼니는 이날 서울 한국과학기술단체총연합회 대회의실에서 열린 '지식경제 R&D 시스템 혁신 방안' 공청회에서 이 같은 내용을 담은 'R&D 혁신 추진 방향'을 발표했다. 베인&컴퍼니는 지식경제부의 용역을 받아 R&D 체계 전반에 대한 진단을 벌이고 있다. 심승택 베인&컴퍼니 이사는 "한국 정부는 지난 10년간 2배 이상 R&D 투자를 늘렸지만 도전을 극복하기 위한 성과는 미흡했다"며 "앞으로는 다양한 산업분야에 핵심적인 줄기기술로 활용될 수 있는 R&BD로 전환해 신산업 창출에 기여해야 한다"고 강조했다.

배인&컴퍼니는 벤치마크 대상으로 미국의 국방분야 R&D를 집행하는 연구소인 달파(DARPA)와 독일의 국책 연구소인 프라운호퍼를 꼽았다. 심 이사는 "달파와 프라운호퍼는 각각 연간 예산의 90%와 60% 이상을 미래산업을 위한 줄기기술 연구와 응용에 투자하고 있다"며 "한국은 기초기술 위주로 자원을 배분해 산업경쟁력

저하를 자초한 스웨덴을 타산지석으로 삼아야 한다"고 말했다.

자료: 『한국경제신문』, 2009년 12월 7일, IT 및 미디어면, 「R&D → R&BD 전환 시급」 기사.

그림 4. 파스퇴르의 사분면. 자료: Stockes(윤진효 외 역, p. 137)

스토크스(Stockes, 1997)에 따르면, 그림 4와 같이 연구개발은 활용의 목적과 과학적 이해의 목적을 동시에 가질 수 있다고 한다. 파스퇴르의 경우 발효에 대한 이해의 목적과 발효 활용 목적을 동시에 가진 연구의 대표자였다.

사례 2-14. 글로벌 개방형 혁신 연구 프로그램의 높은 성과

지경부 R&D 지원금에 기초기술분야(교육과학기술부)까지 포함한 국가 전체 R&D 지원액에서 차지하는 국제 공동 R&D 지원 비중이 7.5%에 그쳤다. 지난 2005년 기준 핀란드 54.1%, 독일 25%, 일본 9.8%에 비하면 크게 뒤쳐지는 수준이다. 하지만 특허출원 등 연구 성과는 전체 R&D에 비해 월등히 높아 효과분석에 따른 국제 공동 R&D 확대가 필요한 것으로 분석됐다. 국제공동 R&D 사업을 통한 과제당 해외 특허출원은 평균 1.09건, SCI급 논문게재는 0.48건으로 같은 기간 지경부

R&D 과제 전체 평균보다 각각 6.48배와 1.28배나 높았다.

특히 SW 컴퓨팅, 정보통신 미디어 등 IT부문의 성과가 높은 것으로 조사되었다. 투자액 비율과 사업 건수로 볼 때 IT분야가 55.5%와 132건으로 압도적 우위를 지켰다. 이어 산업소재 분야는 20.5%와 60건으로 뒤를 이었다. - 생략 -

자료: 『전자신문』, 2009년 12월 22일, IT 및 과학면, 「정부 국제 공동 R&D 지원 늘여야」 기사 중 일부.

이와 같은 맥락에서 국가 연구개발 프로그램의 패러다임 전환이 필요한 때이다. 그림6과 같이 과거에는 국가 연구개발 프로그램의 경우, 기초연구의 성격을 가진 것으로 정의되었고, 정부 스스로도 그것에 집중하였다. 그리고 기업들은 개발연구에만 집중했던 것이 사실이다. 하지만 현대에는 스토크스가 파스퇴르의 연구사례에서 밝힌 바와 같이, 대부분의 연구개발의 성격이 기초에서 응용 및 개발까지 다양한 성격을 가지지만, 활용의 측면에서는 대학연구나 출연(연), 혹은 기업연구 등 연구의 주체와 상관없이 대부분의 연구개발 과제가 활용의 목표를 동시에 가지는 것이 사실이다.

그럼에도 불구하고 한국은 현재 사례 2-14와 같이 글로벌 개방형 혁신 연구프로그램의 성과가 그렇지 못한 경우보다 훨씬 크지만, 사례 2-15와 같은 노력에도 불구하고 현재까지 국가 연구개발 프로젝트가 글로벌 개방형 프로그램의 비중에서 매우 낮은 수준에 그치고 있다.

사례 2-15. 글로벌 공동연구 확대

외국 대학이나 연구기관이 우리나라 국제 공동 연구개발(R&D) 프로젝트에 주관기관으로 참여해 결과물의 지재권·특허권까지 공동 소유할 수 있게 됐다. 다만, 우리 기업의 실시권(實施權)을 확보하기 위해 연구컨소시엄에 반드시 우리 기업이 참여하도록 의무화했다. 지식경제부는 이 같은 내용을 골자로 한 '국제 공동 기술개발 사업 운영 요령'을 제정해 2008년 5월 21일 고시한다고 밝혔다. 오는 2008년 11월 본 개발에 착수하는 한미 공동기술개발사업(KORUS-Tech)부터 처음 적용한다. 그간 외국기관은 국제 공동 R&D 프로젝트에서 일부를 위탁받아 연구를 수행할 수는 있었지만, 성과물을 공유하지 못하는 위탁기관으로만 참여할 수 있었다. 앞으로 외국기관은 R&D 비용을 국내 기관과 공동으로 분담하고 이에 따른 지식재산권의 소유나 공유가 가능해지게 됐다.

지경부는 아울러 외국기관의 R&D 참여를 활성화하기 위해 외국 대학이나 연구소가 국내기관과 함께 R&D를 수행할 때 현재의 위탁기관 제도와 달리, 지재권 분할과 연구비 분담에서 책임과 권한을 갖는 '참여기관' 제도도 도입할 계획이다. 참여하는 기관의 국적이나 사업별 특성에 맞도록 기술료 징수방식도 매출액의 일정비율을 징수하는 방식과 정액방식을 선택적으로 쓸 수 있도록 하고 사업비 정산 시 외국 회계법인의 정산결과도 인정해주기로 했다. 정대진 지경부 산업기술정보협력 과장은 "그간 외국기관은 R&D에서 우리 기관의 기술 애로를 해소해주는 자문 역할을 하면서도 결과에 전혀 권리를 갖지 못해 소극적일 수밖에 없었다"며 "본격적인 '오픈R&D'로의 전환을 통해 우리가 선진 외국기관의 기술개발 노하우를 폭넓게 흡수할 수 있는 환경이 갖춰지길 기대한다"고 말했다. 이 밖에도 외국기관의 R&D 참여를 활성화하기 위해 사업계획서를 영문으로 작성할 수 있도록 하고 계획서의 검토, 심의를 온라인으로도 할 수 있도록 했다.

자료: 『전자신문』, 2008년 5월 21일, 종합면, 「국제 공동 R&D 프로젝트 외국기관 주체적 참여」 기사.

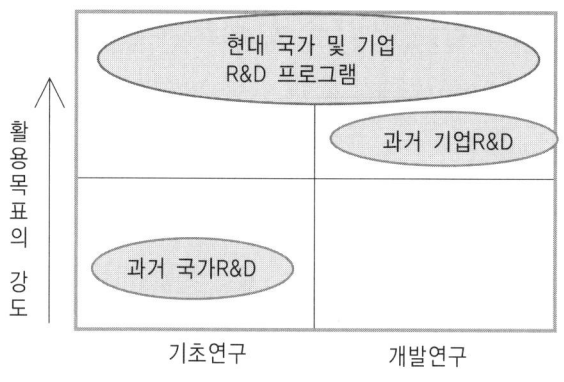

그림 5. 국가 및 기업 R&D의 위치 변화

따라서 국가의 연구개발 프로그램 설계 시, 그림 5와 같이 글로벌 선도 기업들과 지역 밀착 기업들이 동시에 참여하도록 하여, 기초에서 개발까지의 연구개발의 성격을 가진 다양한 국가 연구프로젝트를 개방형 글로벌 연구 프로젝트로 전환할 필요가 있다.

개방형 혁신의 범위가 글로벌 범주일수록 개방형 혁신의 효과가 큰 것은 국내 연구개발 프로젝트들뿐만 아니라 쿠크와 윤진효(2009, 개방형 혁신의 위치와 범위)의 연구에서도 이미 입증된 바 있다. 그리고 이와 같은 글로벌 개방형 연구 프로그램은 최소 광역경제권을 단위로 초대형으로 설계하여, 대학이나 출연 연구기관 연구자들의 주도적 참여를 인정하되, 연구 기획 단계부터 기업의 참여와 역할을 반드시 포함하도록 하여야 할 것이다.

아울러 동 개방형 프로그램에 참여하는 대학 연구자들에 대한 평가도 전통적 학문중심이 아니라 개방형 프로그램의 지식의 개방적 이동성과 혁신 성과 중심으로 전환할 필요가 있다. 그리고 기업들은 동 프로그램의 개방형 혁신 성과를 극대화할 수 있는 역할과 기능을 가져야 할 것이다.

2-9 앱스토어 개방형 혁신 혁명, 무선 인터넷 인프라 확충 시급

한국 정부가 드디어 한국의 무선인터넷 후진성에 주목하고 정책적인 대응에 나서기 시작했다. 불과 얼마 전까지 인터넷 회선 기업들의 이윤 보장을 위한 정책에 몰두하던 한국 정부가 애플 아이폰의 국내 도입으로 스마트폰 전쟁이 발발하고 나서야 정신이 번쩍 들었다. 사례 2-16과 같이 데이터 정액제, 데이터 통화 용량 확대, 패킷당 차등 요율 변경 등 1차원적인 방식이긴 하지만, 무선인터넷 요금 인하 정책에 나선 것이다.

사례 2-16. 무선인터넷 활성화 조건

정부가 데이터 정액제의 무료 데이터 통화 용량 확대, 패킷당 차등 요율 변경 등을 통해 획기적인 무선인터넷 요금 인하를 추진한다. 또 약정을 전제로 유선전화의 시내외 통화료를 단일화하는 새 요금제도도 도입한다. 2009년 8월 22일 방송통신위원회는 이 같은 내용을 포함한 '20% 요금인하' 방안을 늦어도 다음 주 월요일에 공식발표할 예정이다. 방송통신위원회는 통신업계와 이통요금 인하를 위해 데이터 통화료 인하가 필수라는 공감대를 이뤘으며, 데이터 통화 정액제 용량 확대, 패킷당 차등 요금제 손질 등의 방법으로 현행보다 최소 절반 이상 싼 데이터요금 인하 방안을 제시할 계획이라고 밝혔다.

SK텔레콤 데이터 패킷당 요금의 경우 TV · 영화 · 동영상 등 대용량 멀티미디어는 0.5당 0.9원, 게임 · 뮤직앨범 등은 1.75원, 텍스트는 4.55원, 인터넷 직접 접속은 1.5원 등으로 차등 적용되고 있다. 이로 인해 가입자들이 혼란을 겪는 것은 물론이고 벨소리 하나 다운로드 하는 데 정보이용료를 제외한 데이터통화료가 1,000원 가까이 부과되어 요금이 과다하는 지적도 이어졌다. 또 SK텔레콤이 최대 55MB 등을 제공하는 데이터 정액제의 무료 데이터 통화 용량을 늘리는 방안도 마련된다. 50MB는 게임을 두 개 내려 받기에 모자란 용량이다. 아울러 통신사업자들은 가입자가 단말 보조금과 요금 할인 중에 적합한 혜택을 고를 수 있는 선택형 요금제를 출시할 계획이다. 소액 이용자를 위해 선불 요금제의 10초당 요금을 현 62원 수준보다 대폭 낮출 것으로 알려졌다.

유선전화는 시내외 통화에 동일한 요율을 부과하는 요금제의 혜택을 확대하는 새 요금제도 나온다. KT 관계자는 "추가로 2,000원을 더 내면 시내외 통화에 같은 요율(39원/3분)을 적용하는 '전국단일요금제'에 3년 약정으로 가입하면 2,000원을 깎아주는 새 요금제를 검토 중"이라고 밝혔다. – 생략 –

자료: 『전자신문』, 2009년 8월 23일, 「데이터 통화료 50% 이상 저렴해진다」 기사 중 일부.

어제까지 인터넷 강국으로 불리었던 우리나라가 갑자기 무선인터넷 후진국으로 추락하고 있는 것을 발견하게 된다. 애플 아이폰이라는 스마트폰이 국내에 도입되면서 갑자기 무선인터넷의 후진국이라는 오명을 쓰게 된 것이다. 다들 당혹해 한다. 여기저기에서 무선인터넷 기반의 스마트폰 산업, 콘텐츠 산업에서 세계적인 경쟁력 저하를 지적하고 있다. 정말 혼란스럽다. 아니, 인터넷 강국이 하루아침에 무선인터넷 후진국이라니 도대체 무슨 얘기인가?

사례 2-17. 차세대 IT 혁명의 기반 무선랜

이통망보다 속도 빠르고 값 저렴 … 이통사, 무선랜 전용폰 쏟아내.

2002년 KT는 네스팟이란 이름의 무선랜(와이파이) 서비스를 내놨다. 대학 캠퍼스나 커피숍 등 공공장소에서 무선으로 인터넷을 사용할 수 있다는 점 때문에 인기를 끌었다. 가입자는 한때 50만 명까지 불어났다. 하지만 3세대(G)이동통신, 와이브로 등과 같은 새 서비스가 나오면서 '애물단지'가 됐다. 이동통신 매출을 갉아먹는 다는 이유로 사업은 사실상 중단됐다. 가입자도 30만 명까지 떨어졌다. – 중략 –

유선과 무선을 융합한 신종 서비스가 등장하고 무선랜 기능이 들어간 휴대폰과 MP3플레이어가 확산되면서 '와이파이'가 다시 주목받고 있다. 무선랜은 초고속인터 넷망에 연결된 무선공유기(AP)가 설치된 곳을 중심으로 일정 거리 이내에서 무선으 로 인터넷에 접속할 수 있는 서비스다. 이동통신망에 비해 훨씬 저렴하고 속도도 빠 르다. 그동안 무선랜은 이동통신 시장을 잠식한다는 이유로 통신사로부터 푸대접을 받았다. KT는 무선랜 이용지역인 '네스팟존'을 전국에 1만3000여 곳이나 만들어 놓고도 사업을 중단한 상태였다. 내부에선 사업을 접어야 한다는 의견이 나오기도 했다. 불과 몇 년 만에 사정이 달라졌다. 초고속인터넷 보급이 확대되면서 집이나 사무실에서 무선공유기를 사용하는 사람이 늘어나고 대형 커피숍 등 무료 인터넷 공 간도 많이 생겼다. 무선공유기가 500만대 이상 보급되면서 아파트나 도심 지역에서 도 무선랜 신호를 손쉽게 잡을 수 있다. 스카이프 등 무선랜을 통한 인터넷전화 서 비스도 빠르게 퍼져나갔다.

무선랜이 인기를 끌자 통신사들도 핵심 인프라로 활용하기 시작했다. KT는 FMC 서비스를 통해 승부수를 던졌다. KT는 특히 경쟁사가 보유하지 못한 네스팟 존을 차별화된 강점으로 부각시켰다. 3G와 무선랜에 이어 와이브로까지 한꺼번에 제공하는 '3W'서비스도 준비 중이다. LG 통신 진영도 내년 초 '3콤' 합병 후 다양한 FMC 서비스를 내놓을 계획이다. 무선랜 방식의 인터넷전화인 'myLG070' 서비스 를 위해 가정에 설치한 AP 장비가 FMC 서비스의 주요 인프라다. – 생략 –

자료: 『한국경제신문』, 2009년 11월 16일, IT 및 과학면, 「무선랜의 재발견-유·무선 융합 핵심 인프라로 급부상」 기사 중 일부.

한국의 무선망과 하드웨어 보급은 세계 최고 수준이다. 그러나 모바일웹과 관련해서 살펴보면 그 정책상의 문제로 인해 모바일웹 시장이 발전하지 못하고 있다. 사용자 설문조사에 의하면 모바일웹을 쓰지 않는 가장 큰 이유가 무선데이터 사용료로 나타났다. 국내 이통사의 문제는 다양한 서비스 등장을 위한 개방보다는 자사의 작은 수익을 위한 유료화에 치중하는 것에서 시작한다. 이와 같은 상황을 총체적 결과로 국내 무선데이터 요금은 매우 비싸다.(김중태, 2009. p. 289, 292, 293) 즉 사례 2-17에서 일부 나타나는 바와 같이 무선 인터넷의 개방화, 활성화로 새로운 시장을 창출하기 보다는 무선인터넷 망 이용요금 징수를 통한 수익 창출에만 몰두한 기업들과 무선인터넷관련 시장 유지에 급급한 정부 정책이 결합해서 하루아침에 무선인터넷 후진국이 된 것이다.

그림 6과 같이 사용자, 혹은 소비자 기반 새로운 혁신의 트렌드가 예측되어 왔다. 스마트폰 애플리케이션과 클라우드 컴퓨팅을 중심으로 하는 사용자 편의 컴퓨팅의 발달, 스마트폰 과 새로운 인터넷 기술의 결합에 의한 모바일 웹, 그리고 기업 및 사회의 개방형 혁신의 활성화가 가져올 사용자 기반 개방형 혁신은 사용자 혹은 소비자 중심의 새로운 개방형 혁신의 시대를 열고 있다.

사용자 기반 개방형 혁신의 새로운 트렌드 자체로 새로운 산업, 성장 동력을 창출하는 데 정부 정책을 맞춰야 한다. 새로운 트렌드의 기본이 되는 3가지 요소들 자체에 지금 당장 이익 창출에 기업들이 몰두하도록 정부 정책을 맞춘다면 시장 실패는 교정할 수 있을 지도 모른다. 하지만 이러한 정부 정책은 무선 인터넷 후진국으로 전락한 한국의 사례에서 나타나듯이 새로운 국가혁신체제, 특히 모바일 웹 중심의 사용자 기반 개방형 혁신 국가혁신체제의 실패를 초래하게 될 것이다.

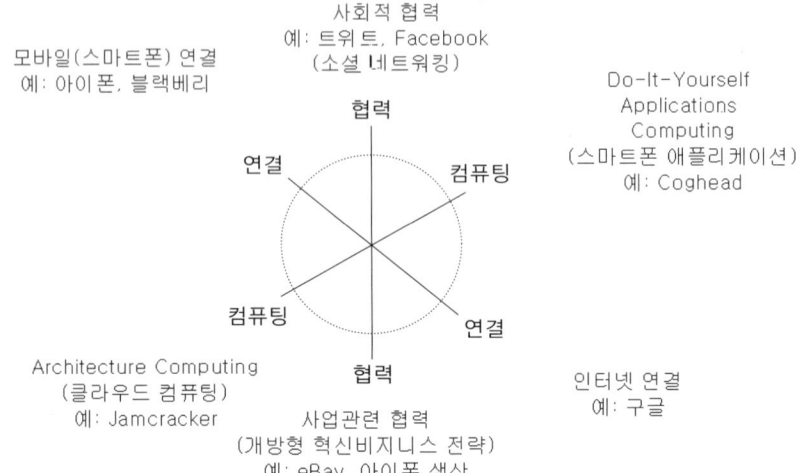

사회적 협력
예: 트위트, Facebook
(소셜 네트워킹)

모바일(스마트폰) 연결
예: 아이폰, 블랙베리

협력

연결

컴퓨팅

Do-It-Yourself
Applications
Computing
(스마트폰 애플리케이션)
예: Coghead

컴퓨팅

연결

Architecture Computing
(클라우드 컴퓨팅)
예: Jamcracker

협력

사업관련 협력
(개방형 혁신비지니스 전략)
예: eBay, 아이폰 생산

인터넷 연결
예: 구글

그림 6. 소비자가 기업들과 관계를 맺는 방향을 결정할 3가지 트렌드.

자료: Prahalad. C.K. Krishnan. M.S.(2008) (일부 수정)

2-10. 개방형 혁신 정책, 방향을 잃다

교육과학기술부가 사례 2-18과 같이 R&D성과혁신센터를 만들어 기초연구성과 사업화에 직접 나서기로 했다. 기술발굴에서 특허출원 및 이전까지 한다고 한다. 물론 지식경제부는 표19와 같이 선도기술이전전담조직(TLO) 사업을 통해 대학과 출연연구기관의 선도기술을 발굴하여 기술이전과 사업화 사업을 이미 추진하고 있다. 또 한편, 사례 2-19의 신기술창업전문회사와 대덕연구개발특구의 연구소 기업 등은 대학과 출연(연)의 시장 전망이 밝은 기술을 발굴하여 스스로 기술사업화를 지원하는 시스템으로 정비되어 있다.

사례 2-18. 교육과학기술부의 새로운 개방형 혁신 시스템 조직

교육과학기술부는 대학 및 정부출연연구기관의 유망한 R&D(연구개발) 성과를 발굴, 기술이전 및 산업화를 지원하는 '기초연구성과 활용지원 사업'을 추진한다고 10일 발표했다. 이를 위해 교과부는 2010년 1월 특허 및 관련 기술분야 전문가로 구성된 사업주관기관 'R&D성과혁신센터(가칭)'를 한국연구재단 내에 설치, 지원에 나설 예정이다. 이 사업은 정부가 기술 발굴, 시장성 평가, 특허등록 및 기술이전의 전 과정을 주도한다는 것으로 국내에서는 처음 시행된다. 지금까지 정부는 대학과 연구기관 및 개인연구자가 개발한 기술의 특허를 등록할 때 비용을 보조해 주거나 지원기관의 운영비용만 부분적으로 지원했었다. 교과부는 우선 연구기획단계에서 대학이나 출연(연)이 유망한 틈새분야를 발굴토록 하고, 성과창출단계에서는 연구기관의 아이디어 및 논문 등 기초연구성과물 가운데 특허청과 관련 분야 전문가들의 심사를 거쳐 산업적으로 가치가 큰 후보기술을 선정할 계획이다.

자료:『한국경제신문』, 2009년 11월 10일, 중기 및 과학면, 「대학·출연硏 연구성과물 상용화지원, 교과부 'R&D 혁신센터' 설치」 기사.

그런데 기술의 성격과 시장에 대한 체계적인 이해 없이 여러 부처가 마구잡이로 기술사업화 정책을 추진하는 것은 오히려 시장을 왜곡하거나, 시장의 자발적 기술사업화 역량과 기업들의 개방형 혁신 태도를 저해할 수도 있다. 기술에 대한 지식과 시장에 대한 지식의 수준에 따라, 기술사업화 및 기술이전이 입체적인 방법으로 다양하게 추진되어야 할 것이다. 그림8과 같이 기술과 시장에 대한 지식과 정보는 3가지의 다른 차원에서 존재할 수 있다. 대학과 출연연구기관을 포함한 모든 연구자의 연구개발 활동에 궁극적인 활용 목적을 가진다면, 대학과 출연연구기관도 그림 7의 세 가지 기회선 중 하나를

타깃으로 한 연구 활동을 진행할 수밖에 없을 것이다.

사례 2-19. 대학과 출연연구기관의 새로운 기술사업화 시스템 신기술창업전문회사

신기술창업전문회사 1호가 탄생했다. 중소기업청은 포항산업과학연구원에서 산업부산물 재활용 특허기술의 사업화를 위해 설립한 '리스텍비즈'의 전문회사 등록을 승인했다고 19일 밝혔다. 신기술창업전문회사는 대학 및 연구기관이 보유한 기술을 직접 사업화하기 위해 자본금의 30% 이상을 출자해 설립하는 주식회사로, 지난해 4월 벤처특별법 개정과 함께 국내에 처음 도입됐다. 이 제도를 활용하면 대학과 연구기관에서 홀딩 컴퍼니를 통한 자회사 설립도 가능하다. 리스텍비즈는 향후 자체 보유 특허기술을 활용해 석유화학·전자·도금 등 작업현장에서 발생하는 니켈(Ni) 함유 부산물을 회수하고, 이를 스테인레스의 원료(FeNi 펠렛)로 재활용하는 사업을 추진한다. 중기청은 연내 10억 원의 예산을 마련하고, 전문회사 설립 시 소요되는 출자 기술 평가 및 개발 비용을 업체당 최대 2억 원까지 지원할 방침이다. 중기청 관계자는 "라스텍비즈가 벤처특별법 개정에 따라 신설되는 첫 전문회사 기업"이라며 "향후 제도 보완 등을 통해 연구개발→사업화→재투자의 선순환 구조를 정착시키는 한편 전문회사를 대학 및 연구소 창업의 핵심 사업으로 발전시켜 나갈 계획"이라고 말했다.

신기술창업전문회사는 대학이나 국공립 또는 정부출연연구기관, 전문생산기술연구소, 비영리법인 등이 직접 영리활동을 하기 위해 설립하는 주식회사다. 보유기술을 사업화하는 목적에서 '대덕특구특별법'에 따라 정부출연연구소가 출자하는 '연구소 기업'과 비슷하지만 대학이나 비영리법인 등도 운영할 수 있고 대덕특구 이외의 지역에 있는 연구기관들도 세울 수 있다는 점이 다르다. 또 보유기술을 직접 사업화

하는 것뿐 아니라 자회사를 설립하거나 창업보육센터를 설치, 운영할 수 있는 것도 차이점이다. – 중략 –

김문환 중기청 창업제도팀장은 "현재 대학 · 연구소 10여 곳에서 전문회사 설립을 준비하고 있다"며 "리스텍비즈 출범을 계기로 대학 · 연구소 보유기술의 사업화가 본격화할 전망"이라고 말했다. 중소기업청은 신기술창업전문회사 활성화를 위해 출자기술 평가비용과 사업화 개발비용을 업체당 2억원 한도 내에서 무상 지원할 계획이다.

자료: 『전자신문』, 2008년 2월 20일, 경제면, 「신기술창업전문회사 1호 탄생」 기사 중 일부.

그런데 대학과 출연연구기관의 국가 연구개발 결과의 기술이전과 국내 기업의 개방형 혁신을 촉진하기 위한 여러 정부부처의 활동이 2차 기회선에 집중해 있거나 심지어 1차 기회선내로 향하고 있는 것은 국가혁신체제상의 전형 적인 시스템 실패를 가져오고 있다. 교육과학기술부가 새롭게 추진하고 있는 R&D성과혁신센터가 개념적으로 기초연구성과 사업화에 나서겠다고 했지만, 추진 방식이나 내용이 기존 제품 개선의 1차 기회선이나 핵심 시장을 향한 차세대 제품 개발관련 2차선에 제한되어 있다.

사례 2-20. 연구개발 지식과 기술의 기업 혁신과 결합이 중요

2006년 5월18일. 에이즈 치료제 세계시장 점유율 1위인 미국 길리아드(Gilead Science)의 김정은 부사장이 한국화학연구원을 방문했다. 김 부사장은 조류인플루엔자(AI) 치료약인 '타미플루'를 개발한 인물. 그는 화학연구원이 연구 중인 에이즈 치료제 화합물의 성공 가능성이 높다고 판단, 이날 연구원 측과 '에이즈치료제 후보 물질'을 개발하기 위한 공동연구 협약을 맺었다. – 중략 –

정부는 기술거래 활성화를 위해 2006년부터 전국 28곳의 공공연구소 및 대학에 기술거래 마케팅을 전담하는 '선도기술이전전담조직(TLO. Technology Licensing Office)'을 구성, 매년 80억 원 안팎의 예산을 지원하고 있다. 해당 기술을 개발한 연구기관이나 대학에서 직접 마케팅에 나설 경우 훨씬 가시적 성과를 낼 수 있다는 판단에서다. 한국기술거래소 관계자는 "TLO는 한국기술거래소와 함께 기술개발 성과를 효과적으로 포장·판매하는 마케팅·홍보 역할을 맡고 있다"며 "최근 기술거래 성과도 대부분 TLO에서 거둔 사례"라고 전했다. 예컨대 지난 3월 '초소형 마우스 및 터치스크린 기술'을 이전한 KRISS의 경우 전담 TLO(지적자원경영팀) 팀장이 기술이전 성과 극대화 등의 공로를 인정받아 '이달의 KRISS인'에 선정되기도 했다.

자료:『한국경제신문』, 2008년 7월 28일, 「연구개발 중요하지만 '거래' 잘해야 돈 된다」기사 중 일부.

사실 교육과학기술부는 적어도 대학과 기초연구개발 관련 출연연구기관의 연구개발 투자를 담당하는 부처답게 완전히 새로운 미래형 제품을 위해 3차 기회선을 향한 연구를 해야 하며, 개방형 혁신 기술사업화 시스템도 그에 맞춰져야 할 것이다. 3차 기회선의 기술사업화는 연구 프로그램 자체를 개방형 혁신에 맞게 '최대형 원천 연구'를 대상으로 하되, 기업의 참여를 통해 신개념의 제품과 시장을 형성하는 것이 타당할 것이다. 기존에 지식경제부가 하는 TLO 사업이나 신기술창업전문회사 사업이 2차 기회선, 혹은 1차 기회선으로 제한되어 있다. 그것도 폐쇄형 혁신 방식이기 때문에, 연구가 끝난 후 이전을 염두에 둔 TLO 방식은 많은 한계가 있어서 신기술창업전문회사 사업과 같이 개방형 혁신 비즈니스를 활성화하기 위한 새로운 제도들이 강구된 것이다.

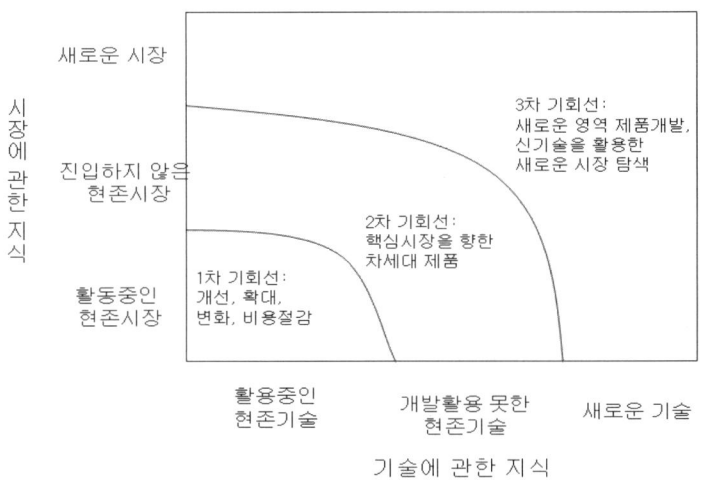

그림 7. 기술과 시장을 통해 본 3가지 기회선. 자료: Terwiesch, Christian, Ulrich, Karl T.(2009, p. 84) (일부 수정)

교육과학기술부가 3차 기회선, 즉 새로운 영역의 제품개발과 신기술을 활용한 새로운 시장 탐색을 목표로 하는 신개념 개방형 혁신 시스템의 정립에 나서야 할 때이다. 그런데 이번에 도입한 R&D성과혁신센터는 정책목표는 3차선을 향하고 있으나 수단이 2차 기회선에 머무르고 있어서 시스템 실패의 가능성이 크다.

2-11. 교육 부문의 개방형 혁신 정책 어젠다 발굴

고려대가 사례 2-21의 예에서 추진하고 있는 '캠퍼스 CEO 과정'은 현재 국내에서 중소기업청의 창업대학원 지원사업으로 4대 광역경제권별 1개 대학씩 지정하여 추진하고 있는 사업내용과 같은 맥락이다. 물론 고려대 과정은 비학위 과정으로 1학기 동안의 교육을 통해서 학생들에게 창업에 필요한 구체적인 지식을 축적하게 하고 최종적으로 사업계획서를 작성하게 하는 등 시스템의 구체적인 특징은 상이하다. 이는 오히려 싱가포르 국립대(NUS)에서 만든 단기 프로그램(며칠에서 몇 주간의 시간이 필요한 비학위 과정)이나, 혹은 1학기 정도의 비교적 긴 기간 동안 학생 및 교수 그리고 교직원을 대상으로 창업 프로그램 교육을 통해서 창업 기회를 제공하고 있는 기업가 정신 프로그램(Entrepreneurship Program)과 유사하다. 동 기업가 정신 프로그램은 현재 OECD 등의 국제기구와 전 세계에서 창업에 관심 있는 대학과 기관들이 사람들을 파견하여 창업교육을 받도록 하고 있는 세계적으로 유명한 프로그램이다.

사례 2-21. 고려대의 대학 개방형 혁신 시스템 사례

학생 벤처 창업 뒤 필요한 실무 지식과 실전 문제를 가르치는 정규 교육과정이 만들어진다. 고려대학교는 스카이벤처(대표 김규동 · 조현경)와 함께 '캠퍼스CEO 과정'을 개설한다고 밝혔다. 이를 위해 21일 고려대 본관 1층 회의실에서 양측은 대학생 벤처창업 활성화를 위한 산학협력 협약을 체결한다. 캠퍼스CEO 과정은 학생 벤처 창업 활성화 및 유망사업 아이템 발굴을 위한 실전 중심의 교육 프로그램으로 벤처관련 실무지식과 문제해결 역량을 키워 산업현장에 필요한 실용인재를 길러내는 것이 목적이다. 교육과정은 신규 사업 아이템 선정 과정, 시장 환경 분석과 소비자 니즈 분석, 기술 확보 전략, 마케팅과 브랜드 전략 수립, 사업타당성 검증을 통한 투자 유치용 사업계획서 작성 등 창업에 관련된 전 과정을 실전 중심으로 구성한다.

또한 수업 중 작성한 사업계획서를 직접 벤처캐피탈 투자심사역과 국내외 대기업 신규사업담당 실무자들을 대상으로 한 실전 투자유치 설명회에 참가시킬 예정이다. 사업화 가능성이 높게 평가된 학생 아이템은 국내외 대기업 사업화 지원 프로그램과 연계해 실제 사업화가 가능하도록 적극 지원할 방침이다. 윤종근 교양교육실 과장은 "이번 과정을 국내 학점교류 대학에도 30%의 정원을 배정해 국내 대표창업 과정으로 성장시킬 계획"이라고 말했다.

자료:『전자신문』, 2008년 8월 22일,「고려대 캠퍼스 CEO 키운다」기사.

국내에서 현재 다양한 형태의 교육부문 개방형 혁신 노력들이 진행되고 있다. 오프라인에서, 사례 2-21의 고려대의 캠퍼스 CEO 프로그램과 같이, 외부 창업 생태계의 요구와 기대에 맞추어 직접 교육 프로그램을 설계하고, 그 결과를 직접적으로 바로 시장 부문의 창업으로 연결하는 방식은 현실에서의 전형적인 개방형 혁신 교육 프로그램이다. 반면 사례 2-22의 '새미학습'은 교육 수요자의 요구와 기대에 미치지 못하는 기존 오프라인 방식과는 달리 역동적인 교육 내용과 방법을 맞춤형으로 제공하는 온라인 개방형 혁신 교육 프로그램이다. 한편 사례 2-23의 기술지주회사는 대학의 교육연구 성과를 개방형 혁신의 방식으로 직접 시장으로 유출하는 새로운 방식이다.

사례 2-22. 새로운 방식의 개방형 교육 시스템

구글 검색 3년 연속 1위. 학습 도우미 역할 '톡톡'

경상남도교육청(교육감 권정호)의 사이버학습 사이트인 '새미학습'의 인기가 높은 것으로 나타났다. 10일 경상남도교육연구정보원(원장 김연동)에 따르면 2007년 9월부터 포털사이트인 구글코리아(http://www.google.co.kr/)에서 '사이버학습'을 키워드로 검색한 결과, 새미학습이 3년 연속 첫 페이지에 올랐다고 밝혔다. 또 접속기록분석 서비스인 다음웹인사이드(http://inside.daum.net/)에서 11월 한 달 동안 접속지역을 분석한 결과에서도 부산 1만5천722명, 서울 9천570명, 울산 8천724명, 경기 8천719명 등 타 시도 거주자의 방문도 많이 집계됐다고 덧붙였다. 연구정보원 관계자는 "이처럼 높은 검색 순위는 일정한 광고비를 지불하는 스폰서 링크를 할 필요가 없어 1년에 약 3백만 원 이상의 광고비 절감 효과가 있다"고 설명했다.

2006년 5월부터 서비스를 시작한 새미학습은 언제 어디서든 누구나 원하는 학습이 가능한 사이버 학습사이트로 서비스 대상은 초등학교 4학년부터 고등학교 1학년까지이다. 국어, 수학, 사회, 과학, 영어 과목을 주로 지원하고, 그 외 비교과 학습지원 등 다양한 서비스를 하고 있으며, 원하는 학년과 교과 수업에 등록하면 사이버 수업을 받을 수 있다. - 생략 -

자료:『경남일보』, 2009년 12월 14일, 교육생활면, 「경남 사이버학습 사이트 '새미학습'인기」 기사 중 일부.

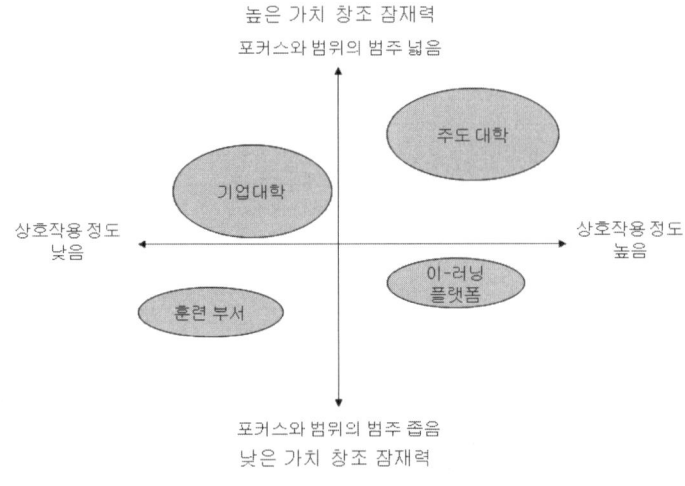

그림 8. 기업 학습의 핵심 형태

자료. Margherita, Alessandro, Secundo, Giustina(2009, p. 177)

이와 같은 다양한 개방형 혁신 교육연구 프로그램을 창조적으로 설계하고 운영하는데 있어서 벤치마킹의 대상이 될 만한 것이 기업대학(Corporate University)이다. 기업대학이란 고용인, 고객, 그리고 공급자들에게 기업의 비즈니스 전략과 목표에 맞게 장단기의 다양한 연구개발 및 교육 프로그램을 제공하는 전략적 행위 전체(strategic umbrella)를 가리킨다(Meister, 1998). 나아가 마르게리타(Margherita Alessandro), 세콘도(Secundo Giustina)(2009. p. 199)는 광범위한 지식학습 네트워크를 가진 주주대학(Stakeholder University)의 개념을 제안한 바 있다.

사례 2-23. 정부의 개방형 혁신 정책 강화 방향, 기술지주회사

정부가 오는 2015년까지 50여개 대학기술지주회사 육성을 통해 1만개 일자리 창출에 나선다. 기술지주회사 자회사를 550여개까지 늘려 총 매출액 3조3000억 원을 달성한다는 목표를 세웠다. 안병만 교육과학기술부 장관은 16일 한양대학교에서 서울대 · 한양대 · 서강대 등 국내 7개 대학기술지주회사 최고경영자(CEO)가 참석한 가운데 간담회를 열고 이러한 내용을 골자로 하는 기술지주회사 활성화 청사진을 제시했다. 정부의 적극적인 지원에 힘입어 창업 초기 기술지주회사의 자립 기반 구축이 탄력을 받을 전망이다. 교과부가 이날 공개한 '대학기술기반 벤처육성방안'에 따르면 정부는 이러한 목표 실현을 위해 우선 대학 기술이전전담조직(TLO) 지원사업인 '커넥트코리아'의 2단계 사업이 개시되는 2011년부터 지원 예산을 현재의 연간 60억 원에서 200억 원으로 대폭 확대하기로 했다. 지원대학도 현재 18개 대학에서 80개 대학으로 늘릴 예정이다.

내년부터 10여개 대학기술지주회사에 대학당 연간 5억 원 규모의 예산을 지원, 현물 출자시의 기술가치평가, 자회사 출자기술의 기술사업화 검증, 회사 설립시의 전문기관 컨설팅 등에 활용할 수 있도록 할 계획이다. 대학이 연구성과 사업화를 자발적으로 촉진할 수 있도록 자금지원을 위한 '대학기술사업화 펀드' 조성도 추진한다. 교과부는 제도 보완을 마련하기 위해 '산업교육진흥과산학협력촉진에관한법률(이하 산촉법)'을 개정, 대학의 산학협력단이 기술지주회사 출자시 기술(현물) 출자비율을 현행 50%에서 30%로 낮추기로 했다. 법 개정을 통해 기술지주회사의 사업 범위를 기술이전(라이선싱)·창투조합 출자·기업컨설팅 등 일부 영리 업무까지 포함시킨다는 방침이다. 기술지주회사 설립 및 운영 과정의 애로사항 해소를 위해 한국연구재단(이사장 박찬모)에 '기술지주회사 지원단'도 설립할 계획이다. – 생략 –

자료:『전자신문』, 2009년 12월 16일, 경제·교육·과학면, 「2015년 12월 16일까지 대학기술지주회사 50개 육성」기사 중 일부.

주주대학이란 전 세계에 퍼져 있는 고용인, 파트너, 고객, 대학, 전문가 집단, 독립 연구기관 및 기타 기관들의 혁신 학습과 능력 발전 과정을 위한 발전된 신개념 학습 형태이다. 글로벌 영역에서 기업 내부뿐만 아니라 외부의 고객 및 대학 등을 포함하는 글로벌 개방형 혁신 촉진을 위한 학습 형태로 제안된 것이다. 따라서 우리나라 대학의 개방형 혁신을 촉진함에 있어서도 벤치마킹의 대상으로 적합할 것이다.

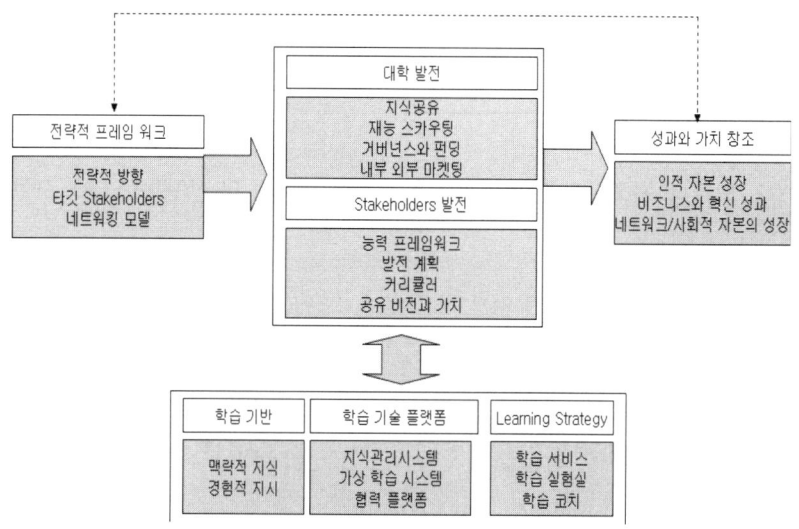

그림 9. 주주대학의 구성요소

자료: Margherita. Alessandro, Secundo. Giustina(2009. p. 201)

주주대학의 구성요소를 보면, 대학 자체의 발전뿐만 아니라, Stakeholder 의 발전, 그리고 전략적 접근을 통한 인적 자본, 비즈니스 성과 및 사회적 자본의 동시 성장을 목표로 하되, 학습기반, 학습 기술 플랫폼, 그리고 학습 전략과의 상호작용을 핵심 요소로 하고 있다. 이제 대학도 비즈니스와 혁신 성과를 다양한 방식으로 성과와 가치 창조의 대상으로 설정하고, 기술지주회사 조직을 핵심적 구성요소로 상정하며, 대학교수들이 교육이나 연구와 같은 비중으로 집중할 수 있는 시스템과 문화를 개발할 필요가 있다. 아울러 새미학습 같은 학습 기술 플랫폼을 보다 지식 중심으로, 그리고 개방형 방식으로 활성화하여야 할 것이다. 그리고 캠퍼스 CEO과정과 같이 기술과 연구의 시장화와 관련한 전략적 타깃을 대상으로 하는 성과와 가치창조 중심의 개방형 혁신의 활성화가 요구된다.

2-12. 의료 및 사회복지 분야 개방형 혁신 정책 어젠다 및 신(新)비즈니스 모델

사례 2-24의 안심폰이나 u-안전지킴이는 노인들이 필요로 할 때, 즉시 복지 서비스를 제공하기 위한 양방향, 혹은 수요자 기반의 신개념 복지 서비스를 지향하고 있다. 이러한 사용자 기반 개방형 혁신 복지 서비스 창출을 통해 새로운 제품과 일자리 창출을 시도하고 있는 연암공업대학의 사례는 신개념 행정서비스 개발의 방향으로 의미를 가진다.

사례 2-24. 노인복지분야의 신개념 개방형 혁신 프로그램의 성장

경남 진주시 연암공업대학(총장 정광수)과 남해군이 독거노인들의 건강체크와 긴급 재난구조에 대비하기 위해 모바일(3G)로 양방향 화상통신이 가능한 '독거노인 u-안전지킴이 사업'을 실시한다고 21일 밝혔다. 남해군이 실시하고 있는 이번 사업은 급격히 늘어나는 홀로 사는 노인들의 복지안전 서비스 사각지대를 없애 생명과 안전을 보호 하고 고독한 죽음을 예방해 노년기 삶의 질을 향상시킬 수 있는 사회복지안전망 구축사업이다.

이 사업은 안방과 부엌에 센서를 설치해 응급호출, 화재, 외출, 가스누출, 활동량 등을 감지해 응급상황이나 긴급 상황이 발생되면 미리 입력된 유무선 전화 3대(생활관리사, 119, 친척)에 자동으로 전화를 걸어 현장상황을 실시간 화상과 음성을 통해 긴급 대응할 수 있도록 개발된 신개념 사업이다. 독거노인의 거동불편 정도에 따라 중증장애인은 'u-안전지킴이'로, 외출이 가능하신 분은 '안심폰'으로 맞춤형 복지안

전 서비스를 제공 할 수 있어 총100가구를 선정, 1차 '안심폰' 사업에서 2차 'u-안전지킴이' 시스템사업으로 진행해 가고 있다. - 중략 -

연암공업대학 창업동아리 '텔레비트'팀 권성갑 지도교수는 "버려지는 폐 휴대폰이 홀로어르신 생명 폰으로 변신했다"며 "소외계층에게 IT빈부격차를 줄이고 국가적으로 자원낭비 및 환경오염을 막는 그린시스템으로 발전시켜나가는데 최선을 다하겠다"고 밝혔다.

자료: 경남일보, 2009년 12월 21일, 「연암공대-남해군, 독거노인 양방향 화상으로 돌본다」 기사 중 일부.

아울러 사례 2-25와 같이 복지 서비스를 제공하는 시스템 자체를 수요자 중심으로 운영하기 위해 경상남도가 시도하고 있는 사회복지통합관리망 사업을 주목하지 않을 수 없다. 사업의 방향이 수요자 중심인 것은 바람직하지만, 사회복지 서비스가 사용자 중심으로 구성되고 혁신되며 재설계 되는 사용자 중심의 사회복지 개방형 혁신 시스템의 정착까지는 아직 많은 시련이 남아 있을 것으로 판단된다. 현 단계에서는 사회복지통합관리망의 구축 목적이 관리 효율성에 머무르고 있는 것이 사실이다.

사례 2-25. 복지 서비스의 개방형 혁신 방향 성장

경상남도가 2010년부터 '사회복지통합관리망'을 개통, 운영해 수요자 중심의 통합복지 서비스를 제공한다. 도는 2009년 12월 22일 사회복지재정의 효과적 전달체계를 구축하고 수요자 중심의 맞춤형 복지 서비스를 제공하기 위해 2010년 1월부터 '사회복지통합관리망'을 개통한다고 발표했다. 그동안 사회복지재정은 계속 늘어나고 있지만 복지 대상자들에게 중복·누수 없이 효과적으로 전달되는지 의문이 대두되고, 일부 공무원들의 부정수급이 증가하면서 도민의 신뢰도가 크게 떨어진 것이 사실이다. 특히 복지업무 증가와 선정기준 및 절차가 복잡해 과다한 행정력이 소요되고 수요자 중심의 복지욕구에 맞는 서비스 지원이 곤란해 '사회복지통합관리망'을 추진하게 됐다. 사회복지통합관리망은 보건·복지분야 120여개 사업을 통합해 27개 기관 215종류의 소득·재산자료 및 서비스 이력정보 조회가 가능하다. 부정·중복 모니터링 등 사후관리 강화, 복잡한 복지업무 37종을 6종으로 표준화하고 계좌 실명인증 및 지방재정시스템(e-호조)을 연계해 복지급여 횡령 방지 등을 위해 추진하는 사업이다.

경상남도는 '사회복지통합관리망' 개통을 위해 지난 8월 사회복지보조금 1인 다계좌를 1계좌로 일제히 정비했으며, 사회복지 담당공무원을 대상으로 전산교육 실시, 시군 부단체장을 단장으로 한 T/F팀 구성·운영, 기존 수급자의 소득·재산 자료를 정비 완료했다. 도는 지난 17일부터 2주간 시스템 시험을 가동해 문제점을 보완하는 등 6개월 동안 행정력을 집중하고 있다. 경남도 관계자는 "'사회복지통합관리망'이 개통되면 사회복지보조금 부정·중복 누락을 방지해 복지재정의 효율적 집행이 가능하다"면서 "업무의 자동화와 간소화로 맞춤형 서비스 제공 등 수요자 중심의 통합서비스 제공에 크게 기여할 것으로 기대된다"고 말했다.

자료: 경남매일, 2009년 12월 23일, 「경남도, 수요자 중심 통합복지 서비스 제공」 기사.

히펠(2005, p. 19)은 사용자 혁신(User Innovation) 연구사례들을 제시하면서 사용자 기업과 개별 사용자들은 자신의 제품 사용을 위해서 제품의 10%에서 40%까지 스스로 제품을 수정하고 개선하는 등의 혁신 노력을 한다고 밝힌바 있다. 특히 그는 독일사례에 대한 연구를 인용하면서 의료장비의 약 22%가 사용자 혁신을 겪는다고 밝히고 있다.

혁신에 의한 개선의 형태	혁신의 제공 주체	
	사용자	생산자
새로운 기능	82%	18%
민감성, 해결책 혹은 정밀도 개선	48%	52%
편의성 혹은 신뢰성 개선	13%	87%

표 2. 사용자 혁신과 생산자 혁신의 특성 비교
자료: Hippel(2005, p. 71) (일부 수정)

표 2와 같이 사용자 혁신은 생산자 혁신에 비해 많은 새로운 기능과 보다 세련된 기능 추가 등 혁신의 정도가 큰 분야를 대상으로 많은 개선을 불러오는 것을 알 수 있다.

의료장비뿐만 아니라 사회복지 부문도 복지 서비스 수요자의 요구와 기대에 따라 다양한 서비스의 생산과 소비가 가능하기 때문에 사용자 혁신이 활성화될 수 있는 영역으로 기대된다.

– 장애인을 위한 서비스 지원 및 결정
– 데이터 웨어 하우징
– 환자 수송 시스템
– 고용 프로세스
– 고용인 훈련 프로그램
– 순환형 의약품 주문/분배 시스템
– 선박 장비 의료 및 보수/대체 시스템
– 환경 프로그램의 계획 승인 프로세스
– 긴급 의료 및 인력 스케줄링 및 입지
– 철도 교차 업그레이드 시스템
– 여행 승인/보상 시스템

표 3. 서비스 사이언스 영역의 새로운 행정서비스. 자료: Gleeson (2009, p. 5)

그리슨(Gleeson)도 서비스 사이언스의 대표적 영역으로 표 3과 같이 다른 여러 분야와 함께 사회복지 분야를 제시하고 있다. 서비스 사이언스 자체가 개방형 혁신의 내용적 측면을 표현하는 IBM의 개념이므로, 결국 사용자 혁신을 포함한 개방형 혁신의 주요 대상 영역으로써 사회복지가 여러 연구자들이나 기업에 의해 주목받고 있는 것으로 해석할 수 있다(윤진효, 2010).

의료와 사회복지 분야의 경우, 사용자들의 창조적 아이디어를 기반으로 하는 다양한 혁신이 가장 큰 새로운 제품 및 서비스 개발의 원천이 될 것이다. 따라서 기업이나 정부는 사용자들의 창조적 아이디어를 기반으로 하는 사용자 기반의 개방형 혁신 전략과 정책 개발에 보다 적극적으로 나서야 한다.

2-13. 개방형 혁신 인터넷 인프라, 차세대 이동통신의 발전 방향

사례 2-26. 차세대 초고속 인터넷 방향과 국가 정책

국내 기술로 개발한 차세대 이동통신 기술인 와이브로(모바일 와이맥스)의 육성 전략 및 정책 방향을 놓고 논란이 일고 있다. 차세대 이동통신 시장 선점을 위해 정부가 와이브로를 밀고 있는 것에 맞서 국회 입법조사처가 와이브로 전략의 전면 수정을 주문하고 나섰기 때문이다.

국회 입법조사처는 15일 '와이브로 사업의 현황과 발전 방향'이라는 보고서에서 와이브로 정책 방향을 완전히 뜯어고쳐야 한다고 밝혔다. 신규 사업자 유치로 경쟁을 활성화하고 전국망 구축으로 기존 이동통신서비스와 경쟁하는 서비스로 육성하려는 정부 정책은 잘못이라는 지적이다. – 중략 –

보고서는 와이브로가 4세대(G) 이동통신 표준기술 경쟁에서도 유럽 진영의 롱텀에볼루션(LTE)에 밀려날 것으로 우려했다. 와이브로의 글로벌 확산이 늦어지고 있지만 LTE는 본격적인 상용화가 되지 않았음에도 우호세력이 빠르게 늘어나고 있어서다. 에릭슨을 비롯해 노텔네트웍스, 노키아–지멘스, 알카텔–루슨트 등 메이저 통신장비업체들은 LTE에 힘을 실어주고 있다. 상용화 속도는 와이브로가 빨랐지만 기술 패권에서는 밀릴 수밖에 없다는 것이 전문가들의 대체적인 시각이다.

보고서는 이러한 현실을 감안할 때 와이브로를 중심으로 한 이동통신 표준전략은 위험성이 클 수밖에 없다고 강조했다. 정부가 최근 4세대 표준기술 전략으로 와이브로와 LTE를 병행하기로 한 것도 이 같은 맥락에서라고 덧붙였다. 하지만 방통위의 시각은 다르다. 4세대 이동통신 시장에서 와이브로 시장점유율이 30%만 유지돼도 원천기술을 갖고 있는 한국에는 충분한 미래 먹거리가 될 수 있다는 시각이다. 방통위 관계자는 "유럽 기업들이 독식하고 있는 LTE에 비해 와이브로가 한국 기업에는 훨씬 더 가능성이 크다"고 말했다.

자료: 한국경제신문, 2009년 12월 16일, 「와이브로냐, LTE냐…차세대 移通기술 또 논란」 기사 중 일부.

사례 2-26과 같이 4세대 이동통신 기술개발과 국제 표준의 문제에 있어서 한국 정부는 심각한 고민에 빠지지 않을 수 없다. 야심차게 글로벌 표준 획득을 목표로 내걸었던 비전을 철수하기에는 너무 궁색할 뿐만 아니라, 이미 동 분야에서 상당한 투자를 하고 있는 기업들을 설득하기에도 만만치 않다. 뿐만 아니라 새로운 글로벌 표준을 놓고 경쟁할 LTE와의 경쟁 결과를 염두에 둔 새로운 전략을 전혀 무시할 수도 없는 상황이다.

새로운 기술표준을 둘러싼 정책 추진의 답은 어디에 있는가? 바로 글로벌 개방형 혁신 전략이다. 4세대 표준은 우리가 개발하고 제안했지만, 그것을 기반으로 다양한 추가적 응용기술 개발과 수익 창출의 개방형 기술혁신 여지를 전 세계의 다른 국가와 기업들에게 제공해야 할 것이다. 한국에 의해 개발되고, 표준 채택의 이득이 전부 한국으로만 귀속된다면 글로벌 표준 획득은 쉽지 않을 것이다. 개방형 혁신 전략을 통해서 여러 기업과 국가들이 와이브로 표준을 플랫폼으로 하여 다양한 응용기술 개발과 추가 이윤의 획득이 가능하도록 많은 가능성을 과감하게 제시해야 한다.

그리고 국내의 4세대 이동통신 표준 정책과 관련해서, 한국 정부는 국가정보화 전략의 핵심으로 국가 전역의 와이브로 기간망 확충 사업에 보다 적극적으로 나서야 할 것이다. 아울러 무선인터넷 WiFi의 전국적 확대도 동시에 추진하여 동 기반을 토대로 새로운 개념의 초고속 이동통신 및 무선인터넷 분야의 개방형 혁신의 글로벌 거점이 되도록 하여야 할 것이다. 무선인터넷 정책의 시스템 실패를 4세대 이통통신인 와이브로 분야에서 재현해서는 안 될 것이다.

2-14. 개방형 혁신 비즈니스 모델의 성공조건과 무선인터넷 정책 부재

우리나라는 유선인터넷 강국이지만, 무선인터넷에 관한한 전 세계의 급격한 변화와 발전에는 뒤쳐져 있었다. 필자가 2009년 10월 애틀랜타 출장, 2009년 6월 홍콩 출장에서 접한 무선인터넷의 일상화가 국내에는 전혀 낯선 다른 나라의 풍경일 따름이었다. 따라서 사례 2-27에서 보듯이 국내 최대 휴대폰 사업자 중 하나가 해외 스마트폰 기업과 협력으로 국내에 스마트폰 서비스를 제공하면서 무선랜의 자동 인증을 반대했다. 무선랜 자체에 대한 인식부족으로 인해 무선랜 기반의 인터넷 기기로서의 스마트폰의 역할과 기능을 불과 몇 개월 전까지 국내 최대 전화사업자가 몰랐다는 것이다. 이는 국내의 대체적인 인식이 오로지 무선인터넷도 회선 판매를 통한 수입이라는 일차적 시각에 머물러 있었다는 것을 보여 준다.

사례 2-27. 아이폰 도입 초기의 무선랜에 대한 국내 휴대폰 사업자의 인식 부족

KT가 아이폰의 무선랜(WiFi) 기능을 로그인 방식으로 제어할 수 있도록 애플에 요구한 것으로 밝혀졌다. 2009년 10월 26일 KT(대표 이석채)에 따르면 아이폰 국내 출시를 위한 애플과의 협상 과정에서 사용자가 임의로 조정할 수 있는 아이폰의 무선랜 기능을 로그인 방식으로 전환해 줄 것을 애플 측에 요청한 것으로 알려졌다. 익명을 요구한 KT 고위관계자는 "아이폰의 무선랜을 제어하기 위해 소프트웨어로 로그인을 조절할 수 있도록 일부 기능을 수정해 줄 것을 애플에 요청했다"며 "그러나 애플 측이 글로벌 정책에 어긋난다며 받아들이기 어렵다는 의사를 밝힌 상태이며 현재 이와 관련된 협상을 계속하고 있다"고 밝혔다. – 중략 –

이와 관련해 한 업계 전문가는 "KT가 무선랜 기능을 제한하기 위한 시도는 아이폰의 무선랜 기능을 사용자 선택으로 개방할 경우 스카이프 등 인터넷전화 사용이 확대돼 수익이 줄어들 것을 우려하기 때문"으로 풀이하고 "또 그동안 지지부진했던 네스팟의 활성화는 물론 최근 선보인 유무선통합(FMC) 서비스 확대도 염두에 둔 포석"으로 해석했다. 업계 전문가들은 이번 무선랜 협상으로 합의점 도출이 이뤄지지 않을 경우, 아이폰의 연내 출시가 다시 불투명해질 가능성이 높은 것으로 내다보고 있다. 또한 최근 차이나텔레콤이 중국 내에 출시하는 아이폰에 무선랜이 빠진 것으로 알려지면서 예약 판매가 1,000여 대에 그치는 등 중국 내에서 아이폰 열기가 크게 수그러진 사례가 있어 이번 KT와 애플 간의 협상 결과에 따라 국내 스마트폰 시장 활성화 여부에도 영향을 미칠 것으로 분석했다.

자료:『전자신문』, 2009년 10월 27일, 콘텐츠면, 「KT, 애플에 아이폰 무선랜 제어 안 되겠니?」 기사 중 일부.

그리고 두 달 뒤 해당 회사는 사례 2-28과 같이 자신의 회사를 통해 서비스를 제공받는 스마트폰 사용자들에게 무선인터넷 자동 인증은 물론 무선인터넷 존을 통한 무선인터넷 서비스의 전국적 확대를 제안하고 있다. 스마트폰 서비스가 제공하는 서비스의 본질이 이동전화, 위치서비스, 그리고 초고속 무선인터넷의 결합으로 만들어 내는 사용자 참여, 혹은 사용자 창조형의 무한 혁신 제품임을 조금이나마 직감한 것일까? 무선 인터넷 기반의 다양한 서비스 창출에서 만들어내는 부가서비스 판매 소득에 주목할 필요가 있다. 아이폰의 전 세계 시장 점유율은 아직 한자리 수로 미미하지만, 영업이익은 이미 2009년 말에 세계 최고 수준에 도달했다. 스마트폰이 이동전화, 무선인터넷, 그리고 위치 정보서비스를 결합해서 제공하는 무한대의 신개념 사용자 제작 혁신 서비스들이 만들어지고 있고 그것이 시장에서 주목받고 있다.

사례 2-28. 몇 달 사이 바뀐 국내 휴대폰 사업자의 무선랜에 대한 인식 변화

아이폰 가입자들은 별도의 가입절차 없이도 KT의 무선랜(와이파이) 인터넷 서비스 '네스팟(Nespot)'을 무료로 이용할 수 있게 됐다. 2009년 12월 3일 KT(이석채)는 기존 개통자를 포함한 아이폰 고객들을 대상으로 네스팟 자동 등록 서비스를 제공한다고 밝혔다. 이에 따라 아이폰 사용자는 별도로 네스팟에 가입해 아이디(ID)와 패스워드를 만들지 않고도 개통 후 하루가 지나면 자동으로 네스팟을 이용한 무선

인터넷을 즐길 수 있게 됐다. 당초 KT는 개통 이후 KT플라자나 시내 주요 네스팟 취급점에서 별도의 가입절차를 거쳐 ID와 패스워드를 받은 뒤 아이폰 무선랜 모듈의 고유번호인 맥(MAC) ID를 KT사이트에 등록하면 서비스를 제공한다는 방침을 세운 바 있다. 하지만 아이폰 배송 및 개통 지연에 따른 업무 부하와 비효율성이 발생하면서 이 같은 방향으로 급선회했고 개통 고객을 대상으로 공지 문자메시지(SMS) 안내문을 보내고 있다.

아이폰 출시에 앞서 KT는 아이폰을 비롯한 스마트폰 사용자가 무선인터넷 i-요금제 상품을 이용할 경우 자사의 네스팟을 무료 개방키로 결정한 바 있다. 네스팟 무료 개방에 따라 새로운 시설투자도 본격화되고 있다. KT는 현재 전국적으로 1만 3000개에 달하는 네스팟존을 내년에 4배 수준인 5만~6만 곳까지 확대할 계획이다. 지난 2005년 이후 사실상 중단된 네스팟 망투자가 스마트폰의 활성화와 유무선 통합(FMC) 서비스의 출범으로 4년여 만에 재개된 것이다. − 중략 −

KT 관계자는 "아이폰 외에도 다양한 스마트폰에도 동일한 네스팟 무료 서비스를 제공해 '3W(WCDMA+Wibro+Wi-Fi)'를 통한 무선인터넷 활성화를 앞당길 것"이라고 설명했다. − 생략 −

자료:『전자신문』, 2009년 12월 4일, 홈 그리고 모바일 면, 「아이폰 쓰면 네스팟이 공짜」 기사 중 일부.

우리나라는 유선인터넷 강국이다. 초고속 인터넷 분야에서는 세계 최고 수준의 국가이다. 그리고 4세대 이동통신, 즉 와이브로를 개발하여 글로벌 표준을 선점하기 위해 세계 시장을 누비고 있다. 이러한 인터넷 강국의 지위를 확보하기 위해 한국 정부는 인터넷 회선, 서비스 업체들에게 시장 형성뿐만 아니라 상당한 이익을 독점, 혹은 과점적 시장 조건을 통해서 보장해 준 것이 사실이다. 즉 시장이 규모의 경제에 도달할 수 있도록 초고속 인터넷 보급 초기부터 정부가 적극적으로 시장 형성과 기업 이윤에 집중하였다. 그 결과 한국은 농촌, 사회적 약자 등의 소수 계층을 마지막 인터넷 불모지로 설정하고, 이들을 대상으로 인터넷 보급 및 확산 정책을 추진할 정도로 세계적인 인터넷 강국이다.

사례 2-29. 스마트폰의 무선인터넷 수요 견인

정부가 휴대폰 산업 경쟁력을 높이고 무선인터넷 산업을 활성화하기 위해 내년부터 민간은 물론이고 공공기관에 스마트폰을 적극 보급하고 스마트폰 전용 요금제 신설과 무선데이터 요금 인하를 추진한다. 이로써 스마트폰 출시 비중을 현행 14%에서 24%로 대폭 높인다. 정부는 또 G7 과제와 같은 민관 합동 대형 국가 프로젝트를 다시 가동하기로 하고 시스템 반도체 등에서 3,000억 원 규모의 중장기 대형 과제를 추진하기로 했다. 지식경제부와 방송통신위원회, 중소기업청은 21일 청와대 영빈관에서 이명박 대통령 주재로 총 230여명이 참석한 가운데 2010년 합동 업무 보고회를 개최하고 이같은 계획을 발표했다.

정부는 무선인터넷 관련 규제를 확 풀어 데이터요금제를 개선함으로써 스마트폰 시장을 활성화할 계획이다. 정부는 특히 우정사업본부 등 일부에 그친 공공기관의 스마트폰 보급을 내년에 4대 강과 보건, 질병 관리 등 분야로 대폭 확대하기로 했다.

– 생략 –

자료: 『전자신문』, 2009년 12월 22일, 「스마트폰 보급으로 무선 인터넷 키운다」 기사 중 일부.

그런데 한국 정부는 무선인터넷 정책도 똑같이 시장 실패 교정, 혹은 시장 형성적 방식으로 추진하였다. 그렇게 KT의 사례와 같이 기존 무선인터넷 기업의 회선 판매 이익을 보장해 주는 정책을 추진하는 과정에서 한국은 매우 폐쇄적이고 제한적인 무선인터넷 환경에 처하게 되었다. 대부분의 OECD 선진국이나 미국, 일본에서 일반화 되어 있는 방식, 즉 무선인터넷의 최종 소비자를 직접 상대로 하지 않고 무선인터넷 중간 서비스 공급자를 대상으로 하는 개방형의 무선인터넷 공급 사업이 국내에서 활성화되지 못했다. 그래서 KT가 초기에 어이없게도 아이폰의 무선랜 제어를 시도하였던 것이다. 사례 2-29 같이 아이폰이라는 무선랜 기반의 스마트폰이 국내에 유통 되면서 갑자기 우리가 무선인터넷 후진국인 것이 드러나기 시작한 것이다.

기술과 지식을 기반으로 하는 지식경제에서 단순한 시장 실패의 교정으로는 국가의 정책 집행의 정당성이 확보되지 않는다. 국가혁신체제 자체의 작동 실패를 예측하고 대응하는 정부의 노력이 필요한 때이다. 무선인터넷 기반의 개방형 혁신 방식의 서비스 사이언스가 일상화되고 있는 시대가 도래 하였다. 정부는 국가혁신체제의 기간 인프라인 무선인터넷과 차세대 이통통신 기반인 와이브로의 국내 기반을 획기적으로 강화해야 한다. 현재 모바일 웹, 혹은 개방형 혁신 비즈니스 모델 분야에서 세계 시장은 폭발적인 증가세와 혁신이 거듭되고 있다. 이러한 시대의 국가혁신시스템의 실패가 얼마나 뼈아픈 것인지 주목할 필요가 있다. 지금 우리는 새로운 개념의 국가혁신체제 구축 시기에 직면해 있다. 내가 아닌 남의 아이디어와 지식을 활용한 새로운 혁신을 지속적으로 창출하고, 나의 미활용 지식과 기술을 타인에게 역동적으로 활용할 수 있게 해야 하는 개방형 혁신의 시대에 직면해 있는 것이다.

일본의 잃어버린 10년에 깊숙이 자리 잡고 있는 것은 무엇일까? 단언하건데 지식과 기술에 대한 개방형 혁신의 부재를 지적하지 않을 수 없다. 무선인터넷 분야의 잃어버린 10년을 복구하고 다시는 이러한 실수와 오류를 범하지 않기 위해서는 보다 역동적인 무선인터넷 인프라의 국가적 확충과 개방형 혁신 기반의 획기적 강화가 요구된다.

2-15. 개방형 혁신, 대학과 출연(연)의 기업가 정신교육 획기적 강화 필요

한국은 정부차원에서 다양한 대학 기술창업 시스템을 만들어 지원해 왔다. 사례 2-30과 같이 기술이전전담조직(TLO), 기술지주회사 그리고 산학협력단 시스템 등이 그것이다. 그런데 TLO의 인력 부족, 기술지주회사에 대한 정부의 질적인 지원 부족, 그리고 산학협력단의 관료주의 등으로 소기의 성과를 달성하지 못한 것이 사실이다. 사실 보다 근본적인 이유로 기업가 정신의 부족을 들지 않을 수 없다. 필자가 2009년 6월, Asialics 6th 학술대회 때문에 홍콩과학기술대 학술대회장을 찾았을 때가 기억난다. 그날 중국 북경대 교수 출신의 중국 과학기술 및 대학관련 기관의 한 관료는 기조 발표에서 중국 대학 및 대학원생들의 과도한 기업가 정신 때문에 골머리를 앓고 있다고 토로하였다. 내가 원인을 물었을 때, 그는 중국의 대학생들은 대학원을 다니면서 축적한 기술로 자신의 회사를 창업해서 성공하는 것이 꿈이라고 밝힌 바 있다.

사례 2-30. 대학 내 기술창업과 벤처성장의 한계

정부가 최근 대학벤처 지원에 적극 나선 가운데 초기 투자 난항과 수동적 기술이전전담조직(TLO) 등 대학 산학협력단 조직 내부의 한계들이 고질적 문제점으로 부각됐다. 교육과학기술부와 지식경제부 등 정부 부처가 내년에 대학벤처를 신성장 동력으로 주목, 대학기술지주회사 지원 등에 팔을 걷어붙였지만 대학 내부 구조적 문제를 선결하기 전에는 기대만큼의 성과를 창출하기 어렵다는 지적이다. 2009년 12월 22일 서울대·한양대·경희대 등의 산학협력단과 대학기술지주회사들은 정부가 대학벤처 붐 조성에 나섰지만 초기 재정 부족과 소규모 TLO 조직, 사업화 마인드 부재 등으로 인해 대규모 지원이 자칫 그림의 떡이 될 수 있다고 우려했다.

대학들은 우선 출범 2~3년째를 맞는 각 대학 산학협력단이 수천억 원대 연구비를 단순 관리하는 조직에 머물러 있고 산학협력단 내 TLO 역시 인원이 턱없이 부족하다고 지적했다. 서울대 산학협력단은 연구비 관리 조직이 40여명인데 비해 기술이전 등을 전담하는 TLO는 8명에 불과하다. 김용근 서울대 산학협력단 지식재산관리본부 기술관리부장은 "컨설팅을 받아보면 TLO가 최소한 20명은 돼야 하지만 국립대는 TO를 늘리는 것 자체가 매우 어렵다"며 "궁극적으로 산학협력단이 독립조직화하여 직접 수익 모델을 창출하고 R&D 투자도 직접 할 수 있어야 한다"고 지적했다. 최근 자회사 확대에 박차를 가하는 대학기술지주회사들도 창업 초기 자금 확보에 비상이 걸렸다. 경희대기술지주(대표 정혜영)는 최근 초기 운영자금 부족으로 신규 자회사인 경희한방제약의 출범을 무기한 연기했다. 정혜영 경희대기술지주 대표는 "학교는 당장 수익성이 보장되지 않는 기술지주에 현금을 투자하려 하지 않는다"며 "초창기 창업 단계인 대학기술지주가 민간 자금을 끌어 쓰는 것도 사실상 불가능하다"고 전했다.

성공적인 기술이전의 열쇠를 쥐고 있는 교수들의 비즈니스 마인드 부재도 넘어야 할 산이다. 대학들은 대다수 교수들이 여전히 연구 성과물을 자신의 전유물로 인식해 우수한 성과물은 직접 기업을 설립해 수익화하고 산학협력단과는 담을 쌓는 경우가 많다고 입을 모았다.— 생략 —

자료:『전자신문』, 2009년 12월 23일, 경제, 교육 및 과학면,「대학벤처 육성하려면 고질적 문제 해결해야」기사 중 일부.

2009년부터 국내의 몇몇 대학이 기업가 정신의 중요성에 주목하고 사례 2-31와 같이 기술기반 창업을 견인하기 위한 여러 개의 기업가 정신 센터를 설립하고 있다. 사실 기업가 정신센터는 대학 구성원들의 창업의지와 능력을 배양한다는 점에서 단순한 의식이나 문화의 문제가 아니다. 따라서 보다 집중적인 기업가 정신 기술과 기능, 그리고 대학의 기술기반 창업을 견인하기 위한 시스템적인 접근이 필요하다.

사례 2-31. 대학 기업가 정신 확충과 기술 창업 주목

대학과 출연연구기관들이 내년 기술 사업화를 위한 핵심 키워드로 '기업가 정신(entrepreneurship)'을 주목했다. 매년 학교당 수백억~수천억 원의 연구개발(R&D) 예산이 투입되지만 기술이전 및 사업화가 부진했다는 판단 아래 이를 개선하기 위한 '마인드' 육성에 적극 나선 것이다. 특히 그동안 연구 성과를 통한 수익 창출에 대해 막연한 거부감을 갖고 있던 대학들이 앞 다퉈 관련 지원 조직 설립 등을 통해 '지식자본주의' 실현에 착수했다. 2009년 12월 20일 관련 대학에 따르면 지난 7월 국내대학 중 최초로 한양대에 글로벌기업가센터(센터장 류창완)가 설립된 데 이어 3~4개 학교가 추가 설립을 검토 중이다. 대학의 기업가센터는 '준비된 기술 창업인'을 육성하기 위한 관련 전공 개설과 성공한 동문 CEO들이 주축이 된 멘토링 프로그램 등을 운영한다. 한양대 글로벌기업가센터는 7월 설립 이후 개설한 전공 과정이 이공계 학생들로부터 폭발적 인기를 끌자 내년에 CEO 양성 관련 과정을 확대하는 것은 물론이고 타 대학 기업가 센터 설립을 위한 자문도 활발히 진행 중이다. 강원지역대학연합기술지주회사(대표 김정국)는 내년 3월 기업가 센터를 설립하기 위해 최근 한양대에 관련 자문을 요청했다. 휴대폰결제업체인 사이버패스 대표 출신인 류창완 한양대 글로벌기업가센터장은 "내년에는 최휘영 NHN비즈니스플랫폼 대표나 김정주 넥슨 창업주 등 학생들이 선호하는 벤처 CEO들의 강의를 강화할 것"이라며 "강원기술지주회사 외에 고려대와 숙명여대 등도 한양대에 기업가센터 설립에 대한 문의를 해왔다"고 말했다.- 생략 -

자료: 『전자신문』, 2009년 12월 21일, 경제 및 과학면, 「기업가 정신'으로 무장하는 상아탑」 기사 중 일부.

대학의 기술이전과 창업을 지원하는 산학협력단의 관리적, 행정적 자원 부족, 대학 교수들의 가치 있는 창업아이템의 우회 창업 태도, 한양대의 글로벌 기업가센터나 KIST의 기업가 정신 제고 선언, 그리고 2-32의 밥슨 칼리지의 기업가 정신 중심교육 등 최근 기업가 정신과 관련해 보도된 기사들 사이에 공통점이 하나 존재한다.

기업가 정신 제고를, 국내 대학에서 새롭게 대두되고 있는 대학혁신의 하나의 트렌드로 제시하고 있는 점이 그것이다. 기업가 정신이 대학 혁신의 트렌드로 제시되는 국내 상황의 핵심은 현재 상당 부분 고착화되고 있는 고용 없는 경제성장 상황이 그것이다. 경제가 성장해도 새로운 고용이 창출되지 않는 상황에 대한 대안으로 대학의 기업가 정신 제고를 통한 새로운 신규 창업 기회를 창출하자는 것이 현재의 대학 혁신의 방향인 것 같다.

사례 2-32. 미 밥슨 칼리지의 기업가 정신 창업교육 벤치마킹

- 중략 -

보스턴은 하버드대, 매사추세츠공대(MIT) 등 명문대가 밀집돼 있는 세계적 브레인들의 집합소. 그 가운데 밥슨 칼리지는 미국 '기업가 정신 매거진'과 '프린스턴 리뷰'가 최근 국내 기업가 정신 학부 및 석사 프로그램 1위로 꼽은 곳이다. 올해 월스트리트저

널은 이 대학의 경영학석사(MBA) 1년 과정을 미국 내 2위, 세계 5위 수준으로 꼽았다. 이곳에선 기업가 정신에 대한 세계적 관심을 실감할 수 있었다.

밥슨 칼리지의 노하우는 강의실이 곧 기업 현장이라는 점이다. 매년 9월에 학기가 시작되면 60명의 학생은 3명씩 20개 팀으로 나뉘어 번뜩이는 창업 아이템을 내놓는다. 20개 팀은 불꽃 튀는 경쟁을 거쳐 11월경 2개 팀으로 압축된다. 2개 팀으로 살아남으려면 3번의 투표를 거쳐야 한다. 투표를 앞두고 학생들과 교수진 앞에서 사업설명회를 할 수 있는 시간은 단 3분. '조직 구조' '사업 실행 가능성' 등 강의의 주제에 맞춰 사업의 강점을 홍보해야 한다. 실제 시장에서 창업자들이 투자자의 마음을 사기 위해 거쳐야 하는 과정이다. 나머지 학생은 투표과정에서 이사회 멤버가 된다. 팀 발표가 끝나면 매서운 질문을 거침없이 퍼붓는다. 사업 가치를 판단하는 비판적 사고를 키우는 것이다.

지난 10년간 5,000여 개의 벤처기업이 이 강의에서 태어났다. - 중략 -

학생들이 흥미로워하는 또 다른 점은 두 교수가 수업을 함께 진행한다는 점. 이 강의도 남자 교수와 여자 교수가 한 명씩 나와 마치 토크쇼의 진행자처럼 말을 주고받았다. 남자 교수가 마케팅의 일반론을 이야기하면 정보기술(IT) 등에 특화된 여교수는 블로그와 홈페이지 활용법 등 구체적인 마케팅 방법을 소개하는 식이다.

학생들이 강의실에서 중점적으로 배우는 것은 '성공'이 아닌 '실패'다. 에릭 노이즈 밥슨 칼리지 교수는 "교육의 핵심은 실패할 기회를 주고, 실패를 통해 학생이 무엇인가를 배워야 한다는 것"이라고 설명했다. 성공 여부보다 실패를 통한 학습을 강조하기에 성적 평가 방식도 남다르다. 학생들의 벤처회사가 낸 이윤을 단순 비교하지 않는다. 학생 각자가 기대한 이윤과 실제 이윤 간의 차이를 본다. 노이즈 교수는 "학생 평가의 주된 내용은 배움에 대한 증거"라며 "보고서 제출과 상담 등을 통해 실패의 원인을 깨닫고 있는지를 중점적으로 본다"고 말했다. - 중략 -

밥슨 칼리지가 기업가 정신을 가르치는 이유가 단지 회사를 세우는 데 있는 것은 아니다. 실제 이 수업에서 태어난 벤처기업 가운데 사업을 지속하는 곳은 10% 이하다. 노이즈 교수는 "모든 사람이 빌 게이츠가 되는 것은 아니다"며 "기업가 정신은 삶을 창의적으로 이끌어가는 과정으로 가르친다"고 설명했다. – 생략 –

자료: 동아일보, 2009년 12월 4일 국제면, 「강의실이 곧 기업현장, 미 밥슨 칼리지」 기사 중 일부.

한국이 고용창출과 지식기반의 신산업 창출을 지속하기 위해서는 기업가 정신 교육 및 연구 프로그램들이 대학뿐만 아니라 정부출연연구기관, 그리고 기업들에게까지 적극 확산되어야 할 것이다. 정부가 직접 민간 기업들의 기업가 정신을 제고할 정책을 사용하는 것이 불가능하다면, 우선 대학과 출연연구기관의 기업가 정신 교육 및 연구 프로그램 제고를 위한 체계적인 노력을 경주할 필요가 있다. 현재 기업가 정신을 정식 교육 프로그램으로 정착시킨 것은, 지식경제부의 MOT(기술경영대학원) 사업 정도밖에 눈에 띠는 것이 없다. 그런데 기술경영대학원 프로그램 또한 졸업생들의 구체적인 기술창업으로 연결되지 못하고 공대에 있는 또 하나의 경영전문대학원으로 변질하고 있는 느낌이다.

뿐만 아니라, 국가가 새로 설립하거나 새로 석·박사 과정을 개설한 대학들, 예를 들어 대구경북과학기술원 같은 조직은 1년에 수백억 이상의 예산을 들여 연구개발 과제를 수행하고 연구 인력을 양성하는 학부, 석사 및 박사 과정을 운영하면서도 제대로 된 기술기반 창업을 목표로 하는 기술경영대학원 하나 만들어 놓지 않았다. 이것은 정부의 직무 유기이고 대구경북과학기술원 경영진의 책임 회피에 다름 아니다. 지식기반 경제시대는 개방형 혁신의 시대이다. 기업들이 세계적인 대학 인근에서, 혹은 세계적 대학 자체에서 출발해서 새로운 혁신 제품을 만들고 글로벌 시장을 향해 승부해야 한다. 연구자의 지적 호기심을 위한 순수한 연구라는 기초연구의 시대는 이미 지났다. 지역 산업 발전과 신산업 창출이라는 경제적 목적을 가지고 만들어진 연구중심대학이라면 더더욱 기업가 정신 교육 프로그램, 즉 개방형 혁신 기술경영대학원 시스템을 만들어야 한다. 그래서 모든 내부 연구개발 과정에 기업가 정신을 가진 예비 기업가가 참여하고, 또한 연구자들이 잠재적 기술 창업자로서 체계적인 교육과 태도를 훈련 받은 과정에서 연구에 임하도록 해야 한다. 개방형 혁신 기술창업을 배제한, 즉 연구를 위한 연구의 시대는 지나갔다. 정부는 신설되었거나 아직 시스템이 정착되지 않은 대학부터 기업가 정신 교육 프로그램을 전체 교육 시스템 내에 체계적으로 도입해야 할 것이다.

구분	특징
기회(Opportunity)	-시장 기회는 기회를 측정하는 핵심 요소이다. -시장 구조와 크기의 분석은 기회를 정의하는데 도움이 된다. -잉여(Margin) 분석은 기회를 아이디어와 차별화 하도록 한다.
자원(Resource)	-자원을 이해하라. -자원에 좌우 되지는 마라.
팀(Team)	-기업가 정신 팀은 성공의 핵심 요소이다. -기업가 정신 문화를 제고하라. -빨리 배우고 가르쳐라. -통합성, 정직성, 그리고 역경을 이기는 태도를 제고하라.

표 4. 기업가 정신의 3가지 요소.

자료: Timmons. Jeffry A., Spinelli Stephen(2007. p. 90, 91) (표 요약)

티몬스(Timmons)는 기업가 정신의 3가지 핵심 요소로 표 4에서 보듯이, 기회, 자원, 그리고 팀을 제시한 바 있다. 대학과 출연연구기관의 기업가 정신 프로그램 내에 기술기반 기회의 포착, 기술을 시장으로 가져가는데 필요한 자원의 확보, 그리고 이러한 과정을 같이할 팀의 조직에 필요한 체계적인 지식과 정신을 교육할 수 있는 실질적인 프로그램의 개발과 운영이 요구된다.

3부

개방형 혁신 전략론

3-1. 후발주자의 개방형 혁신 비즈니스 전략

아마존의 킨들은 거의 세계 최초로 전자책 시장을 형성하고, 현재 세계의 전자책 시장의 다수를 점하고 있다. 그런데 사례 3-1에서 보듯, 후발 주자인 소니가 전자책 시장에 뛰어 들면서 킨들의 기계적 특징을 개선하고, 킨들 서비스를 벤치마킹 한 개방형 혁신 전략을 채택하고 있는 점에 주목하지 않을 수 없다. 킨들은 아마존 자체만의 전자책 콘텐츠를 유료로 다운 받아 읽을 수 있으며, 다운 받은 콘텐츠를 다른 기기로 옮길 수 없는 것이 특징이다.

사례 3-1. 전자책의 새로운 방향, 개방형 혁신 전략

소니가 아마존의 '킨들'에 대적할 전자책(e북) 단말기 '소니 리더 데일리 에디션'을 2009년 8월 25일(현지시각) 공개했다. 뉴욕타임스 등 주요 외신은 소니가 마침내 3세대(3G) 데이터 통신망을 통해 무선 다운로드 기능을 추가한 신제품을 선보였다고 전했다. 소니의 야심작, '소니 리더 데일리 에디션'은 AT&T의 3G망을 통해 무선으로 책을 내려 받을 수 있다. 킨들이 인기를 끄는데 한 몫을 한 핵심 기능도 도입했다. 킨들이 무료로 스프린트넥스텔의 3G망을 이용할 수 있는 것처럼 네트워크 이용료는 공짜다. - 중략 -

그런데 아마존의 킨들을 벤치마킹한 기능이 다수 추가됐지만, 소니는 '오픈 전략'을 택하면서 킨들과 분명한 선을 그었다. 아마존은 철저한 폐쇄 전략으로 킨들 스토어에서 내려 받은 킨들 콘텐츠를 킨들이나 유료 킨들 애플리케이션을 설치한 애플의 아이폰, 아이팟 터치에서만 볼 수 있다. 소니는 e북 표준 포맷을 채택해 소니 리더를 제외한 다른 기기에서도 콘텐츠를 볼 수 있다. 소니 리더에 담은 콘텐츠를 휴대폰, PC 같은 다른 기기에도 옮길 수 있다. 공공 도서관과 연계해 풍부한 e북 콘텐츠를 빌려 볼 수 있는 기능도 눈에 띈다. 새로 추가된 '도서관 찾기(Library Finder)' 기능을 이용해 지역 도서관을 검색해 공짜로 책을 빌려볼 수 있다. 빌린 책은 21일이 지나면 리더에서 자동으로 사라지며 복사나 이동 같은 행위가 금지된다. 포레스터리서치의 로트만 엡스 연구원은 "소니가 소비자들에게 '굳이 우리가 파는 콘텐츠를 살 필요가 없다. 어떤 콘텐츠도 살 필요가 없다'고 광고하고 있다"며 "소니의 영리한 사업 전략이 돋보인다"고 평했다.

자료:『전자신문』, 2009년 8월 27일, IT 및 과학면, 「소니 e북 시장에서 개방형 혁신 전략으로 아마존에 정면 승부」 기사 중 일부.

현재 소니 전자책이 지향하는 서비스는 기존의 킨들과 다른 개방형 혁신 전략을 취하고 있다. 첫째, 소니 전자책 콘텐츠를 다른 기기에서 다운 받을 수 있게 하는 유출형 개방형 혁신 전략을 취하고 있다. 둘째, 소니 전자책 콘텐츠를 다른 기기로 이전할 수 있는 점에서 (콘텐츠 활용 측면에서도) 개방형 혁신 전략을 채택하고 있다. 셋째, 소니는 자신이 유료로 공급하는 콘텐츠 이외에 공공 도서관의 전자책 콘텐츠를 가져다 소비자들에게 무료로 공급하는 유입형 개방형 혁신 전략 또한 채택하고 있다. 소니는 다양한 형태의 개방형 혁신 전략을 통해서 콘텐츠의 폭과 활용도 측면에서 아마존의 킨들을 넘어서고자 노력하고 있는 것이다. 동 사례에서 보는 바와 같이 개방형 혁신 기업 전략은 기업의 새로운 혁신 제품 개발과 마케팅 역량의 획기적 강화, 그리고 새롭게 시장진입을 한 후발기업의 차별화 전략으로 매우 유용하다.

2010년 초 아이패드를 시장에 출시하면서 전자책 시장에 새로운 경쟁 여건이 형성되고 있다. 애플 또한 아이패드를 출시해 전자책 시장에 진입하면서 개방형 혁신 전략을 구사하고 있는 것이다. 즉 앱스토어와 같이 전자책 전용 콘텐츠의 생산과 그 유통을 중심으로 하는 개방형 혁신 전략 구사가 바로 그 것이다.

3-2. 미래 융합 산업분야, 개방형 혁신 전략이 필요하다

사례 3-2. 전기자동차 산업의 개방형 혁신 전략

현대모비스와 LG화학이 전기자동차용 배터리 생산을 위한 합작법인을 설립키로 한 것은 자동차 부품업체와 전지업체 간 시너지효과를 극대화하기 위한 윈-윈 전략 이다. - 중략 -

두 회사가 설립할 전기 및 하이브리드카용 배터리 회사는 리튬이온전지(셀)와 팩 을 합친 완제품을 생산하게 될 전망이다. 팩은 전기자동차에 들어가는 핵심 부품인 리튬이온전지를 둘러싸고 있는 부분을 통칭한다. 배터리 매니지먼트 시스템(BMS) 및 안전회로 송풍기(냉각시스템) 등으로 이뤄진다. LG화학이 리튬이온전지를 생산, 합작법인에 납품하면 합작법인은 팩과 운영시스템 등을 합쳐 완성차 회사에 최적화 된 완제품을 공급하게 된다. - 중략 -

이번 합작법인 설립을 자동차 메이커와 배터리업체 간 차세대 자동차 산업 주도 권을 둘러싼 경쟁의 '전주곡'으로 보는 시각도 있다. 즉 전기자동차는 엔진이 없어지 고 2차전지가 현재 자동차의 엔진처럼 자동차의 품질을 결정하기 때문에 현대·기 아차 그룹이 어떤 형태로든 전지사업에 발을 들여놓고 싶어 했을 것이라는 분석이 다. 자체적으로 전지사업에 뛰어드는 것은 승산이 없어서다. GM과 LG화학이 맺은 계약도 이를 방증한다. LG화학은 당초 GM과 리튬이온전지 및 팩을 통째로 공급하 는 형식의 계약을 맺었으나 GM의 요구로 팩을 제외했다. 나머지 팩 부품은 LG화학의 기술을 이전받는 조건으로 GM 측이 자체 생산하는 쪽으로 계약을 변경했다. LG 화학과 현대모비스의 합작법인 설립계획 역시 모비스 측의 적극적 요구에 의한 것으로 알려졌다. - 생략 -

자료:『한국경제신문』, 2009년 8월 28일, 경제면.

사례3-2의 전기자동차 산업과 같은 새로운 신성장 동력 산업들이 대부분 두 가지 이상의 기존 기술분야의 융합을 통해서 새롭게 등장하고 있는 산업들이다. 전기자동차 산업의 경우 기존의 자동차 산업과 2차전지 등 전지전자 산업의 융합으로 형성되고 있는 산업이다. 이러한 신성장 동력 분야의 융합 산업은 특정 기업 혼자 자체 연구개발 및 생산을 통해서 신제품을 생산하고 세계 시장을 석권하는 것은 불가능하다. 왜냐하면 융합 산업의 특성상 특정 부분을 제외하고는 자사의 기술경쟁력이 세계적인 우위를 차지하는 것은 불가능하기 때문이다. 현대모비스와 LG화학의 전기자동차 합작 법인 설립은 이와 같은 융합 산업 분야 기업들의 개방형 혁신 전략의 사례를 보여주는 것이다. 미래형 융합 산업에서 세계적 기술경쟁력 확보, 신제품 개발, 그리고 시장점유율을 높이는 마케팅 역량의 지속적 강화 등을 위해서는 관련 국내외 기업간의 과감한 개방형 혁신이 필수적이다.

폐쇄형 혁신은 기업들이 내부의 연구개발 프로젝트(Internal Research Project)를 통해 새로운 지식과 기술, 혹은 아이디어를 창출하고, 그것을 통해 신제품을 만들어 자신의 현재 시장에 판매하는 기업의 기술경영전략을 말한다. 반면 개방형 혁신은 기업의 외부로부터 특허구매나 라이센싱 구매, 공동연구개발, 혹은 기술을 가진 사람의 고용, 기타 공개 특허의 능동적 모집 등을 통해서 자체 연구개발 등과 함께 새로운 지식과 기술을 기업 내부로 가져와 신제품을

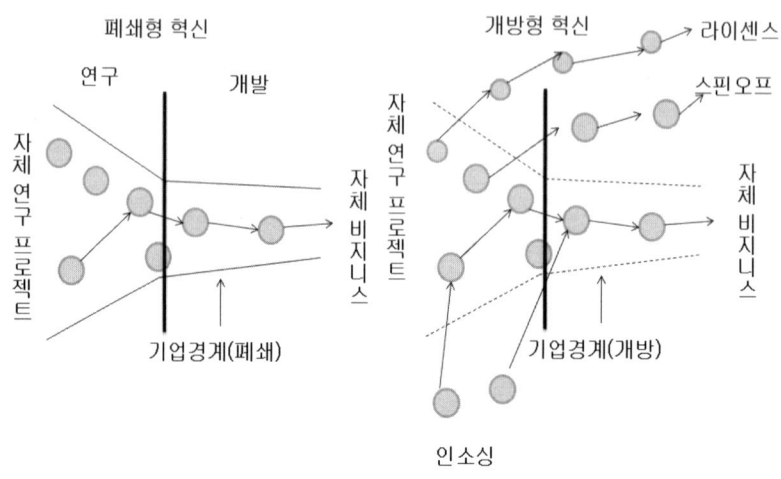

그림 10. 개방형 혁신(Open Innovation)과 폐쇄형 혁신(Closed Innovation) 모델. 자료: Chesbrough(2006, p. 3) (일부 수정)

만들어 현재의 시장뿐만 아니라 해당 기업의 새로운 시장에 판매하거나 자신의 기술을 스핀오프 하거나 외부로 판매하여 타 기업의 다른 시장에 신제품을 출시하는 일련의 기술경영전략을 뜻한다. 기술과 지식이 기업의 신제품 혹은 신공정 혁신을 결정하고 경제의 성장 동인을 결정하는 강도 혹은 빈도가 증가함에 따라, 기술과 지식을 둘러싼 개방형 혁신 기술경영전략이 기업의 미래를 결정하는 수준에까지 이르고 있다.

3-3. 그린 신산업 진출, 오픈 이노베이션 전략이 답이다

사례 3-3과 같이 세계적 제약회사 바이엘은 태양광 기업에 대한 투자를 통해 태양광 산업에 진출했다. 듀폰 역시 의류 산업 부문을 과감하게 처분하고 태양광 관련 분야 기업에 대한 투자를 통해 단기간에 기술능력을 획득하고, 해당 산업에 진출하여 기존 기술과 결합한 새로운 태양광 기업으로 성장하고 있다.

사례 3-3. 그린 기업의 개방형 혁신

- 중략 -

도이체 솔라는 처음부터 솔라월드가 투자한 회사는 아니었다. 모태는 독일 제약회사이자 화학회사인 바이엘이다. 바이엘은 1994년 신·재생에너지에 투자하기 위해 자회사로 도이체 솔라를 설립했다. 대표적 굴뚝기업인 화학업체가 이미 15년 전에 그린 에너지 기업으로 탈바꿈하기 위해 쏟은 노력의 결실이 지금의 도이체 솔라다. 바이엘이 앞서 간 길을 최근 대부분 기업들이 따라가고 있다. 듀폰, BP, 카길 등 대표적 굴뚝기업들이 그린 에너지 기업으로 앞다퉈 변신하고 있다. 그린 에너지를 선점하기 위한 기업 간 경쟁은 더욱 불꽃을 튀기고 있다. 세계적인 농기계회사인 존 디어는 농민들의 토지를 이용함으로써 비용을 적게 들이고도 신재생에너지기업으로 탈바꿈하는데 성공했다. - 중략 -

이 회사는 2001년에도 고비를 맞았다. 나일론 등 기존 제품의 성장 정체로 매출이 전년 대비 13% 급감했다. '굴뚝기업의 한계에 부딪친 게 아니냐'는 지적이 잇따랐다. 이때 듀폰이 선택한 게 그린 에너지 기업으로의 변신이다. 듀폰은 회사의 상징으로 여겨졌던 의류용 섬유 부문을 과감히 매각했다. 대신 신·재생에너지 관련 소재 개발을 신성장 동력으로 집중 육성하기 시작했다. 연료전지 및 태양광 부품의 근간이 되는 소재를 경쟁사보다 앞서 개발하는 데 매달렸다. 전략은 적중했다. 연료전지 및 태양광에 사용되는 소재를 개발함으로써 관련 시장을 휘어잡았다. 듀폰의 소재를 사용하지 않고서는 태양광 제품을 만들 수 없다는 얘기를 들을 정도다.

－ 중략 －

존 디어(John Deere)는 세계 최대 농업용 트랙터 제조업체다. 아무리 세계적 업체라지만 농기계를 만들어 고속 성장을 지속하는 데는 한계가 있는 법. 한계를 돌파하고 녹색시대에 살아남기 위해 업종의 특수성을 활용하기로 했다. 농민들과 연계한 풍력발전사업에 진출하기로 한 것이다. 사업구조는 간단하다. 개별 농민이나 농민단체가 보유하고 있는 토지에 풍력발전기를 설치하고, 생산된 전기를 지역 전력회사에 판매하는 사업… － 생략 －

자료:『한국경제신문』, 2009년 8월 4일 국제면,「그린에너지 세계대전, 그린기업으로 변신 중인 기업들」기사 중 일부.

존 디어는 기존의 농업기계 기업의 입지를 활용해서 농경기 기반의 풍력 산업 진출로 세계적 기업 경쟁력을 확보해 가고 있다. 이상의 사례에서 주목할 부분은 기존의 기업들이 자신의 경쟁우위 요소를 기반으로 하여 개방형 혁신 방식으로 그린 산업에 진출했으며, 현재 성공가도를 달리고 있다는 점이다. 특히 제약이나 화학 관련 기업들은 기존의 무기화학 기술과 설비 등을 기반으로 외부의 태양광 기업에 투자하고, 유입형 개방형 혁신 기술획득을 통해서 태양광 산업에 성공하고 있다. 바이엘과 듀폰이 그 사례들이다. 세계적 농기계 기업인 존 디어는 기존의 농장 고객 네트워크를 활용해서 해당 지역을 기반으로 풍력에너지를 생산하는 개방형 혁신 전략으로 그린 산업 진입에 성공하였다. 이 또한 기존의 내부 역량과 외부 고객 네트워크를 결합해서 새로운 시장과 제품을 개척한 전형적인 유출형 개방형 혁신의 사례이다.

그린 산업은 신규 진입보다는 개방형 혁신 전략을 통해서 기업들이 새로운 블루오션을 획득할 수 있는 여지가 존재하는 산업영역이다. 우리나라의 기업들도 그린 분야 전문기술 기업의 인수, 기술 개발, 기술 라이센스 등의 방법을 통해서 단기간에 그린 산업으로 진입하고, 집중적인 노력을 통해서 세계 시장에서 기술지분을 획득하는 것이 가능하다. 다만 기업들은 그린 산업 진입에 있어서 해당 기술 기업들과의 개방형 혁신에만 주목할 것이 아니라, 국내에서 세계적인 그린 분야 연구 프로젝트를 진행하고, 대학 및 출연연구기관들과의 개방형 혁신 연계 전략도 게을리 하지 않아야 할 것이다. 그렇지 않으면 현재 태양광, 연료전지 그리고 풍력 등의 분야에 이미 20여 년 동안 투자하여 세계적 원천 기술들을 확보하고 있는 일본, 독일 그리고 미국 등의 기업들과의 경쟁에서 기술격차로 인한 극복할 수 없는 간격이 발생하고 점점 확대될 것이기 때문이다.

다시 말해 그린 산업에 진입을 위한 기업의 개방형 혁신 전략이 매우 일반화되어 있고 유용하다. 즉 주로 그린 산업 분야에 종사하고 있는 기술 기업을 대상으로 하는 개방형 혁신 전략은 단기간에 기존 기업이 그린 산업 진입하는데 유용하다. 그러나 그린 산업 분야에서 지속적으로 기술능력을 축적하고 세계적인 기업으로 성장하기 위해서는 국내에서 그린 분야 연구개발에 집중하고 있는 대학 및 출연연구기관과의 개방형 혁신을 통한 기술능력 획득과 축적이 무엇보다도 필요하다.

3-4. 자동차 및 로봇 산업의 개방형 혁신 사례를 주목한다

사례 3-4. 일본 자동차기업의 개방형 혁신 사례

혼다가 몸의 중심이동을 이용해 원하는 방향으로 운전할 수 있는 외발 전동차 'UX-3'을 개발해 24일 일본에서 공개했다. 바퀴는 하나뿐이지만 균형 제어기술이 적용돼 넘어지지도 않는다. UX-3라는 이름의 외발 전동차는 운전자의 몸 기울기 상태를 센서로 감지해 전후좌우, 대각선 방향으로 움직인다. 높이 65㎝, 폭 16㎝, 측면 길이 31.5㎝, 무게 10㎏ 미만으로 휴대가 간편하며, 내장된 리튬이온 배터리를 동력으로 사용하므로 페달을 밟을 필요도 없다. 한번 충전으로 1시간 정도 운전할 수 있다. 중심을 잃지 않고 UX-3가 똑바로 서서 전후좌우로 움직일 수 있도록 하는 데엔 이족보행 로봇 아시모와 혼다 옴니트랙션 드라이브 시스템(HOTDS) 개발과정에서 얻어진 균형 제어기술을 사용했다. 이와 유사한 기술은 지난해 무라타제작소가 선보인 외발 자전거 타는 로봇 '무라타 세이코'에서도 볼 수 있지만 사람이 승차할 수 있는 외발 전동차에 적용된 건 이번이 처음이다.

UX-3는 한 사람이 승차 가능한 모델이지만 아직 구체적인 상용화 계획은 없다. 혼다는 이 기술을 실생활에 적용할 수 있는 방안을 좀더 연구해 다양한 실용제품으로 선보일 계획이다. 혼다는 2009년 10월 24일부터 지바 마쿠하리에서 열리는 도쿄 모터쇼를 통해 일반에 공개할 예정이다.

자료: 『전자신문』, 2009년 9월 25일, IT 및 과학면, 「혼다, 외발 자동차 'UX-3'공개」 기사.

UX-3는 세그웨이를 대체하는 1인용 탈 것으로 단번에 전 세계의 주목을 받고 있다. 동 제품의 디자인이나 성능, 앞으로의 시장 가능성은 차지하고라도 동 제품이 만들어진 상황에 주목하지 않을 수 없다. 혼다의 경우, 전기자동차와 차세대 로봇 산업분야에서 세계적인 리더십을 가진 기업이다. UX-3의 경우, 사례 3-4에서 보듯 혼다의 리튬이온 배터리 기술과 로봇 개발 경험에서 축적한 균형 제어기술의 결합을 통해서 만들어낸 새로운 시장 개척 제품이다. 내부뿐만 아니라 일본 전체의 로봇 산업 발전과정에서 상호 축적한 로봇의 균형 제어 기술을 활용해서 현재 존재하지 않는 시장을 대상으로 한 제품을 제안한 것이다.

개방형 혁신은 현재의 시장에 만족하지 않고 미래의 새로운 시장이나 새로운 제품을 선도적으로 만들어내는 유출형 개방형 혁신이 가장 높은 수준의 전략 내용이다. 체스브로(2003)도 개방형 혁신 전략 사례를 IBM이나 인텔을 통해서 제시하면서, 주로 주목한 것이 유출형 개방형 혁신 전략(Inside Out Open Innovation)이었다. 기업의 미활용 기술, 혹은 현재 충분히 시장성을 가지지 못한 기술들을 활용하여 지금의 주력시장이 아닌 새로운 시장 창출, 그리고 새로운 제품개발에 적극 나서는 혼다의 개방형 혁신 전략을 벤치마킹 할 필요가 있다. 유입형 개방형 혁신 전략뿐만 아니라 유출형 개방형 혁신 전략은 더더욱 기업의 창조적 시각이 중요하다. 존재하지 않는 시장을 창출하고 새로운 제품의 개념을 제시하며, 내가 아닌 다른 기업들을 통해 우리 기업의 이윤을 창출하는 것 자체가 창조성을 바탕으로 한다.

3-5. 개방형 혁신 신산업 창출 전략

구글은 개방형 혁신 전략을 가장 잘 사용하는 기업 중 하나이다. 사례 3-5와 같이 '구글 벤처스'라는 유입형 개방형 혁신 전략을 전담할 별도 법인까지 설립하고, 자사에 많은 수익을 가져다 줄 기술, 그리고 미래 성장 동력 산업 관련 기술의 유입에 적극적으로 나서고 있다. 구글 스스로도 내부 조직이 연구소라고 할 만큼 내부 인력의 연구역량 극대화 및 활용에 집중하지만, 전 세계로부터 창조적 기술을 획득하여 새로운 제품을 만들어내는데 주저함이 없다.

사례 3-5. 구글의 개방형 혁신 전략

한해 10~12개 업체를 꾸준히 사들인 구글이 다시 탐욕스럽게 기업 사냥에 나설 전망이다. AFP 등 외신에 따르면 에릭 슈미트 구글 최고경영자(CEO)는 23일(현지시각) 피츠버그에서 열린 G20 정상회담 전야제에 참가해 "인수합병의 시기가 돌아왔다"면서 "월 1개의 기업을 인수할 계획"이라고 말했다. 슈미트 CEO는 "여러분도 알다시피 현금은 풍부하다"고 운을 떼고는 "창의적인 신생업체에 투자하길 원한다"고 밝혔다. 구글의 현금보유액은 190억 달러(약 22조7000억 원)에 달한다. 그는 특정 업종이나 인수유력 후보를 밝히지 않았지만 "수익을 얻을 수 있는 기술 부분과 구글의 장기적인 성장을 견인할 수 있는 기술 부분에 투자하길 원한다"고 인수 방향을 설명했다. 그는 미국 안팎의 경기가 회복되고 있음을 이유로 들었다. 글로벌 경기 침체가 최악의 상황을 벗어났다고 진단했다.

신생 벤처업체 인수에는 벤처업체에 투자하기 위해 출범할 '구글 벤처스(Google Ventures)'가 어느 정도 역할을 할 것으로 보인다. 구글 벤처스는 구글이 2009년

3월 결성한 벤처캐피탈로 신생 기술업체를 위주로 광범위한 영역을 투자하는 펀드다. 슈미트 CEO는 "구글 벤처스는 구글의 관점으로 이루어지는 실험이 될 것"이라며 "얼마나 성공적인 지 밝히기에는 이른 감이 있지만 어쨌든 꾸준히 투자를 하고 있다"고 밝혔다. 구글은 지난 주 카네기멜론대학에서 시작된 보안업체 '리캡차(reCAPTCHA)'를, 올해 초에는 처음으로 상장사인 온투테크놀로지스를 1억650만 달러에 인수했다.

자료: 『전자신문』, 2009년 9월 25일, IT 및 과학면, 「기업사냥 탐욕 살아나는 구글」 기사.

　사례 3-6과 같이, 새로운 기술의 확보는 구글이 가진 기존의 역량과 결합하여, 세상에 존재하지 않은 새로운 개념의 제품과 서비스를 출현시키는 것을 가능하게 한다. 그것이 바로 유입형 개방형 혁신(Outside In Open Innovation)의 특징이라고 할 수 있을 것이다.

사례 3-6. 구글의 개방형 혁신 전략 지속

구글이 IT 기업 인수의 큰 손이 됐다. 인터넷 검색 시장에서 다진 인지도와 막대한 현금 동원력을 바탕으로 유망 기업들을 줄줄이 사들이고 있다. 칼 아이칸처럼 적대적인 경영권 인수는 아니지만 온·오프라인, 인터넷·모바일·콘텐츠 할 것 없이 전방위적으로 집어 삼키자 구글의 독점력 확대에 대한 견제 움직임도 보이고 있다.

미국 연방거래위원회(FTC)는 지난달 구글이 모바일 검색 광고업체 애드몹을 인수한 것이 반독점법 위반에 해당하는 지 여부를 조사하기로 했다. 구글은 휴대폰 광고 사업을 확대하기 위해 총 7억5000만 달러를 들여 애드몹을 인수, 이를 기존 인터넷 검색 광고와 통합하는 방안을 추진 중이다. ‒ 중략 ‒

인터넷 검색 광고, 모바일 광고, 온라인 뉴스, 모바일 운용체계(OS) 등 구글이 힘을 모으고 있는 여러 분야에서 어떤 방식으로든 반독점 문제가 가시화할 것이라는 게 전문가들의 전망이다. 오푸스 리서치의 그렉 스티어링 애널리스트는 "아직 모바일 광고시장이 초기 단계라 반독점 여부를 가려내기는 쉽지 않을 것"이라면서 "구글은 피인수 기업을 어느 누구보다도 잘 키워서 지배력을 확장하는 게 실질적인 문제"라고 말했다.

구글이 140억 달러(약 16조5000억 원)에 달하는 현금을 들고 있다는 소문이 나자 피인수 대상인 기업들도 콧대가 높아졌다. 미국 최대의 지역정보 검색 사이트 옐프(Yelp)는 구글에 인수될 것이라는 기사가 흘러나오자 협상을 중단했다. 그 원인은 명확히 밝혀지지 않았으나 옐프는 비밀에 부치기로 한 협상의 내용을 구글이 흘렸다며 협상 장을 박차고 나온 것으로 알려졌다. 일각에서는 옐프가 몸값을 5억 달러 이상으로 올리기 위해 취한 조치이지만 결국 구글과의 협상 테이블에 다시 올 것이라고 보고 있다. 구글은 또 부동산 검색사이트 질로우(ZILLOW)와 트룰리아(TRULIA)를 놓고 양자 협상을 추진 중인 것으로 전해졌다. 인수 가격은 1억5000만~2억 달러 가량. 구글이 두 기업을 인수할 경우 기존 지도(Maps) 서비스에다 지역 정보 검색, 주택 및 부동산 거래까지 연결하는 새로운 비즈니스 모델이 가능할 것으로 예상된다. 구글과 두 기업 모두 서로 팽팽한 줄다리기를 벌이는 중이다. 외신들은 구글이 기업 인수를 확대하면 할수록 여러 가지 경우의 수에 대응하는 협상력을 키워야 할 것으로 내다봤다.

자료: 『전자신문』, 2009년 12월 27일, 국제면, 「막강한 현금 파워, IT기업 인수 큰손 구글」 기사 중 일부

특히 이러한 유입형 개방형 혁신이 가능하고 더욱 효과적인 영역이 인터넷, S/W, 그리고 자동차 등 그림 11과 같은 모듈형 아키텍츠(Modular

Architecture) 산업들이다. 부품들 간의 상호작용이 많아 특정 부품이 바뀌면 부품 전체에 영향이 가는 경우를 '상호작용형 아키텍츠'라고 하는 반면, 다른 부품에 대한 영향을 최소화한 상태에서 특정 부품의 교체, 추가 및 삭제가 가능한 경우를 '모듈형 아키텍츠'라고 한다. 지식기반 경제의 발전으로 기술의 진보가 여러 산업에서 동시에 이루어짐에 따라, 다양한 분야의 기술진보를 기존 제품의 새로운 버전이나 새로운 제품 개발에 담기 위해서는 아키텍츠 자세의 모듈화가 매우 중요하다. 구글처럼 기존의 자신의 주력 제품군들의 모듈화가 잘 되어 있는 기업의 경우, 유입형 개방형 혁신을 통한 새로운 기술의 획득을, 기존의 부품의 변화를 최소화하면서, 자신의 주력 제품과 결합하여 새로운 개념의 제품 혹은 서비스를 창출하는 것이 가능하다. 따라서 모듈형 아키텍처를 주력제품으로 하고 있는 기업들은 구글과 같이 적극적인 개방형 혁신을 통해서 세계적인 첨단 기술을 지속적으로 확보하고 혁신적인 제품으로 전환하여 글로벌 시장 선도효과를 누리는 전략을 채택하는 것이 가능할 수 있다. 윤진효 외(2009a)에 따르면, 모듈형 산업이 비모듈형 산업보다 개방형 혁신 효과가 통계적으로 유의미할 정도로 크게 나타나고 있다고 규명한바 있다.*

따라서 모듈 산업 소속 혹은 산업의 모듈화 노력을 경주하고 있는 기업들은 글로벌 유입형 개방형 혁신 전략을 진지하게 핵심 기업 기술경영전략으로 고려할 가치가 있다.

---

* 뿐만 아니라 그의 연구에 따르면, 같은 산업 내에서는 가치사슬 상에서 최종 완성체 업체에 모듈제품을 납품하는 모듈기업 보다는 모듈기업에게 모듈을 구성하는 부품을 납품하는 비모듈기업들이 개방형 혁신 효과가 훨씬 큰 것으로 나타났다. 이는 해당 연구의 대상이 된 모바일이나 자동차 산업의 국내 대기업들이 모듈기업을 대상으로 새로운 기술이나 지식을 이전하거나 기술지도를 하는 등의 개방형 혁신 노력을 충분히 하지 않는다는 증거라 할 수 있다.

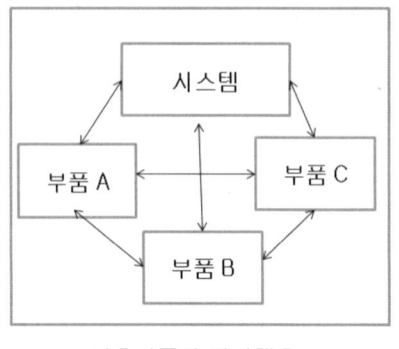
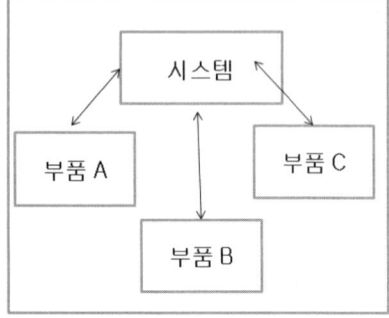

상호의존적 아키텍츠   모듈형 아키텍츠

그림 11. 상호의존적 아키텍츠와 모듈형 아키텍츠의 시스템 개요
자료: Chesbrough(2003. p. 60, 61)

3-6. 개방형 혁신 앱스토어 비즈니스 모델은 제2의 IT 혁명

웹과 모바일기기의 발달은 필연적으로 두 분야의 결합으로 나타날 수밖에 없다. 모바일 웹이 등장한 것이다. 이미 일본과 미국에서는 휴대폰을 이용한 모바일웹이 많이 활성화된 상태다. 한국은 모바일웹 분야에서 꽤 낙후된 상태인데 이는 당장의 욕심에 사로잡혀 미래에 대한 준비에 소홀한 국내 기업의 안이한 태도 때문이다(김중태, 2009. p. 71, 72).

김중태(2009)는 세계가 웹에서 모바일웹으로, 그리고 모바일웹에서 다시 모바일웹2.0으로 산업과 문화 트렌드의 급격한 변화를 겪고 있다고 지적하고 있다. 그런데 사례 3-7이 보여주는 한국의 2010년은 아직 모바일웹2.0을 충분히 표현하고 있지 못하다. 다만 모바일 웹의 경향에 대해 인식하고 있을 뿐이다.

사례 3-7. 스마트폰으로 만개하는 개방형 혁신 기업 전략

무선랜 탑재…국제전화도 싸게, PC 못잖은 CPU 내장 폰 등장, 커피전문점에서 여자 친구를 기다리는 A씨. 약속 시간에 30분 이상 늦는다는 연락을 받았지만 휴대폰 삼매경에 빠져 지겨운 줄 모른다. 커피숍의 무선랜(Wi-Fi)을 이용해 웹사이트에 접속, 저녁 때 어떤 영화를 볼지, 밥은 뭘 먹을지 공짜로 검색할 수 있다. 남는 시간에는 미국에 유학 간 친구에게 휴대폰 인터넷전화로 국제전화까지 건다. 10분간 통화한 요금은 고작 500원. 2010년 새해부터 달라질 휴대폰 사용 흐름을 보여주는 장면이다. SK텔, KT, LG텔 등 이동통신사들이 유·무선통합(FMC) 서비스를 위해 신규 휴대폰의 절반 가까이에 무선랜을 탑재할 예정이다. 무선랜이 가능한 지역에서는 공짜 무선인터넷과 값싼 인터넷전화를 쓸 수 있게 된다. 무선랜 알면 휴대폰 요금이 떨어진다. - 중략 -

FMC 휴대폰을 구매하면 무선랜 지역에서는 요금이 저렴한 인터넷전화로 통화할 수 있다. 휴대폰으로 거는 요금은 28%, 집전화나 국제전화로 거는 요금은 80%가량 저렴하다.

PC만큼 데이터 처리 빨라지는 휴대폰. LG텔레콤은 새해 1~2월께 1기가헤르츠(GHz) 속도로 데이터를 처리하는 프로세서(퀄컴 스냅드래곤)를 탑재한 휴대폰을 처음 선보일 예정이다. - 중략 -

대중화 시험대 서는 스마트폰. 새해에는 스마트폰이 본격적인 대중화 계기를 맞을 것으로 보인다. SK텔레콤, KT 등 이동통신사들은 내년에 출시할 제품 가운데 20% 정도를 스마트폰으로 내놓는다는 방침을 세웠다. 휴대폰 운영체제(OS)도 다양화된다. 올해 출시된 휴대폰은 윈도 모바일 일색이었지만 새해 2~3월부터는 구글 안드로이드를 탑재한 휴대폰도 대거 등장한다. 휴대폰으로 이메일이나 문서를 쉽게 작업하는 모바일 오피스 시대를 앞당기는 계기가 될 것으로 보인다. - 생략 -

자료:『한국경제신문』, 2009년 11월 15일, IT 및 과학면, 「미리보는 2010년 휴대폰 트렌드」 기사 중 일부.

구분	모바일웹1.0	모바일웹2.0
네트워크	저속(<0.5MB)	고속(>0.5M)−HSDPA, MiBro
프로토콜	WAP 프로토콜 기반의 WAP 브라우징	(w)TCP/IP 기반의 풀 브라우징
사업모델	폐쇄적 사업모델	개방형 사업모델, 유무선 통합모델
기술모델	폐쇄적, 독자적	개방형, 표준 기반(MobileOK)
단말	휴대전화를 통한 접속	다양한 모바일 단말을 통한 접속
API연동	하나의 서비스와 일부 API	개방형 API와 매쉬업 서비스
요금	종량제(고비용)	정액제 기반(저렴한)
광고	광고 없음	모바일 광고에 기반 한 새로운 비즈니스 모델
특징	브라우징 전용	플랫폼으로서의 모바일웹

표 5. 모바일 웹 1.0과 모바일 웹2.0의 비교. 자료: 김중태(2009. p. 75) (일부 수정)

표 5에서 보듯이 스마트폰의 출현에 의해 구현되는 모바일웹2.0은 모바일웹1.0과 달리 참여와 공유의 문화를 모바일과 접목함으로써 개방형 비즈니스 모델, 개방형 기술 획득 방식 등을 핵심 기반으로 한다. 모바일웹2.0은 사용자의 참여를 확산시켜 이들이 제공하는 지식과 정보를 기반으로 하는 비즈니스 모델인 앱스토어를 창조하게 되었다. 스마트폰 사용자들이 개인 S/W 제작자로 참여하여 적극적으로 자신들의 아이디어와 지식을 앱스토어를 통해 또 다른 사용자에게 제공하는 것을 새로운 비즈니스 모델 자체로 정립한 것이 바로 앱스토어이다. 결국 모바일웹2.0의 참여와 공유라는 특징이 비즈니스 모델로 정립된 것은, 애플이 2008년 7월 세계 최초로 도입한 앱스토어인 것이다.

2010년 우리나라는 모바일웹2.0의 특징에 따라, 개방형 비즈니스 모델, 혹은 개방형 기술혁신 방법을 토대로 하는 스마트폰 혁명의 한 가운데를 차지하게 될 것이다. 이는 단순히 속도가 빨라지고 비용이 저렴해지는 1차적인 변화가 아니라 개방형의 비즈니스, 기술혁신, 그리고 API와 매쉬업이 함께 하는 신개념의 혁신이 될 것이다.

3-7. 개방형 혁신 경영전략과 국제관계

기업이 필요로 하는 기술, 혹은 새로운 지식의 유입과 유출을 위한 개방형 전략은 한 국가 내로 제한되지 않는다. 그 대표적인 예가 사례 3-8과 같이 글로벌 인수합병이 될 것이다. 특정 기업이 새로운 지식 획득이나 불필요한 분야의 유출을 위해 해외 기업과의 인수, 합병을 추진할 때, 해외 당사국의 승인 혹은 불승인이 새로운 개방형 혁신의 결정요인으로 대두되고 있다.

사례 3-8. 글로벌 개방형 혁신과 새로운 국제관계
세계 1위 데이터베이스관리시스템(DBMS) 업체인 오라클과 서버 시장 4위인 썬마이크로시스템즈의 합병 계획에 유럽연합(EU)이 태클을 걸고 나섰다. EU집행위는 9일 이의 성명(statement of objection)을 통해 "썬마이크로를 인수한 오라클이 썬이 소유한 오픈소스 DBMS 소프트웨어인 MySQL을 손에 넣을 경우 시장지배력이 강화돼 EU 역내 소프트웨어 기업에 독점 피해를 줄 것으로 우려된다"며 양사 합병 승인을 거부하겠다는 뜻을 밝혔다. EU집행위는 이번 합병 승인에 대해 내년 1월19일 최종 결정을 내릴 계획이다. 오라클은 지난 4월 74억 달러(약 8조6000억 원)에 썬을 인수하기로 합의하고 미국과 EU의 반독점 심사 결과를 기다려왔다. 미 법무부는 지난 8월 두 회사의 합병을 이미 승인했다. 래리 엘리슨 오라클 최고경영자 (CEO)는 EU의 승인 거부와 관련해 "EU의 반독점 관련 조사가 늦어지면서 썬 측이 매달 1억 달러씩 손실을 보고 있다"며 "MySQL이 독점 피해를 줄 것이란 EU 측의 주장은 DBMS 시장에 대한 깊은 오해에서 비롯된 것"이라고 강력히 반발했다.

– 중략 –

중국은 일본 가전업체인 파나소닉(옛 마쓰시타전기)의 산요전기 인수에 대해서도 규제의 벽을 높였었다. 중국 상무부는 일본 파나소닉과 산요의 합병에 대해 반대 의사를 표명하다가 파나소닉이 하이브리드카에 쓰이는 니켈금속 전지 생산부문을 매각해야 한다는 조건을 붙여 겨우 승인했다. 두 회사의 합병 방침은 작년 11월 결정됐으나 중국 측이 내건 까다로운 조건 때문에 1년 만인 지난 5일에서야 파나소닉이 산요 주식의 공개매수를 시작할 수 있었다. 또 일본 미쓰비시레이온은 지난해 11월 영국의 아크릴업체 루사이트를 16억 달러에 사들이기로 합의해놓고도 지난 5월까지 중국의 승인 보류로 애를 먹어야 했다. 인베브와 안호이저부시가 합병해 생긴 AB인베브가 올 들어 중국의 간판 맥주업체 칭다오맥주 지분 19.9%를 일본 아사히맥주에 매각한 것도 중국 당국의 요구에 따른 것으로 알려졌다. 중국은 호주 철광석업체인 BHP빌리턴과 리오틴토의 합작도 불허할 것으로 전망되고 있다. 그동안 해외 기업 간 M&A에 대해 별다른 제재를 가하지 않았던 미 정부도 17년 만인 지난 9월 말부터 M&A 심사 기준을 대폭 강화하는 방향으로 손질에 들어가 업계의 관심이 집중되고 있다. 미국의 M&A 심사기준은 1992년 이후 수정된 적이 없다.

자료:『한국경제신문』, 2009년 11월 10일, 경제면, 「EU, 오라클·썬 합병에 '강력태클'」 기사 중 일부.

개방형 혁신이 기업들의 전략적 판단으로는 완전히 종결될 수 없으며, 글로벌 국제관계와 당사국의 태도 여부가 기업들의 개방형 혁신 전략을 제약하는 새로운 요소로 대두하고 있는 것이다. 사실 개방형 혁신과 관련한 글로벌 국제 관계 이슈는 이것만이 아니다.

첫째, M&A를 한 기업으로부터 모기업으로의 기술이전 및 활용이 해당 기업의 원래 목적이었더라도, 현지국이 해외로의 기술유출로 판단하여 개방형 혁신효과의 발휘 자체를 부인할 수도 있다. 쌍용차나 반도체 등과 관련한 중국기업들의 한국 기업 M&A 이후 기술이전 시도가 국내에서 집중적으로 성토된 것이 대표적인 사례라고 할 수 있을 것이다. 둘째, 지식과 기술 자체를 기업들 간에 개방형 혁신을 통해서 이전하도록 도와주고 이윤을 창출하는 글로벌 특허괴물(Patent Troll)이 또 다른 사례이다. 개방형 혁신을 촉진하고 국가의 신제품개발, 기술사업화 그리고 신산업 창출을 앞당기기 위해서는 기술 및 특허 중계기업의 존재 및 활성화가 필수적이다. 그런데 외국계 특허 및 기술 중계기업들이 국내 무대에서 왕성하게 활동하고 있는 현실이 현재 한국 내에서 정부뿐만 아니라 주요 언론들에 의해 집중적으로 성토되고 있다. 셋째, 글로벌 IT 기업들 간에 서로 특허 침해를 들어 대규모 특허소송이 빈발하고 있다. 기업들 사이의 특허 침해를 들어 진행되는 글로벌 특허소송은 개별 국가의 특허정책에 의해 상당부분 영향을 받는 것이 현실이다.

3-8. 스마트폰 비즈니스의 성공 조건, 개방형 혁신 여부

사례 3-9와 같이 MS는 윈도모바일 OS를 혁신하며 모바일웹 시장에서 지위를 회복하기 위해서 고군분투하고 있다. 그런데 현재까지의 시장 반응은 그

다지 높지 못하다. 가장 큰 원인은 운영체계의 개방성이다. MS는 OS를 폐쇄적으로 개발하여 세계시장을 선점함으로써 현재의 위치를 일구었다. 그러한 방식을 고집한 결과가 현재 모바일웹 시장에서의 초라한 위치가 아닐까? 애플은 OS 자체는 공개하지 않았지만, 사용자가 이미 공개한 툴킷을 이용하여 제작한 S/W를 팔 수 있게 한 사용자 개방형 혁신 비즈니스 모델을 세계 최초로 개발함으로써 단숨에 스마트폰 시장에서 MS의 폐쇄형 OS를 앞섰다.

사례 3-9. 개방형 혁신 여부에 따라 스마트폰 기업 경쟁력 좌우

마이크로소프트의(MS)의 모바일 운용체계(OS) '윈도모바일'에 대한 불안한 전망이 꼬리를 잇고 있다. 기능과 성능이 한층 강화된 윈도모바일6.5를 선보인데 이어 윈도모바일7 등 후속 시리즈를 지속적으로 내놓으면서 '윈도폰'의 영역을 구축하겠다고 선언했지만 주위의 시선은 냉담한 편이다. 이유는 간단하다. 전 세계 스마트폰 시장에서 부동의 1위 자리를 지키고 있는 노키아 덕분에 흔들림 없는 아성을 구축하고 있는 심비안, 신생 강호로 세력을 넓혀가고 있는 애플 아이폰, 그리고 이 둘의 입지를 뒤흔들기 위해 등장한 연합군 안드로이드. 특히 모토로라가 안드로이드 OS를 기반으로 최근 출시한 안드로이드폰에 대한 높은 평가가 이어지면서 상대적으로 윈도모바일의 재기 가능성에 잿빛 구름이 드리워지고 있다. PC월드는 윈도모바일의 시장점유율이 2002년 13.9%에서 지난 2분기 기준으로 9%까지 떨어졌다고 지적했다. 이 때문에 MS가 새로운 승부수를 띄워야할 지도 모른다고 지적했다. 인터넷 광고업체 애드몹이 내놓은 수치는 더 열악하다. 이 회사는 매월 스마트폰을 통해 인터넷 광고에 접속하는 빈도수를 조사해 발표하고 있는데, 윈도모바일 OS 기반의 스마트폰이 요청하는 비중은 지난 2월 7%였던 것이 9월에는 3%까지 줄어들었다고 밝혔다. 실제 윈도폰의 사용하는 빈도가 급감하고 있다는 설명이다.

반면 안드로이드의 성장세는 눈부시다. 안드로이드 OS를 탑재한 스마트폰 출시가 이어지면서 올 들어 꾸준히 상승해 지난 9월 전 세계 시장에서는 10%의 점유율을 차지했다. 스마트폰 대전이 벌어지고 있는 북미시장에서는 17%의 점유율을 기록, 처음으로 블랙베리를 제치고 아이폰에 이어 2위에 올랐다. - 중략 -

C넷의 브루크 크로더 에디터는 모바일 시장에서 영향력을 발휘하고 싶은 인텔이 언제까지 윈도모바일만 쳐다보고 있지 않을 것 같다고 내다봤다. 윈텔 진영을 일구었던 인텔을 비롯, 삼성전자, TI 같은 모바일칩 회사들이 MS를 버리고 안드로이드 쪽으로 속속 발을 옮길 수도 있다는 견해다.

자료: 『전자신문』, 2009년 11월 10일, IT 및 과학면, 「입지 더욱 좁아진 윈도 모바일」 기사 중 일부.

안드로이드는 여기에서 한걸음 더 나아가고 있다. 사용자 개방성이 훨씬 큰 비즈니스 모델 장터 형성은 물론이고 OS 자체를 공개하였다. 따라서 전 세계의 스마트폰 제작자는 자신의 취향에 따라 다양하게 안드로이드 OS를 수정하여 자신에게 맞는 안드로이드 스마트폰을 제작하고 있다.

결국 애플이나 안드로이드의 사례에서 살펴본 바, 스마트폰 시장의 성공 조건 중 핵심은 개방성인 것이다. 애플리케이션 시장을 사용자들에게, 혹은 자발적 개인 제작자들에게 얼마나 개방하는가가 그 기업의 경쟁력을 좌우한다. 아울러 OS의 개방성 또한 전 세계의 동종 OS 사용 스마트폰 기업군을 형성하여 스마트폰 OS의 규모의 경제를 창출하고 애플리케이션 시장의 규모와 범위의 경제를 창출하는 원동력이 된다.

기업명	애플	구글	노키아	MS	블랙베리	삼성전자
플랫폼명	아이폰	안드로이드	심비안	윈도우모바일	블랙베리	바다
소스코드	비공개	공개	공개	비공개	비공개	비공개
애플리케이션	앱스토어	안드로이드 마켓	오비스토어	윈도마켓플레이스	앱월드	삼성앱스
특징	사용자 개방형 혁신 시장 창출 세계 최대	뛰어난 개방성 세계 2위	최근 소스 공개	윈도모바일 7.0 출시 P.C 기반확장	사무용 특화	SNS 특화

표 6. 스마트폰 플랫폼과 OS 비교. 자료: 야마사키 준이치로(2009. p. 83) (일부 수정)

따라서 삼성 바다 OS의 성공 여부, 혹은 삼성 및 LG 스마트폰의 성공 여부는 애플리케이션 시장과 OS의 개방성이 좌우하게 될 것이다. 구글이 사훈으로 내 걸고 있는 "사악하지 말자"라는 모토는 어쩌면 "폐쇄형 비즈니스를 멀리하고 개방형 비즈니스로 나아가자"로 해석될 수도 있는 것 같다. 감히 우리나라의 모바일 서비스 기업들 그리고 스마트폰 기업들에게 제안한다. "폐쇄형 비즈니스를 접고 개방형 비즈니스로 나아가자."

3-9. 대기업의 기술기반 경쟁력은 유출형 개방형 혁신 전략

사례 3-10에 나타나는 바와 같이 삼성은 다양한 차원의 개방형 혁신 노력을 경주하고 있는 것으로 나타나고 있다. 삼성전자가 외부기관 및 협력업체와의 공동개발 확대의 의지를 표명한 것이나, 협력업체 관계자 교육에 직접나선 것 등이 그것이다. 뿐만 아니라 삼성전기가 협력업체와 공동개발을 위한 공간을 마련한 것 등도 상당히 고무적이다.

사례 3-10. 삼성의 개방형 혁신 노력

"협력업체와는 더 이상 갑과 을의 관계가 아니다. 문자 그대로 상생협력이 이뤄져야 한다." 이수빈 삼성생명 회장이 이달 초 사장단회의에서 삼성그룹의 상생협력이 어떤 방향으로 이뤄져야 하는지를 언급한 내용이다. 갑과 을의 관계를 뛰어넘는 상생협력의 구체적 형태에 대해 삼성 관계자는 "궁극적으로 협력업체의 경쟁력을 끌어올려 글로벌 무대에서 강소기업으로 발돋움하게 돕는 것"이라고 설명했다. 삼성전자를 비롯한 세계적 경쟁력을 갖춘 삼성 계열사에 납품하면서 쌓은 노하우를 더욱 발전시켜 세계를 무대로 장사를 하게 돕겠다는 얘기다. 이 방식이 당장 단가를 낮춰줌으로써 협력업체의 짐을 덜어주는 것보다 장기적으로 더욱 효과적이라는 설명이다.

삼성 계열사 중 가장 활발히 상생협력을 전개하는 회사는 삼성전자다. 상생협력실이라는 조직을 중심으로 협력업체 개발과 지원사업을 강력히 진행하고 있다. 요즘 삼성전자 상생협력의 화두는 오픈 이노베이션이다. 삼성전자 이윤우 부회장은 "내부 연구개발도 중요하지만 외부기관 및 협력업체와 공동개발을 확대하는 등 오픈이노베이션을 강화하겠다"는 입장을 밝혔다. 오픈 이노베이션은 협력업체의 연구개발 성과를 더욱 적극적으로 삼성전자 제품에 도입하겠다는 것이다. 이를 위해 삼성전자는 신기술을 갖고 있는 더 많은 기업들이 협력사로 진입하는 것을 지원할 방침이다. 진입장벽을 낮춤으로써 오픈이노베이션의 협력파트너를 더 많이 만들겠다는 뜻이기도 하다. - 중략 -

지금까지 삼성전자가 마련한 맞춤형 교육을 통해 전문기술 교육과정과 경영일반

교육과정을 이수한 협력업체 직원은 5,500명을 넘어섰다. 또 2004년부터 진행하고 있는 협력업체 최고경영자(CEO) 자녀를 대상으로 한 미래경영자 과정도 122명이나 수료했다. 협력업체 직원의 역량 강화가 곧 삼성전자의 경쟁력 강화로 이어질 것이란 판단에 따른 것이다.

삼성전기도 적극적으로 협력사와 상생경영에 나서고 있다. 삼성전기는 2005년 수원사업장에 윈-윈(win-win)플라자를 열었다. 협력회사와 공동 연구개발을 하는 공간이다. 협력회사 직원이 상주하며 신제품 개발 및 프로젝트를 공동 진행하고 있다.

자료:『한국경제신문』, 2009년 11월 19일, 「삼성그룹 협력사 R&D 적극 지원 오픈 이노베이션」 기사 중 일부.

그리고 사례 3-11의 도요타 자동차의 경우, 유출형 개방형 혁신의 일종인 자사 기술부품의 다른 기업 판매를 통해서 글로벌 기술표준을 획득하고자 하는 전략을 구사하고 있다. 자사의 제품을 자신 스스로만 시장에 판매하는 것이 아니라 다른 채널, 혹은 다른 기업, 다른 시장에도 판매하는 전략은 유출형 개방형 혁신 전략의 주요한 내용 중 하나이다.

사례 3-11. 도요타 자동차의 개방형 혁신 노력

일본 도요타자동차가 자국 내의 또 다른 자동차업체 '마쓰다'에 하이브리드 자동차의 핵심장치를 공급하기로 했다고 니혼게이자이신문이 16일 보도했다. 또 미국 중국에 이어 영국에서도 하이브리드 자동차를 생산하기로 했다. 하이브리드 관련 부품의 대량생산을 통해 생산비를 줄이겠다는 것이 도요타의 1차 목표지만 '도요타 하이브리드'를 세계표준으로 삼겠다는 전략도 깔려 있다. - 중략 -

이와 함께 도요타는 유럽에서 하이브리드 자동차의 판매를 늘리기 위해 2010년부터 영국에서 가솔린 자동차 '오리스(Auris)'의 하이브리드 버전을 생산하기로 했다. 유럽에서는 온실가스 배출이 적은 디젤엔진 자동차가 친환경차로 여겨져 왔으나 하이브리드 자동차로 이 같은 인식을 뒤집겠다는 것이다. 이와 관련해 도요다 아키오(豊田章男) 도요타 신임사장은 지난달 말 취임 기자회견에서 "(유럽에서) 하이브리드 자동차의 판매 비율을 높이겠다"며 이스즈자동차와의 소형 디젤엔진 공동연구 중단을 선언했다. — 중략 —

도요타의 이번 결정은 하이브리드 기술을 세계 표준으로 만들겠다는 의도가 숨어 있다는 해석이 많다. 특허를 통한 기술의 배타적 소유보다는 기술표준화를 통한 시장 키우기가 단기간에 더 많은 수익을 올릴 수 있다는 계산과 함께 세계 자동차시장의 주도권을 잡기 위한 사전 포석이라는 풀이다.

자료: 동아일보, 2009년 7월 17일, 생활 및 문화면, 「도요타, 마스다에 기술이전, 미·중 이어 영국서도 생산」기사 중 일부.

그런데 이상의 2가지 국내외 대기업의 개방형 혁신 사례를 보면, 국내의 사례에 상당한 아쉬움을 감출 수 없다. 필자가 2008년 가을 구미지역 중소기업들에 대한 인터뷰 및 설문조사 연구과정에서 얻은 정보에 따르면, 이들 기업들 중 삼성과 협력관계에 있는 많은 기업들은 삼성과의 개방형 혁신을 간절하게 원하고 있었다. 특히 삼성이 자신들과 협력하는 부분에서 삼성의 미활용 특허를 자신들에게 유출형 개방형 혁신의 방식으로 이전해 준다면, 충분한 대가의 지불은 물론이고, 삼성에 납품하는 제품의 질을 한 단계 향상시킬 수 있을 것이라고 여러 중소기업들이 밝히고 있다. 사실 삼성 스스로 여러 차례 밝힌 바와 같이 삼성이 보유한 특허의 약 80%이상은 미활용인 상태로 남겨져 있다고 한다.

제록스의 연구 관리자들은 연구 프로젝트가 제록스의 근본적인 지식에 더 이상 기여하지 못한다고 판단하여 연구 지원을 멈추었다. 많은 경우 연구자들은 엄청난 잠재력과 가치를 가진 프로젝트를 접고 새로운 연구과제로 옮겨가야 했다. 때때로 연구자들이 잠재력 있는 연구프로젝트에 계속 종사하기를 원할 경우, 제록스는 그들이 자신들이 수행하는 프로젝트를 가지고 회사를 떠나는 것을 기꺼이 허락하기 까지 하였다(Chesbrough, 2003).

제록스처럼 삼성이 자신의 보유기술의 유출을 잘 막고 있다고는 하더라도 자신의 미활용 기술의 경제적 가치를 극대화 하는 유출형 개방형 혁신에 매우 둔감한 것을 부인할 수 없다. 지난 2009년 11월 체스브로 교수는 필자가 초청한 개방형 혁신 포럼에 참석하여 토론을 하면서 삼성의 개방형 혁신 노력이 활발하다고 전제하고, 그러나 삼성의 유출형 개방형 혁신 노력은 아직 상당히 부족하다고 지적을 했는데, 이 역시 필자의 주장과 같은 맥락으로 해석할 수 있다.

폐쇄형 혁신을 기업들이 고집할 경우, 아래 그림 12와 같은 상황이 발생한다. 특히 유출형 개방형 혁신 관점에서 살펴보면, 아래 그림은 6개의 자체개발 기술 중 단 1개만 현재 시장과 맞아서 기업 내에서 기술사업화에 성공한다. 나머지 5개 기술은 자체 연구개발을 통해서 개발하였음에도 불구하고 현재의 시장과 맞지 않아서 미활용 되거나 '미래사용'이라는 딱지를 붙이고는 창고 속에서 잠자게 된다. 애플의 스티브 잡스가 발견하여 구현하기 전에 제록스 PARC 연구소 내에서 잠자고 있던 윈도우 관련 기술과 같은 것이다.

사실 삼성 정도의 세계적인 기술집약 기업은 기술의 경제적 이익을 극대화 하기 위해서 유출형 개방형 혁신에 보다 집중할 필요가 있다. IBM 다음으로

미국 내에서 특허출원 및 등록 건수가 많은 기업의 수준에 걸맞게 자신이 가
진 다양한 미활용 기술의 활용 극대화를 위한 전략적 노력이 필요한 것이다.
표49의 도요타처럼 자신의 기술로 이미 세계시장을 석권하고 있는 성숙기 이
전 기술의 시장화에 있어서도 과감한 유출형 개방형 혁신 전략을 추진하는 것
이 글로벌 경쟁에서 기업들이 우위를 계속 유지할 수 있는 길인 것이다.

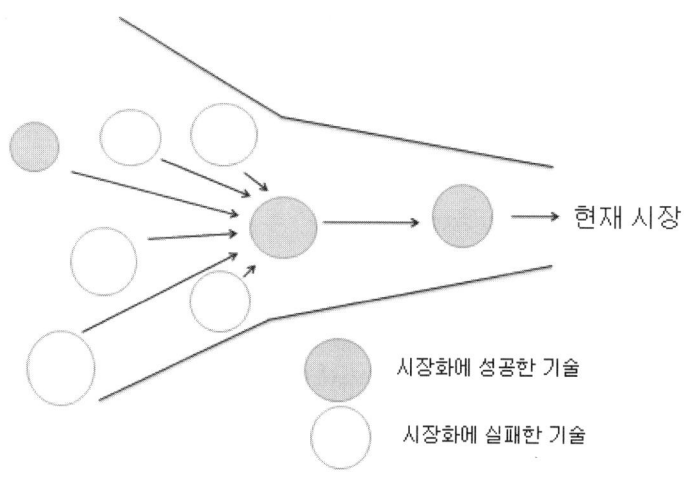

그림 12. 폐쇄형 혁신의 시장화 성공기술과 실패기술

3-10. 내부 개방형 혁신은 새로운 지식창출과 신제품 개발의 원천

지식기반 경제의 생산함수에는 지식에 포함된다. 그림13과 같이, 노동(L)과
자본(K)이라는, 생산을 결정하는 전통적 요소에 기술, 혹은 지식(T)이라는 요

소가 추가된 것이다. 학문적 견지에서가 아니라 현실적 견지에서 기업들이 새로운 이윤을 창출하기 위해서는 노동력이나 자본 투입 못지않게 새로운 지식과 기술의 개발과 투입이 매우 중요해 진 것이다.

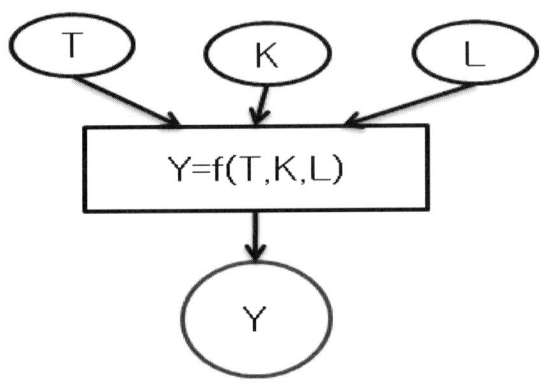

그림 13. 신고전학파의 생산함수. 자료: Cappellin(2003. p. 53) (일부 발췌)

이와 같은 상황에서 각 기업들은 사례 3-12와 같이 기업 내부에서 새로운 지식과 기술을 창출하기 위한 다양한 활동을 수행하게 된다. (주)공간코리아의 생산 공장의 환경 정비, (주)네패스의 음악 및 감성경영, 삼성의 워크 스마트 운동 등의 다양한 기업 활동이 이러한 맥락에서 이해될 수 있다. 기업 구성원들이 보다 쾌적하고 감성적이며 지적인 환경에서 근무함으로써 1차적으로는 불량률 저하, 사기 제고 등의 목적이 달성되겠지만 궁극적으로는 기업 내부에서 새로운 기술과 지식 및 아이디어를 창출하여 기업의 생산성을 제고하게 된다. 기업내부의 새로운 아이디어와 지식을 창출하기 위해서 기업들은 다양한 노력을 경주한다. 3M의 경우, 내부 구성원들에게 자신의 근무 시간의 15%를 자신이 개인적으로 관심 있는 주제에 집중할 수 있게 하여 세계에서 가장 많은 신제품을 생산하는 회사가 되는 원동력을 창출하였다. 구글의 경우, 전 구글 구성원들에게 근무 시간의 20%를 자신들이 개인적으로 관심 있는 연구주제를 선정하여 집중할 수 있게 하고 필요한 모든 지원을 아끼지 않았다. 그 결과 현재 구글 성장의 상당한 원동력이 되었다.

그런데 주목해야 할 부분은 그 다음 대목이다. 3M과 구글은 전 세계를 상대로 창조적이고 혁신적인 아이디어와 지식을 기술구매, M&A 등의 방법으로 획득하여 자신의 새로운 주력 제품으로 전환한다. 환언하면 그들은 유입형 개방형 혁신을 통해 만든 새로운 신제품을 가지고 세계적인 성공사례들을 만들어가고 있다.

사례 3-12. 내부 개방형 혁신 제고를 위한 조직 문화

"제조업체 맞아요?" 경북 칠곡군 가산면에 소재한 '지열(地熱)' 히트펌프시스템 전문업체인 (주)공간코리아의 본사를 처음 방문한 사람은 누구나 이와 같은 질문을 던진다. 잘 꾸며진 정원과 산책로로 둘러싸인 에너지사업부 건물과 생산 공장, 연구동은 간판을 보지 않고 들어서면 마치 큰 별장처럼 보인다. 대형 연못과 분수대, 곳곳에 있는 조형물은 회색 일색의 일반적인 '공장'과는 비교를 거부한다.

– 중략 –

반도체·디스플레이 부품소재 전문 업체 (주)네패스의 임직원들은 매일 40분씩 잔잔한 음악을 들으며 아침 업무를 준비한다. 명상의 시간을 통해 마음을 정화해 업무 효율을 높이기 위해서다. 또 매달 한 권씩의 책을 읽고 토론을 벌이는 이노베이션 훈련도 실시한다. LG출신인 이 회사 이병구 회장이 중점을 두고 있는 이른바 '감성경영'과 '지식경영'의 일환이다. 이 회장은 "회사 내의 근무 환경을 개선하고 직원들을 인격적으로 대우하는 건강한 기업 문화를 통해 성장의 기반을 다지고 있다"고

강조했다. - 중략 -

　신명나는 일터를 만들기 위해서는 '분수문화'가 정착돼야 한다. 위에서 아래로 떨어지는 '폭포문화'보다는 밑에서 위로 솟구치는 '분수문화'가 형성돼야 일하고 싶은 회사를 만들 수 있다는 이야기다. - 중략 -

　삼성전자도 최근 'Work Smart'를 실천할 수 있는 근무 문화 혁신을 가속화하고 있다. 삼성전자는 6월부터 부분적으로 실시하던 자율 출근제도를 각 사업부의 재량하에 전 사업부로 확대했다. 점심시간을 포함, 9시간으로 정해진 근무시간만 지키면 개인 사정과 시간 활용계획에 따라 출퇴근 시간을 선택하면 된다. - 중략 -

　수원 사업장을 대학캠퍼스와 같은 글로벌 업무 단지로 바꾸겠다는 선언이다. 내년 6월까지 1단계로 사업장 내에 보행자 중심의 아름다운 보행로, 자전거 도로, 체험 조경 공간, 원천천 연계 산책로, 다양한 체육 공간(마사토구장 겸 야구장, 풋살장) 등이 지어진다. 피자ㆍ베이커리ㆍ커피전문점 등 신세대 기호를 감안한 최고브랜드의 푸드코트 조성, 어린이집 증축, 통근버스 시스템 개선, 스카이라운지 운영 등도 단계적으로 추진된다. 유연한 조직문화로의 변화에 대한 우려도 많았지만 삼성전자의 실적은 변화와 더불어 수직 상승했다.

자료: 『한국경제신문』, 2009년 11월 23일, 사회면, 「유연하고 신바람 나는 조직, 일하고 싶은 기업이 강하다」 기사 중 일부.

　사례 3-13은 국내 대기업에서는 상당히 보기 힘든 유출형 개방형 혁신 사례이다. 현대자동차가 회사 내의 새로운 아이디어를 발굴하여 그것을 새로운 시장으로 연결하기 위한 시스템인 '현대기아벤처플라자'를 만든 것이다. 국내의 기업 연구개발 투자의 상당부분을 차지하고 있는 대기업들은 사실 자신의 연구개발투자를 통해 만든 많은 기술과 특허를 활용하지 못하고 있다. 체스브로(2003. p. 93~112)는 IBM이 폐쇄형 혁신 과정에서 거의 망하기 직전까지 몰렸으며, 개방형 혁신으로 전환하면서 기업이 다시 성장세로 전환한 경과를 분석하고 있다. 그에 따르면 IBM의 개방형 혁신의 핵심 요지는 자체 연구개발에서 만들어진 많은 미활용 지식과 기술을 유출형 개방형 혁신을 통해서 현재 시장이 아닌 새로운 시장에 자신, 혹은 다른 기업을 통해 적극적으로 내보냈다는 것이다. IBM은 미국 내 특허출원 및 등록에서 세계1위이며, 그 다음은 삼성이 차지하고 있다. 그런데 IBM은 2004년에 이미 유출형 개방형 혁신 중 특허라이센싱을 통해 1년에 10억불 이상의 이윤을 창출하고 있다. 이는 매출액 기준으로 1조 달러 이상의 실적에 해당하는 것이다.

사례 3-13. 유출형 개방형 혁신 사례

현대기아자동차가 벤처사업 개발팀을 신설하는 등 사내벤처 강화에 나섰다. 미래의 자동차 산업을 이끌어갈 기술과 아이디어를 적극 육성하기 위해서다. 2일 업계에 따르면 현대기아차는 사내벤처를 통한 기술개발 및 사업화를 위해 종전의 혁신기술 개발팀을 최근 벤처사업 개발팀으로 개편했다. 벤처사업 개발팀은 향후 사내벤처 선발 및 육성, 혁신기술 및 서비스 개발, 개발 결과의 제품 적용 및 사업화, 벤처 신기술 네트워크 구축 등 세분화되고 다양한 벤처 관련 업무를 담당하게 된다. 벤처사업 개발팀은 대외적으로는 사외 벤처기업 투자를 담당하는 투자 보육팀과 함께 '현대기아벤처플라자'라는 명칭을 사용하게 된다. - 생략 -

자료:『한국경제신문』, 2008년 6월 2일, 경제면, 「현대기아차, 사내벤처 강화」 기사 중 일부.

세계에서 가장 빠르게 성장하고 있는 구글은 사례 3-14와 같이 스스로 자신의 높은 성장률을 유지하기 위해 개방형 혁신 전략을 추진하고 있다. 즉 기업내부에서 제시하는 새로운 아이디어를 관료적, 관리적 통제 없이 최고경영자가 바로 채택하는 시스템을 갖춘 것이다. 이는 기업내부에 새로운 아이디어와 지식에 대한 열린 태도를 제고하고, 끊임없이 새로운 지식을 추구하게 하는 지식경영의 비전을 실천적으로 제시하는 것이며, 또한 새로운 지식과 기술이 진정으로 기업의 성장의 동력임을 인정하는 것이다.

사례 3-14. 글로벌 기업의 개방형 혁신 사례

성장세가 주춤해진 구글이 갈수록 거세지는 경쟁자들의 도전에 맞서 유망한 아이디어를 최대한 살리기 위한 혁신 프로그램을 도입했다. 월스트리트저널은 구글이 직원들이 고안한 신상품 아이디어를 초기 단계에서 에릭 슈미트 최고경영자(CEO)와 창업자 래리 페이지 · 세르게이 브린 등 고위 임원에게 설명하는 '혁신리뷰' 회의를 시작했다고 보도했다. 이번 시도는 고속 성장을 구가해온 검색 황제 구글의 성장률이 둔화된 데다 마이크로소프트(MS) '빙' 등 새 검색엔진의 등장으로 인재와 아이디어의 누수를 막는 것이 중요한 관건으로 떠올랐기 때문이다. - 중략 -

에릭 슈미트 CEO는 "훌륭한 아이디어들이 사장되는 것에 우려가 많았다"며 "이 회의는 임원들이 유망한 아이디어에 초기 단계부터 집중할 수 있도록 고안된 것"이라고 설명했다.

이로써 직원들의 아이디어가 처음부터 간부들에게 직접 전달될 수 있는 통로를 만든 것이다. 그동안 구글은 엔지니어들이 1주일에 하루씩 담당 업무와 상관없는 프로젝트에 관여함으로써 창의적인 아이디어 개발을 유도했으나 이러한 노력이 경영진에 전달되지 않아 다수 아이디어가 흐지부지됐다고 평가했다. 구글은 또 일부 엔지니어들이 직접 선택한 대규모 프로젝트를 추진할 수 있는 재량권도 부여하고 있다. 실제로 이를 통해 지난달 협업툴인 '구글 웨이브'를 선보이기도 했다.

자료: 『전자신문』, 2009년 6월 22일, 경제면, 「구글 유망아이디어를 키워라」 기사 중 일부.

이상의 기업내부의 새로운 아이디어를 제고하고 채택하는 개방적 태도, 즉 내부 개방형 혁신 혹은 내부 개방형 혁신 태도는 스스로 기업의 새로운 제품 혁신을 촉진할 뿐만 아니라 나아가 기업 스스로 외부의 새로운 아이디어를 보다 적극적으로 기업내부로 유입하여 신제품으로 연결하는 활동을 촉진한다. 나아가 기업에서 현재 시장에 적용되지 않는 새로운 기술을 신제품 개발이나 유출형 개방형 혁신을 통해서 새로운 신규시장으로 내보내는 데도 적극적으로 기여하게 된다. 내부 개방형 혁신은 결국 외부 개방형 혁신을 촉진하는 촉진자로서의 역할과 기능을 수행한다(YUN JHJ, 2009-2). 따라서 기업 스스로 내부 구성원들의 새로운 아이디어와 지식을 촉진하기 위한 다양한 시스템과 노력을 경주하면 그것 자체가 새로운 혁신의 원동력이 된다. 뿐만 아니라 기업이 외부의 새로운 아이디어를 획득하여 신제품을 만들거나 기업 내부의 미활용 기술을 새로운 시장으로 내보내는 외부 개방형 혁신을 촉발하는 더욱 강력한 순효과를 발휘하게 된다. 따라서 기업 스스로 기업의 새로운 성장 전략으로 내부에서 새로운 지식과 기술을 창출하기 위한 다양한 지식 및 기술경영 전략을 수립할 필요가 있다.

3-11. 폐쇄형 혁신에서 개방형 혁신으로의 길

사례 3-15에 따르면, 소니는 자신이 가지고 있는 다양한 콘텐츠를 제공하는 온라인 플랫폼인 SOS를 구축하기로 했다고 한다. 소니는 워크맨을 발명한 이래 오랜 기간 동안 휴대용 전자기기 분야에서 세계적인 기술 및 제품 리더십을 발휘해왔다. 하지만 현재의 상황은 낙관적이지만은 않다.

사례 3-15. 위기의 소니, 부활은 개방형 혁신에서

일본 전자업체 소니가 온라인을 통해 부활을 모색한다. 지난2009년 2월 경영진을 대대적으로 물갈이했던 소니는 2009년 11월 19일 하워드 스트링어 회장을 비롯한 새 경영진이 일본 도쿄(東京)본사에서 처음으로 공동기자회견에 나서며 부활의 청사진을 제시했다고 월스트리트저널 등이 보도했다. - 중략 -

치열한 경쟁 속에서 소니가 꺼내든 비장의 무기는 'SOS(SONY Online System)' 구축이다. 소니는 기존에 구축해둔 플레이스테이션 온라인 게임네트워크와 영화 다운로드 서비스를 기반으로 애플의 아이튠과 같은 플랫폼을 구축할 예정이다. 소니가 보유하고 있는 비디오게임, 영화, 음악, 디지털 책 등 풍부한 콘텐츠를 온라인을 통해 적극 판매하겠다는 의도다. 소니는 또 3D 텔레비전 개발을 통해 2013년까지 매출 1조 엔을 달성하겠다는 야심을 드러냈다. 소니는 기존에도 콘텐츠와 하드웨어를 융합시키는 노력을 게을리 하지 않았다. 그러나 조직 내부의 이해관계 충돌과 비전 공유 실패로 별다른 시너지 효과를 얻지는 못했다. 스트링어 회장은 최근 콘텐츠 개발 분야와 하드웨어 개발 분야 간 협업이 잘 이뤄지고 있으며, 여기에 온라인 시스템까지 합쳐지면 비디오 시장에서 소니가 주도하고 있는 블루레이가 라이벌 HD-DVD를 물리치는 데 큰 도움을 줄 것이라고 밝혔다. 소니가 구축하려는 SOS가 원래의 의미(구조신호)대로 위기에 처한 소니를 얼마나 효과적으로 구출해낼지 관심이다.

자료: 문화일보, 2009년 11월 23일, 「SOS, '위기의 소니' 구할까, 온라인 플랫폼 구축, 콘텐츠 판매로 '부활꿈'」 기사 중 일부.

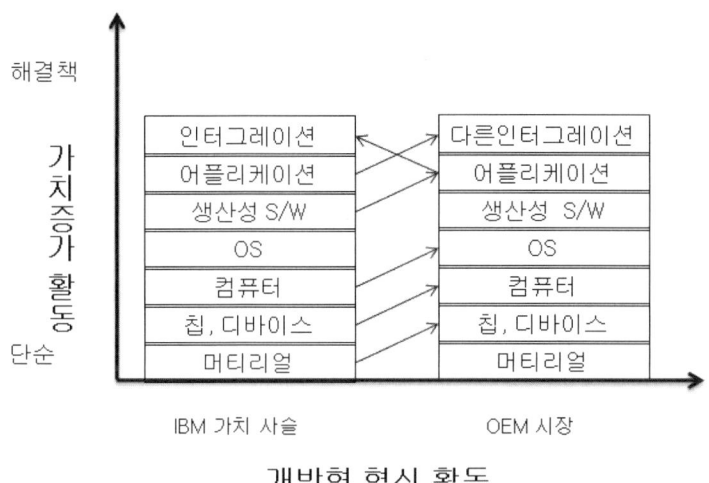

개방형 혁신 활동

그림 14. IBM의 가치증진과 개방형 혁신 활동. 자료: Chesbrough(2003. p. 109)

현재 소니가 추진하는 위기 탈출전략과 관련해서 IBM의 사례를 들지 않을 수 없다. IBM도 소니와 마찬가지로 컴퓨터 생산기업으로서 세계 최고의 위치에 있었으며 주로 기기 등 H/W 중심으로 자신이 개발한 기술로 제품을 만들고, 세계시장을 선도하는 폐쇄형 혁신 전략으로 글로벌 시장 리더십을 오랫동안 유지한 바 있다. 그런데 컴퓨터 생산 산업 자체가 경쟁시장, 혹은 경쟁 가능 시장으로 전환하고 많은 후발업체들의 제품 기술능력이 축적 발전함에 따라 더 이상 폐쇄형 혁신 전략으로 세계 시장을 선도할 수 없게 되었다. 이러한 상황에서 IBM의 선택이 바로 개방형 혁신 전략이었다. IBM은 그림 14와 같이 가치사슬상의 아래쪽에 있는 부분은 대부분 OEM에 의한 유출형 개방형 혁신으로 과감하게 내부의 생산 부분을 정리하였다. 그 연장선상에서 노트북 사업 부분을 중국의 레노버에 판매했다. 그리고 OS 등 핵심 S/W 사업 부분을 내부에 보유하고 가치사슬상의 최상위 부문에서 유입형 개방형 혁신을 추진하였다.

그 결과 IBM은 다시 세계에서 가장 빠른 성장세와 이익을 창출하고 있는 회사로 복귀하였다. IBM이 실시한 개방형 혁신의 핵심을 살펴보면, 서비스 기반의 고부가가치 부문, 즉 서비스 사이언스(Service Science) 관련 부분을 핵심 제품으로 설정하고, 자신이 가지고 있는 미활용 기술과 특허, 그리고 부가가 치가 낮은 생산부문을 자사, 혹은 다른 기업에 대한 라이센스와 판매를 통해 외부로 유출한 것이다.

소니가 SOS 플랫폼 구축에 나선 것은 서비스 사이언스 중심의 고부가가치 부분을 주력 혁신 제품군으로 설정한 것을 의미하며, 이는 전략적으로 탁월한 선택으로 판단된다. 그런데 고부가가치 전략 제품군의 선택은 기존의 전략 제품군의 전환을 의미하는 것이다. 즉 기존의 주력 산업군을 유출형 개방형 혁신을 통해서 과감히 외부화하는 것이 소니의 신전략 제품의 성공 요인이 될 것이다. 아울러 콘텐츠 자체도 애플과 같이 아이튠스에서 앱스토어로, 즉 S/W 제품 생산 자체를 개방형 혁신 방식으로 공급하는 방식으로 전환하는 방안을 소니 스스로 고민할 필요가 있다. 20세기형 개방형 혁신 음향기기를 만들어 세계 시장을 석권한 소니의 새로운 미래는 다시 21세기형의 개방형 혁신 신 제품과 기업 전략이 될 것이다.

3-12. 해외 기업의 글로벌 개방형 혁신 전략과 기술유출

한국의 주요 기업들이 축적하고 있는 기술들이 해외 모기업으로 유출되는 사례가 빈번하고, 언론들은 그것을 기술유출의 대표적 사례로 주목하고 있다. 사례 3-16의 상하이차가 쌍용차의 하이브리드카 기술을 유출한 사례, 그리고 사례 3-17의 비오이가 하이닉스 LED 부문을 인수하여 이름을 바꾼 비오이하이디스에서 모기업의 또 다른 자회사인 비오이옵토일렉트로닉스로 기술을 유출한 사례가 대표적이다.

개방형 혁신 패러다임의 관점에서 글로벌 기술유출에 대한 보다 정확한 이해가 요구되고 있다. 해외로부터 새로운 원천 기술이나 필요한 생산기술을 확보하는 전략중 하나가 M&A, 혹은 기술라이센싱 구매 등을 통한 유입형 개방형 전략을 채택하는 것이다. 그런데 반대의 상황에 대한 우리의 인식과 대응은 그에 미치지 못하고 있다. 해외 기업들의 국내 기업 M&A의 주요한 이유 중 하나가 바로 기술획득인 것이다.

사례 3-16. 상하이차의 기술유출

상하이차 '쌍용차 기술' 어떻게 빼갔나? 중국 상하이자동차가 국가 예산까지 지원받은 쌍용자동차의 첨단기술을 가져가는 데는 '최대 주주'란 지위를 이용한 일방적 지시만으로 충분했다는 게 검찰의 판단이다. 이 회사는 2005년 1월 쌍용자동차 지분 48.9%를 5,900억 원에 인수한 뒤 지난 1월 쌍용차가 법정관리에 들어가면서 경영에서 손을 뗐다. 쌍용차는 그러나 검찰 발표에 대해 "의도적으로 국익에 반하는 탈법적 기술유출 행위를 시도하지 않았다"고 반박했다. 검찰에 따르면 쌍용차는 2004년 6월부터 자동차 기술개발 용역업체인 독일 FEV와 공동으로 디젤 하이브리드카의 중앙통제장치(HCU) 소스 코드를 개발했다. HCU는 차의 제어 알고리듬을 시스템에 적합하게 만들고 모터·변속·엔진·배터리 제어를 개선, 연비와 성능을 최적화하는 핵심 기술이다. 쌍용차는 2004년부터 4년간 개발비의 50%가량을 정부에서 지원받았다.

상하이차도 FEV와 손잡고 하이브리드카 개발을 시도했지만 순탄치 않자 쌍용차와의 공동연구 성과를 공유해 달라고 FEV에 요청했다. 하지만 FEV는 "비밀유지 약정 때문에 쌍용차 동의가 필요하다"며 거부했다. 상하이차는 당시 쌍용차 종합기술연구소 부소장이던 중국인 장 모 씨에게 '기술 보고서를 상하이차에 제공하는 데 동의한다는 이메일을 FEV에 보내라'고 지시했다. 장 씨는 당시 쌍용차 엔진구동센터장이던 이 모 상무에게 이를 그대로 요구했다. 상하이차가 쌍용차 대주주란 점을 의식한 이 상무는 직원을 시켜 2006년 7월 FEV 담당자에게 동의 메일을 보냈고, 이후 FEV는 해당 정보를 상하이차에 제공했다.

이 기술을 외부로 유출하려면 이사회 결의를 거치고 한국 정부에도 보고해야 했지만, 이런 절차가 무시됐다고 검찰은 설명했다. - 생략 -

자료: 『한국경제신문』, 2009년 11월 11일, 경제면, 「이사회 결의도 없이 중국인 간부 지시로 불법유출」 기사 중 일부.

그런데 국내 현실에서는 주요 기술원천의 해외 유출 문제는 기업차원의 개방형 혁신 전략을 넘어서는 문제를 포함하고 있다. 국가가 기업들의 원천기술 확보를 위해 직접 지원하는 국가연구개발투자가 바로 그것이다. 국가가 기업들 자신의 연구개발 투자를 대신하거나 보완하여 상당한 연구개발 투자를 수행하고 그 결과 획득한 연구 성과는 기업의 자산인 동시에 국가의 중요한 지식자산인 것이다.

사례 3-17. 글로벌 M&A를 통한 LCD 기술 유출PDP 기술유출

기술 유출 목적의 기업 인수 · 합병(M&A)에 대해 검찰이 마침내 칼을 들이댔다.

사법당국은 그동안 국가의 핵심기술이 통째로 해외로 빠져나감에도 불구하고 민간 기업 간 M&A여서 처벌조항이 마땅치 않다는 이유로 손을 놓고 있었다는 점에서 관련 법률개정 작업도 서둘러야 할 것으로 보인다. 서울중앙지검 첨단범죄수사부(구 본진 부장검사)는 중국의 비오이옵토일렉트로닉스(BOE-OT)에 핵심기술을 유출, 회사에 손해를 끼친 혐의(업무상 배임)로 비오이하이디스(구 하이닉스 LCD부문)의 최 모 전 대표와 임 모 전 개발센터장을 불구속기소했다고 28일 밝혔다. 최 전 대표 등이 비오이하이디스가 BOE-OT와 2004년 맺은 기술이전 계약내용보다 훨씬 많은 양의 핵심기술을 두 회사 간 뚫린 전산망을 통해 실시간으로 고스란히 넘겼다는 것이 혐의의 요지다. 외국기업에 넘어간 회사의 경영진에 대해 기술유출 혐의로 사법처리한 것은 이번이 처음이다. 이에 따라 쌍용차의 상하이 자동차에 대한 하이브리드 자동차 기술 유출 의혹 등에 대한 사건 처리에도 영향을 줄 것으로 전망된다.

– 중략 –

검찰 관계자는 "같은 그룹 계열사라고 하더라도 비오이하이디스와 BOE-OT는 법률상 분리된 별개의 법인이어서 양사 간 계약내용은 지켜져야 한다"며 "기술 유출을 목적으로 한 M&A에 대처하기 위해서는 산업기술 유출방지법을 개정해야 한다"고 지적했다. 전자업계 관계자는 "유출된 기술은 국내 LCD 업계에서는 거의 쓰지 않는 초기기술"이라며 "그러나 LCD 패널 원천기술이 외부로 빠져나갔다는 사실 자체는 우려스럽다"고 말했다.

자료:『한국경제신문』, 2008년 8월 28일, 「M&A통한 기술유출 첫 검찰 기소」 기사 중 일부

따라서 국내 기업들 대상으로 해외기업이 진행하는 유입형 개방형 혁신 전략의 경우에는 해당 기업의 유출형 개방형 혁신 전략과 같은 맥락에서 진행되는 상황일지라도 한국 정부의 정책적 판단의 여지를 남겨둘 수 있다. 그것은

국가가 개발한 기술의 해외 유출로 인한 국부의 직접적 손실로 연결될 수 있다는 것이다.

그림15와 같이 기술해외 판매나 기업의 해외 M&A 판매는 기본적으로 유출형 개방형 혁신의 성격을 분명히 가진다. 그런데 그 중 A와 같이 국가연구개발투자를 기반으로 하는 경우, 그것은 국가차원의 기술유출에 해당한다. 반면, 기업연구개발투자를 기반으로 하는 B의 경우, 기업의 입장에서 유출형 개방형 혁신 전략의 일환이 되는 것이다.

따라서 A에 해당하는 경우, 개방형 혁신 전략 추진 이후 기술유출을 차단하는 것은 사실상 불가능에 가깝다. 그러므로 기업차원의 글로벌 개방형 혁신 전략의 추진을 국가가 승인하거나 동의하는 단계에서 해당 기업 전략이 A인지 혹은 B인지를 검토하여 사전에 A로 인한 국가 기술유출을 차단하는 조치의 설계가 필요한 것이다.

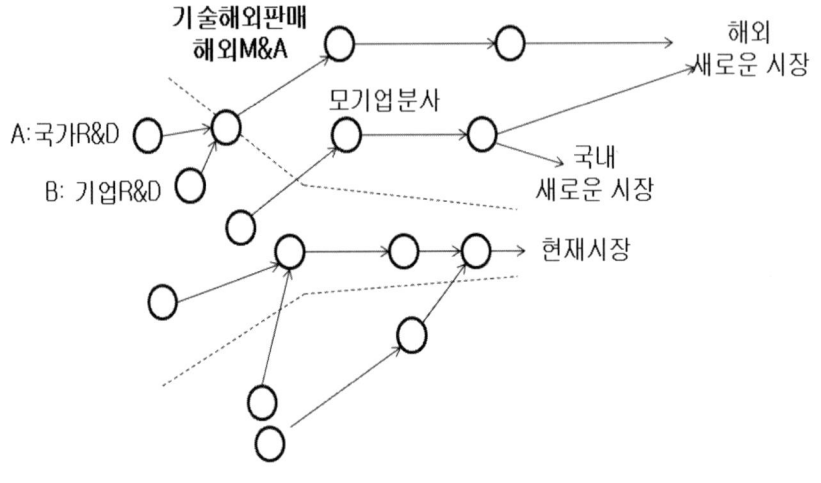

그림 15. 글로벌 개방형 혁신과 기술 해외 유출의 관계

3-13. 전환형 창업, 개방형 혁신 전략에서 찾자

사례 3-18은 중소기업의 사례를, 그리고 사례 3-20은 대기업의 사례를 들어, 기업들이 지속적인 생존과 성장을 위해서는 외부 환경의 변화와 요구에 따른 신제품의 출시와 주력 제품의 변화가 불가피하며 그러한 주력제품군의 변화에 능동적인 기업만이 생존할 수 있음을 알려준다.

사례 3-18. 중소제조업 개방형 혁신 지속성장 전략

경남 김해에 있는 세아테크는 친환경 하이브리드 램프를 개발해 올해 28억 원의 매출을 올릴 것으로 예상된다. 이 제품은 녹색성장 등 시장 수요에 맞아떨어져 내년에는 200억 원에 육박하는 매출을 올릴 것으로 기대된다. 이는 이업종 간 기술교류 및 융합에 힘입은 바가 크다. 세아테크는 전등 기구 기술개발을 책임지고, 태웅과 사이버문은 각각 프레임 설계, 램프 디자인 등을 맡아 협력한 성과다. 이(異)업종 교류를 통한 중소기업의 성공사례가 늘면서 이에 대한 관심이 커지고 있다. 2009년 11월 25일 서울 서울교육문화회관에서 중소기업이업종중앙회 주관 아래 열린 '중소기업 지식·기술융합 활성화전략 포럼'은 이업종 간 지식융합 활성화방안을 모색하는 자리였다.

이상연 중소기업이업종중앙회장은 이날 "이미 55% 이상의 중소제조업체들이 성숙기 및 쇠퇴기에 접어들면서 새로운 성장 동력에 목말라 하고 있다"며 "이러한 상황을 돌파하려면 비(非)경쟁 관계에 있는 이업종 간 협력을 통한 새로운 기술 개발 및 시장 개척이 필요하다"고 강조했다. - 중략 -

일본은 융합화법이란 한시법을 시작으로 이후 중소기업창조법, 신사업창출촉진법, 중소기업경영혁신지원법에 이어 2005년에는 중소기업신사업활동촉진법을 제정하는 노력으로 중소기업 간 기술융합을 활성화시키는 데 성공했다. 2008년 이업종 기술교류 및 융합에 참여한 일본의 중소기업 수는 15만여 개에 달한다.

  - 생략 -

자료:『한국경제신문』, 2009년 11월 25일, 경제면, 「중소제조업 55% 쇠퇴기 이업종 협력이 돌파구」 기사 중 일부.

  이업종 간의 협력의 가장 큰 요인은 바로 개방형 혁신에 있는 것이다. 즉 자신과 다른 기업들이 가진 지식과 기술을 유입함으로써 새로운 제품개발과 신시장 개척이 가능할 것이기 때문이다. 사례 3-19와 같이 이업종 간 협력은 네트워크 조직의 일환으로 조직론에서 정의되기도 한다. 그런데 네트워크 조직론 논의 자체가 기업 간 지식과 기술의 이전과 새로운 혁신 아이디어의 구체화를 위한 조직적 체계를 논의하는 것으로, 바로 개방형 혁신의 핵심 내용을 표방하고 있다. 환언하면, 이업종 간 협력은 바로 수평적 네트워크, 즉 기업들 사이의 개방형 혁신을 통한 기술과 지식의 기업 간 이전과 새로운 제품혁신으로의 연결로 귀결된다. 표57에서도 나타나는 바와 같이 특히 묵시적 지식의 이전은 새로운 제품과 공정혁신의 핵심적 위치를 차지하고 있다. 서로 다른 업종의 기업들 간의 협력은 각 기업들이 가지고 있는 묵시적 지식의 이전과 활용을 통한 개방형 혁신의 성과를 획기적으로 향상시킬 수 있다.

  사례 3-19. 개방형 혁신의 조직적 토대: 네트워크 조직

  - 중략 -

  네트워크를 형성하는 기업 간 관계의 기본 유형은 크게 지배관계와 협동관계로 나누어 생각할 수 있다. - 중략 -

협동관계는 그 목적에 따라서 연구개발형, 기술교류형, 이업종교류형, 유통네트워크, 생산네트워크 등으로 구분할 수 있다. - 중략 -

네트워크 형성은 여러 목적에서 고려할 수 있지만 무엇보다 중요한 동기는 지식을 획득하고 창출하는 데 있다는 것을 잊지 말아야 한다. 지식의 획득과 창출을 위해서는 네트워크에 참여하는 조직의 구성원 사이에 친밀한 관계가 형성되어야 한다. 지식에는 말이나 글, 공식 등으로 표현해서 쉽게 이전되는 명시적 지식(explicit knowledge)도 있지만, 오랜 기간의 공동 경험과 대화 및 관찰을 통해서만 이전될 수 있는 묵시적 지식(tacit knowledge)도 있기 때문이다. 일본의 기업들이 기업 간 협력을 통한 혁신을 할 수 있는 것은 오랜 기간 동안 축적된 묵시적 지식의 공유에 근거를 두고 있는 것이다.

자료: 김인수(2007. p. 305, 305, 321)

한편 대기업의 경우, 대규모 설비투자의 매몰비용(Sunk Cost)에도 불구하고, 기업 환경의 변화에 적응하여 혁신적인 신제품의 개발과 생산이 지속적 성장에 필수적인 요소이다. 브라운관을 만들던 삼성SDI가 세계적인 리튬이온전지 회사로 전환하고, 치약을 만들던 LG 화학이 세계 최고의 2차전지 생산 기업으로 탈바꿈하며, 섬유회사 효성이 중공업 회사로 주력업종이 바뀌고, 평범한 화학회사 동양제철화학이 세계 최고의 폴리실리콘 제조회사로 자리 잡은 현상의 의미와 비결을 주목하지 않을 수 없다.

대규모의 설비투자를 가진 대기업들도 능동적으로 외부 환경변화에 대응하여 주력제품군을 바꾸는 업종전환을 통해서 기업의 성장과 발전을 확보하고 있다. 대기업의 이와 같은 대규모 업종전환의 원동력은 무엇인가? 바로 개방형 혁신이다. 대기업들이 현재의 시장 지배적 위치에 만족하지 않고 외부로부터 지속적으로 새로운 지식과 아이디어를 획득하는 노력을 토대로 확보한 새로운 제품혁신성과를 현재의 기술 혹은 인프라의 틀 위에서 실현한 결과가 전환형 개방형 혁신 창업인 것이다. 사례 3-20에서 들고 있는 트랜스포머형 업종 전환이 바로 그것에 해당한다.

그런데 개방형 혁신을 통한 업종 전환은 사실, 기존 제품의 비율을 축소하거나 없애고 새로운 제품을 대표적 제품으로 생산하는 업종 전환형 개방형 혁신의 성격을 가진다. 기존 제품 생산의 인프라나 조건 위에서 이루어지는 새로운 영역, 새로운 시장, 새로운 제품을 지향하는 개방형 혁신 창업일 뿐이다.

외부의 급변하는 환경에 대처하여 중소기업이 신속하게 신제품으로 업종을 전환하기 위해 채택하는 이업종 교류나 대기업이 기존의 투자 조건 위에서 창출하는 새로운 제품과 시장 모두 지식과 기술의 능동적 유출입을 토대로 하는 개방형 혁신 창업임을 부인할 수 없다. 즉 환경의 변화에 적응하는 업종전환형 창업의 원동력은 바로 능동적이고 적극적인 개방형 혁신 창업인 것이다.

사례 3-20. 전환형 개방형 혁신 창업 사례

삼성SDI · LG화학 · 효성 등 트렌드 따라 간판상품 바꿔, 불황에도 실적 · 주가 쑥쑥

HP의 창업자 빌 휴렛은 가장 배울 만한 기업으로 포스트잇으로 유명한 '3M'을 꼽은 적이 있다. 그는 "3M이 무슨 상품을 가지고 나올지 아무도 모른다. 3M에 있는 그들조차 모른다"고 말했다. 3M(미네소타광공업주식회사)의 변신에 대한 찬사였다.

국내에서도 LG화학과 삼성SDI, 제일모직 등이 전통 사업영역에서 벗어나 녹색산업의 핵심으로 떠오른 2차전지와 전자재료 등으로 주력 사업을 바꿔나가며 주목

받고 있다. 간판 상품을 미래 트렌드에 맞게 바꾸는 '트랜스포머형 기업'으로 떠오르고 있는 것. - 중략 -

삼성SDI는 브라운관, PDP(플라즈마 디스플레이 패널)를 거쳐 최근 전기자동차 등의 핵심 에너지원인 리튬이온전지로 주력사업을 바꾸는 변신에 속도를 내고 있다. 2000년대 후반 전략산업으로 2차전지 사업을 육성, 세계2위 업체로 변신한 여세를 몰아 최근 자동차용 전지 시장에까지 뛰어들었다. 이 회사 관계자는 "삼성SDI는 10년마다 주력품목을 바꿔가고 있다"며 "그룹의 미래 사업에 초점을 맞춰 끊임없는 변신을 계속하고 있기 때문"이라고 말했다. - 중략 -

LG화학, 효성 등도 새로운 기업으로.

LG화학도 60여년 기업역사의 전환점을 맞았다는 평가를 받고 있다. 1947년 치약을 간판 상품으로 삼아 락희화학이라는 이름으로 출범한 LG화학의 주력사업은 지금도 PVC 등 석유화학제품이다. 하지만 시장은 이미 차세대 전지업체에 걸맞은 대접을 해주고 있다. 세계에서 가장 먼저 자동차용 2차전지를 생산, 현대자동차와 GM에 공급할 예정이기 때문이다. 이에 따라 LG화학 주가는 올 들어 사상 최고가 기록을 경신하는 등 성장성면에서 높은 평가를 받고 있다. 효성도 섬유업체에서 중공업 업체로 성공적으로 변신했다. 그동안 효성의 주력 품목은 나일론, 폴리에스터 등이었지만 2000년대 들어 변압기 등 중공업을 집중 육성, 최근 중공업 매출비중이 20%를 넘어섰다. OCI(옛 동양제철화학)도 대표적인 트랜스포머 기업으로 꼽힌다. 과산화수소 등을 생산하는 평범한 화학업체 중 하나였지만 지난 2006년 태양전지의 원료가 되는 폴리실리콘 사업에 뛰어들어 단숨에 세계적 강자로 발돋움했다.

중소기업 중에는 임플란트를 만드는 디오라는 회사의 변신이 주목 받고 있다. 주차 철구조물과 자동포장기계를 생산하다가 2005년 사업을 과감히 접고 임플란트 사업에 진출, 의료기기 업체로 변신에 성공했다.

자료:『한국경제신문』, 2009년 6월 25일, 「트랜스포머형 기업, 그들의 능력은 '변신'」 기사 중 일부.

개방형 혁신은 환경변화에 적응하기 위한 기업의 대응 전략으로 매우 효과 적인 전략이다. 특히나 새로운 지식과 기술을 적극적으로 확보하여 기존 업종 에서 주력 제품군을 전환하는 개방형 혁신 전환형 창업 전략으로 매우 효과적 이다.

3-14. 한국 대기업, 유입형 개방형 혁신(Outside In Open Innovation) 사례

국내 주요 대기업들의 다양한 방식으로 유입형 개방형 혁신 전략에 적극 나서고 있어서 주목된다. 사례 3-21은 삼성의 유입형 개방형 혁신 전략의 트 렌드를 분명하게 보여주고 있다. 그동안 삼성 원천기술 개발의 상징, 혹은 싱 크탱크로 자리 잡은 삼성종합기술원이 전 세계를 상대로 삼성의 미래 신제품 을 확보를 위한 유입형 개방형 혁신 전략의 첨병으로 역할을 재정립하고 나선 것이다. 수익성 있는 해외 기술 확보를 위해 실리콘 밸리에 리서치 아웃리치 1호 센터를 열기로 한 것이 바로 그 증거인 것이다.

사례 3-21. 삼성종합기술원 개방형 혁신 전략 선두에 서다
- 중략 -

삼성전자는 종기원을 포함해 R&D 부문의 전면적 개편을 추진했다. 삼성 관계자 는 "종기원의 R&D 체질이 너무 기초 분야와 이론에 치우쳤다는 고위 경영진의 지 적과 체질개선 주문을 계기로, 글로벌 수익사업을 발굴하고 사업화한다는 비전을 보탰다"고 말했다. 그는 "수익사업으로 키우기 힘든 기초기술 연구를 덜하면서 '대박 기술 사업' 아이템을 해외에서 찾는 역할을 강화했다"고 덧붙였다. 기초기술 연구도 중요하지만 자칫 국책연구소나 대학연구소처럼 탐구에 그치기 쉬운 연구에 돈을 쏟아 붓기보다 해외 네트워크를 강화해 지구촌 곳곳에 숨어 있는 블루오션 아이템을 찾자는 것이다. 종기원은 수익성이 큰 해외기술을 사냥하고, 글로벌 대량생산이 가능한 사업으로 키우며, 수익성 있는 국산 정보기술(IT)을 개발하고 유지하는 일을 추진하고, 이에 맞게 조직·업무를 재편하고 있다. 우선 수익성 있는 해외기술 발굴을 위해 내년 초 미 캘리포니아 실리콘밸리에 '글로벌리서치아웃리치(GRO) 1호 센터'를 열 예정이다. 이를 필두로 주요 국가에 글로벌 R&D 기지를 구축한다. 센터는 IT·전자는 물론 다양한 분야의 유망 첨단기술을 찾아 인수합병(M&A)을 하거나 제휴사업을 벌인다. 이런 사업은 스탠퍼드대 등과 산학협력으로 추진된다. 현지 대학 교수에겐 한 해 연구비로 10만 달러(약 1억1500만 원)까지 지급한다. 이미 스탠퍼드대 교수 등에게 프로젝트 참가 제안 공문을 보내 이달까지 확답을 요구했다. 주요 연구과제는 나노 바이오 센서, 차세대 리튬-이온 배터리, 인공지능 컴퓨팅 등이다.

종기원은 해외 거점을 가진 삼성전자와 글로벌 대량생산 프로젝트도 추진한다. 독보적 경쟁력을 갖춘 반도체공장의 제조기술을 활용하면 다른 고부가가치 제품도 대량생산할 수 있다는 것이다. 첫 후보사업은 바이오 복제약이다. 미국에서 프로젝트를 제의받은 한 바이오 전문가는 "반도체에서 보여준 무균 생산시설과 한국인 특유의 손재주 등을 복제약 공정에도 그대로 적용할 수 있다고 판단한 것"이라고 전했다. 삼성전자는 복제약 사업에 5년간 5000억 원을 투자하고, 헬스케어 사업에도 진출하겠다는 청사진을 최근 밝힌 바 있다. 삼성 종기원이 축적한 IT·전자 기술을 삼성 계열사들의 다른 사업에 접목해 수익사업화하는 '융합 R&D'도 강화한다.

　－ 생략 －

자료: 중앙일보, 2009년 11월 19일, 경제면, 「해외 다니며 첨단기술 사냥 테크노 탱크 대변신」
기사 중 일부.

   삼성종합기술원이 글로벌 대량생산 프로젝트의 일환으로 해외의 수주를
받아서 바이오 시밀러 제약 생산을 추진하고 있는 것도 같은 맥락이다. 다만
동 내용에서 분명히 할 것은 삼성종합기술원이 삼성의 미활용 기술이나 특허
의 외부 활용촉진이나 판매를 제고하기 위한 활동에 주도적으로 나선 것은 아
니라는 점이다. 즉 삼성종합기술원이 유입형 개방형 혁신의 주체로 나선 것이
지 유출형 개방형 혁신의 주체로 나선 것은 아니라는 점을 주목하지 않을 수
없다.

사례 3-22. LG의 개방형 혁신 전략

   LG-노텔(대표 이재령)이 국내외 벤처기업 인수합병(M&A)으로 본격적인 몸집 부
풀리기에 나섰다. 25일 LG-노텔의 고위 관계자는 지난 5일 광통신 벤처기업인 노
베라옵틱스를 2500만 달러(약 254억 원)에 인수한 데 이어 조만간 두 곳의 벤처기
업을 추가로 인수할 예정이라고 밝혔다. 이 관계자에 따르면 이미 유무선 통합단말
관련업체인 A사를 인수하기로 확정하고 마무리 작업을 벌이고 있는 것으로 알려졌
다. 비밀유지협약에 의해 업체명을 밝힐 수는 없지만, 제품 전량을 수출하고 있는
벤처기업이다. 현재 다른 벤처기업 B사도 마무리 협상을 벌이고 있어, 조만간 인수
벤처기업은 총 3개가 될 전망이다. LG-노텔은 이 같은 공격적인 인수합병을 위해
현금만 3,000억 원을 확보했다. 최근 2~3년간 3세대(G) 등에서 얻은 수익 중 현
금으로 비축했던 자금이다.

   이재령 사장은 "새로운 성장 동력 확보를 위한 방안으로 국내외 기업을 대상으로

인수합병에 나섰다"며 "검증된 기술과 제품을 통해 시장 확대에 걸리는 시간과 비용을 최소화할 수 있다는 점에서 택한 방법"이라고 설명했다. LG-노텔의 공격적 인수합병(M&A) 행보의 1차적인 의미는 국내 대기업이 성장 동력 확보 수단으로 'M&A'를 택했다는 점이다. A~Z까지 모든 기술을 자체 개발, 사업화시키는 데 익숙해 있던 기존 대기업의 모습과는 사뭇 다르다. - 중략 -

M&A는 연구개발·투자·생산·매출·성장 등의 과정을 거쳐 코스닥에 상장하지 않고, 연구개발 단계부터 언제든 가능하다. 벤처기업이 사업화하기에 어려웠던 기술도 연구개발의 대상이 될 수 있다. 수많은 벤처기업이 신기술을 공급하고, 이를 토대로 거대 기업이 탄생하는 선순환 고리가 만들어지는 것이다. LG-노텔이 노베라옵틱스의 'WDM-PON' 기술을 확보하지 않았다면, 너무 앞선 기술이기 때문에 시장에서 사장됐거나 해외의 다른 기업으로 넘어갔을지도 모른다. 하지만 LG-노텔에 인수되면서 WDM-PON은 새로운 가능성을 이어갈 수 있게 됐다.

자료:『전자신문』, 2008년 8월 26일, 경제면, 「LG-노텔, 국내외 벤처 인수합병 나섰다」 기사 중 일부.

사례 3-22의 LG-노텔의 사례 또한 국내외 벤처기업의 인수합병을 통한 유입형 개방형 혁신을 추진하는 사례이다. 광통신 벤처기업 노베라옵틱스 등의 인수를 통해 검증된 기술과 제품의 확보 수단으로 M&A를 택한 것은 기존에 국내 대기업이 대부분 자체 연구개발을 통한 폐쇄형 혁신을 추진한 사례와는 상당히 다른 경향을 보여주는 것이다. 특히 LG-노텔의 노베라옵틱스 M&A는 동 기업의 "WDM-PON" 원천 기술의 확보를 위한 유입형 개방형 혁신 기술 전략이어서 더욱 주목하지 않을 수 없다.

사례 3-23. 두산의 유입형 개방형 혁신 전략 성공 사례

 - 중략 -

원천기술 확보와 이를 위한 인수·합병(M&A)도 빛을 발했다. 지난 9월 체코 업체 스코다 파워(Skoda Power)를 인수한 게 대표적이다. 이 업체는 터빈 제조 분야에서 원천기술을 갖고 있다. 두산중공업은 스코다 파워 인수를 통해 보일러-터빈-제너레이터로 이어지는 '풀 라인업'을 구축, 국내외에서 수행하는 발전설비 공사에서 그동안 외국 업체에 의존해온 터빈을 자체 공급할 수 있게 됐다. 이 같은 원천기술 확보는 불황을 극복하고 글로벌 기업으로 도약하기 위한 두산의 승부수다. 국내 굴지의 중공업 그룹으로 자리를 잡은 두산은 국제적인 경쟁력을 갖추기 위해 담수설비(두산하이드로테크놀러지), 발전소 보일러(두산밥콕), 친환경 엔진(미국 CTI사) 원천기술을 확보했다. 이들 기업은 모두 인프라지원사업(ISB) 분야에서 원천기술을 갖고 있다는 공통점이 있다. 담수설비, 보일러에서 원천기술을 확보한 두산중공업은 발전 분야로 눈을 돌려 지난해 이산화탄소 포집·저장(CCS) 원천기술 보유 업체인 캐나다 HTC사 지분 15%를 확보했다. 2013년부터는 강화된 이산화탄소 배출량 규제 때문에 CCS 기술이 있어야 미국 유럽 등 선진 시장에 진출할 수 있다. 두산은 원천기술 확보를 위한 추가 M&A도 준비하고 있다. 두산은 이 밖에 미래 성장 동력으로 떠오른 풍력, 연료전지 등 신·재생에너지 연구에도 박차를 가하고 있다. 두산중공업은 발전 분야에서 풍력발전과 연료전지 등 신기술 개발에 집중하고 있다.

자료: 『한국경제신문』, 2009년 12월 16일, 산업기획면, 「두산그룹, 글로벌 M&A로 원천기술 확보, 10년 뒤 200대 기업 진입」기사 중 일부.

사례 3-23에서 보듯이 두산은 터빈 제조분야 원천기술 보유 기업의 인수를 통해서 짧은 시간에 발전소 보일러 및 차세대 친환경 엔진분야의 세계적 기술

력을 확보하는데 성공하였다. 사실 두산의 효과적인 유입형 개방형 혁신 전략을 통해서, 담수 설비, 발전시설, 그리고 친환경 엔진분야에서 세계적 기업으로 성장하였다. 두산의 이러한 성공은 개방형 혁신, 특히 유입형 개방형 기술혁신으로 일군 것이다.

사례 3-24의 삼성이 샌디스크 인수 추진 사례는, 삼성이 기존의 원천기술 자체 개발이라는 폐쇄형 기술혁신 전략에서 탈피하여 다양한 개방형 혁신 기술획득 전략을 추진하는 대표적 사례이다. 삼성은 비메모리 반도체 기업인 트렌스 칩, 그리고 LCD 분야의 원천기술 보유기업은 클레이보이언트의 특허권 일괄 인수에 이어, 플래시 메모리 및 응용 제품 분야에서 세계적인 기술력을 가진 샌디스크 추진에 나섰다. 이는 삼성이 신성장 동력 분야의 원천기술 확보라는 자체 개발 중심의 폐쇄형 혁신 전략에서 외부로부터 창조적인 기술과 지식을 적극적으로 확보하는 유입형 개방형 혁신 전략으로 전환하였음을 보여주는 사례이다.

사례 3-24. 삼성의 샌디스크 인수 추진,
기술중심 유입형 개방형 혁신 전략 사례

삼성전자가 전 세계 플래시메모리카드 1위 업체인 미국 샌디스크 인수를 검토 중이라는 사실이 알려지면서 성사 여부에 관심이 쏠리고 있다. 삼성전자 창사 이래 최대 규모의 해외 인수합병(M&A) 추진 사례인 데다, 지난 1994년 미국 PC 업체인 'AST'를 인수해 낭패를 본 악몽도 씻을 수 있는 기회기도 하다. 지난해 이후 이스라엘 비메모리 반도체 업체인 '트랜스칩'과 미국 LCD 원천기술 업체인 '클레어보이언트'의 특허권 인수에 이어 샌디스크까지 사들이면 삼성전자의 미래 사업 전략을 공격적인 M&A로 펼쳐나가겠다는 의지를 더욱 분명히 하게 된다. 그러나 현재로선 인

수가 쉽지 않다. – 중략 –

샌디스크가 보유한 다수의 플래시메모리 및 응용제품 특허 기술도 매력이다. 샌디스크는 제품 매출액과 특허 사용료 수입이 각각 절반씩 차지할 정도로 특허 경쟁력에서 압도적인 지위다. 전 세계 메모리 경쟁사들을 상대로 기술과 시장을 한꺼번에 제압할 수 있는 셈이다. 이와 함께 삼성전자가 의욕적으로 나서고 있는 솔리드스테이트디스크(SSD) 사업도 낸드플래시메모리의 새로운 활로로 뚫을 수 있다. 샌디스크 인수가 성사만 되면 '일석삼조'의 효과를 노릴 수 있는 것이다. 업계 관계자들은 "비록 인수 가격이 올라가겠지만 의지만 있다면 굳이 현금이 아니더라도 현물출자와 같은 다른 방식으로도 충분히 가능하지 않겠느냐"면서 "전적으로 삼성전자의 의지가 문제일 것"이라고 말했다.

　자료:『전자신문』, 2008년 9월 8일, 「삼성전자, 샌디스크 인수 가능할까」 기사 중 일부.

　이상의 사례에서 삼성, LG 그리고 두산 등 국내의 대기업들이 유입형 개방형 혁신 전략을 통한 원천기술 확보에 나섰음을 확인할 수 있다. 그런데 대기업들의 기술경영전략의 이러한 변화는 매우 심각한 상황을 예측하게 한다. 사실 국내 총 연구개발투자의 78% 가량(2008년 기준)이 민간의 연구개발투자에서 기인하고, 그 중 과반수 이상이 30대 대기업이 차지하고 있는 것이 국내 연구개발의 현실이다. 그 결과 삼성의 경우, 미국 내 특허출원 및 등록에 있어서 최근 2년 연속 IBM에 이어 2위를 기록한 바 있다. 환언하면 삼성, LG 및 두산의 경우, 자체 연구개발을 통해 수많은 특허와 원천기술을 스스로 생산하고 있다는 것이다. 그런데 이러한 많은 자체 생산 원천기술의 대부분, 약 90~95% 가량은 미활용 되고 있다. 왜냐하면 국내 주요 대기업들이 자신들이 활용하지 않는 특허와 원천기술을 분사 기업이나 특허권 라이센스 등의 방법을 통해 시장화 하는 노력을 거의 하고 있지 않기 때문이다. 즉 국내 원천기술을 가장 많이 생산하는 대기업들이 유출형 개방형 혁신을 통해서 국내의 중소기업들의 기술능력 향상이나 신제품 개발 능력을 제고하는 등의 노력을 결여하고 있는 것이다.

다시 말해 국내 주요 대기업의 수많은 자체 연구개발 결과의 유출형 개방형 혁신 활용은 결여한 상태에서 외부로부터의 유입형 개방형 혁신에만 집중하는 것은 국가 기술능력 활용이나 국내 중소기업들의 제품 및 기술 경쟁력 향상, 그리고 대기업들의 가치사슬 전후방 연계 기업의 글로벌 경쟁력 향상 등의 측면에 매우 치명적인 결과를 가져올 수 있다. 이러한 상황에서 미국 내 특허출원 및 등록 1위 기업인 IBM이 특허 라이센싱 판매를 통해 2005년에 이미 10억 불의 수입을 올린 사례는 우리 대기업들에게 매우 중요한 타산지석의 사례라 하겠다.

3-15. 기업의 지속 생존, 개방형 혁신에 있다

일본에는 사례 3-25와 같이 약 2만개 가량의 100년 이상된 기업이 존재한다. 30년 이상 10대 기업에 존속하는 기업이 1~2개에 불과한 우리나라의 현실에서 일본 장수기업의 경영 노하우나 특징은 관심의 대상이다.

사례 3-25. 기업의 지속적 생존 전략, 개방형 혁신
- 중략 -

장수기업(시니세) 대국 일본. 시니세(老鋪)란 규모는 작지만 업력이 100년을 넘는 유서 깊은 업체를 뜻하는 일본어다. 일본에는 약 125만개 기업이 있는 것으로 추정되는데, 이 중 시니세로 분류되는 업체는 1만9518개(1.6%)다. 특히 업력이 200년을 넘는 업체가 938개, 300년을 넘는 업체도 435개에 달한다. 이처럼 일본이 시니세 강국으로 자리 잡은 비결은 무엇일까. 일본 강소기업들의 경쟁력을 분석한 책 '100년을 이어가는 기업의 조건'(아사히신문 출판)은 전통에 걸맞은 신뢰를 주되 시대 흐름에 맞게 과감한 변화를 시도해 온 점을 비결로 꼽고 있다. 장인정신으로 똘똘 뭉쳐 시류와 타협하지 않을 것 같은 시니세의 기존 이미지와는 사뭇 다른 결과다. - 중략 -

시니세 중 잘나가는 기업의 또 다른 특징은 가업을 이어가기 위해 창업 이후부터 끊임없는 변화를 시도해 왔다는 것이다. 조사에 응한 814개 시니세 가운데 78.7%가 판매방식을 바꿔 왔다고 응답했다. 최근 정보기술(IT) 발달로 인터넷 주문을 활용한 상거래가 대표적인 예다. 기업 핵심이라 할 수 있는 상품이나 서비스 자체에 변화를 준 곳도 무려 72.4%에 달했다. 주력사업 내용이나 제조방법을 바꿨다는 업체도 각각 50%를 넘었다. 반대로 판매방식, 상품·서비스, 주력사업, 제조방법 중 어느 것 한 가지도 바꾸지 않았다고 응답한 기업은 3.1%에 불과했다.

데이코쿠제약 초대 외부 경영인인 무라야마 쇼사쿠 사장은 "우리 회사는 역사가 길지만 지난 10년 내 그 모습이 완전히 바뀌었다"며 "지금은 벤처기업이라고 봐도 무방할 정도"라고 말했다. 실제로 이 업체는 지난 5월 미국 벤처기업 트라밴티파머를 인수했다. 전류 힘으로 피부를 통해 약품을 흡수시키는 시스템을 연구하던 이 회사를 인수하면 피부에 부착해 통증을 완화하는 파스 사업영역을 확장할 수 있다고 생각했기 때문이다. - 중략 -

도라야 홍보담당자는 "우리 회사는 좋은 아이디어만 있다면 연공서열에 관계없이 큰 프로젝트를 맡을 수 있는 분위기가 형성돼 있다"며 "이런 분위기 덕분에 시대를 넘어 지금까지 회사가 이어져 올 수 있었던 게 아닐까 싶다"고 말했다.

자료: 매일경제신문, 2009년 11월 26일, 경제면, 「장수기업 키워드 신뢰와 변화」 기사 중 일부.

전통에 맞는 신뢰를 주되, 시대의 흐름에 맞는 과감한 변신이 바로 일본 장수기업의 경영 노하우라고 기사는 밝히고 있다. 판매방식 및 제품 자체가 변화하였다는 기업이 100년 이상 장수기업의 70%를 상회하고 있다는 것은 장수가 바로 변화, 즉 혁신에서 유래함을 알 수 있다. 아울러 고객으로부터의 신뢰를 기초로 하는 장수기업은 끊임없는 변화의 원천을 고객에서 찾는다. 즉 고객으로부터의 요구와 기대에 맞추어 제품 자체뿐만 아니라 제품을 전달하는 판매방식으로 끊임없이 혁신함으로써 많은 일본 기업들이 100년 이상 오랫동안 장수하게 된 것이다.

기업이 소비자로부터 혹은 외부 환경으로부터 끊임없이 지식과 정보를 유입하여 제품과 서비스, 그리고 판매방식을 혁신하고, 그 과정에서 기업내부의 불필요한 제품이나 절차를 과감하게 축소하거나 외부로 내보냄으로써 장수하게 되는 것이다. 환언하면 개방형 혁신이 기업 장수의 가장 큰 전략인 것이다. 아이디어를 형성하여 연구개발에 이르기까지에는 비공식적이고, 전문성이 높으며, 분권화되어 있는 유기적인 조직 구조가 구성원의 창의성을 높일 수 있어서 바람직하다. 창의성 발휘를 위해 극도의 자율성이 부여되어 있는 유기적 조직 구조 때문에 어느 정도 경제적 능률을 희생할 수밖에 없는 구조인 것이다. 그러나 수단성의 문제가 거의 해결된 실천단계에 와서는 경제적 능률의 제고가 현안문제가 됨에 따라 이에 적절한 조직 형태와 연결시키는 것이 필요해진다(김인수, 2007. p. 439).

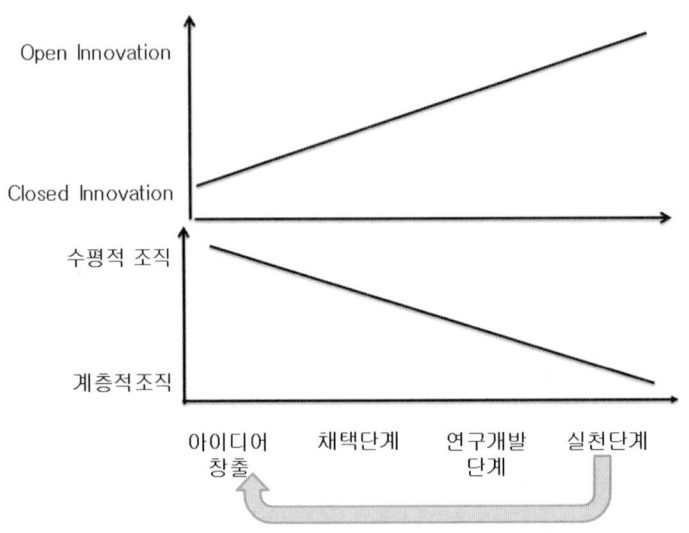

그림 16. 장수기업의 지식학습 단계별 조직 구조 및 개방형 혁신 전략의 변화

  그림 16과 같이 새로운 아이디어를 얻기 위해서는 수평적이고 유기적 조
직이 효과적이지만, 새로운 제품을 생산하고 판매하는 실천단계에 이르면 계
층적 조직이 오히려 효율적이다. 장수기업의 경우, 기존의 주력제품에만 머물
러 기존 제품의 효과적 생산과 판매에 주력한다면 계층적 조직이 주류를 이루
고 새로운 혁신이 고사하게 될 것이다. 그러나 그림 15의 상단 부분과 같이
실천단계로 갈수록 기업의 개방형 혁신을 제고함으로써 기업들은 실천단계에
머무르지 않게 되고, 다시 새로운 아이디어 창출단계로 피드백하며 끊임없이
새로운 제품혁신을 추진할 수 있게 된다. 즉 개방형 혁신의 활성화가 장수기
업의 조직 계층화 및 아이디어 경직화를 저지하고 새로운 아이디어 기반의 제
품 혁신을 가능하게 하는 근본 원인이다.

3-16. 폐쇄형 혁신 전략의 위기

MS는 그동안 세계 컴퓨터 운영체계 시장을 석권하면서 웹브라우저 등 다양한 컴퓨터 관련 S/W를 독점하여 왔다. 그런데 사례 3-26과 같이 MS와 웹브라우저 독점권을 해소하기로 EU집행위원회와 합의 한 점은 MS의 혁신전략에 대한 외부 평가의 성격을 가진다. 그동안 MS는 컴퓨터 운영체계를 만들고 그 코드를 비밀로 하면서 전 세계 시작을 석권하였다. 더불어 다양한 응용 S/W를 만들어 코드를 공개하지 않은 채, 전 세계 시장을 점차 석권하여 왔다.

하지만 컴퓨터 활용의 중심이 데스크톱에서 모바일로 옮겨가고, 컴퓨터 활용중심에서 모바일웹 기반으로 정보통신 산업의 중심이 옮겨 감에 따라 상황이 급격하게 변화하고 있다. 즉 다양한 컴퓨터 사용자들이 웹기반의 다양한 자발적 활동을 강화함에 따라, SW 산업에서도 소스코드의 공개를 기반으로 한 다양한 사용자 참여형 공개 SW운동이 점차 새로운 트렌드로 자리잡아가고 있다.

사례 3-26. MS의 폐쇄형 비즈니스 모델

"웹브라우저 선택권 보장"…EU와 반독점 분쟁 마침표

마이크로소프트(MS)가 웹브라우저를 둘러싼 유럽연합(EU)과의 반독점 분쟁을 10년 만에 일단락 했다. 파이낸셜타임스(FT)는 16일 "MS가 EU 27개국을 포함한 노르웨이, 아이슬란드, 리히텐슈타인의 PC 사용자들에게 웹브라우저 선택권을 보장하기로 EU집행위원회 측과 합의했다"고 보도했다. '윈도'시리즈로 세계 컴퓨터 운영체제(OS)시장의 97.1%를 장악한 MS가 윈도와 자사 웹브라우저인 '인터넷 익스플로러' 끼워팔기를 하지 않고 소비자들이 경쟁업체의 제품을 자유롭게 이용할 수 있도록 권리를 보장하겠다고 약속한 것이다. 닐리 크로스 EU 반독점담당 집행위원은 "이번 조치로 내년 3월부터 유럽의 '윈도' 사용자들은 자신이 원하는 웹브라우저로 교체 서비스를 받을 수 있게 됐다"며 "MS가 약속을 어길 경우엔 연매출의 10%에 달하는 벌금을 부과할 것"이라고 말했다.

MS는 새 PC 구입 시 사용자들이 첫 화면에서 자사의 인터넷 익스플로러를 포함한 12개 웹브라우저를 자유롭게 고를 수 있도록 할 방침이다. ― 생략 ―

자료: 『한국경제신문』, 2009년 12월 18일, 경제면, 「10년만에…한숨 돌린 MS」 기사 중 일부.

폐쇄형 혁신 비즈니스 모델이 현재의 MS를 만들었지만, 그것 때문에 MS는 지금 시련에 직면해 있다. S/W 개발 도구인 툴킷을 사용자가 쉽게 사용할 수 있도록 매우 고기능성을 갖춘 형태로 개발한 애플은 이 툴킷을 일반인에게 공개하고 일반인이 스스로 S/W를 개발하여 자신들이 만든 온라인 장터인 앱스토어에 판매할 수 있게 하였다. 그리고 일반 소비자인 S/W 제작자들에게도 판매수익의 70%를 분배하였다. 애플은 S/W 제작도구를 공개한 것이다. 그리고 S/W 판매이윤을 소비자인 일반 제조자에게 공개 배분하여 전 세계적인 스마트폰 앱스토어 열풍을 일으키고 있다. 즉 애플 스마트폰 앱스토어 성공의 핵심은 S/W 제작툴킷의 공개, 그리고 S/W 판매 이윤의 공유 등 완전하지는 않지만 상당한 수준의 개방형 혁신에서 원인을 찾을 수 있다.

사례 3-27. 소니의 위기, 개방형 혁신 실패에 있다

― 중략 ―

워크맨은 30년 전 모리타 아키오 소니 창업자의 아이디어에서 출발했다. 당시 모리타 회장은 직원들이 해외 출장을 가면서 음악을 듣기 위해 007 가방만한 카세트 플레이어를 가져가는 것을 보고 휴대하기 편리한 카세트 플레이어를 만들기로 결심했다. 당시 기자들이 주로 쓰던 휴대용 녹음기에 재생 기능을 추가해 무게 390g짜리 손바닥만한 워크맨 1호 'TPS-L2'를 만들었다. 워크맨은 음악 시장에 혁명을 일으켰다. '음악은 실내에서 듣는 것'이란 상식이 깨지고, 길거리를 활보하며 음악을 즐길 수 있게 된 것. 워크맨은 젊은이들의 야외활동 시간을 늘리는 등 라이프 스타일까지 바꿔놓았다. 5년간 세계 판매가 1,000만대를 돌파했고, '워크맨'이란 엉터리 영어가 옥스퍼드 영어사전에 등재되기도 했다. 지난 2009년 3월 말까지 누적 판매 대수는 3억8500만대에 달한다. 워크맨은 1950년대 트랜지스터 라디오, 1960년대 '트리니트론' 브라운관 TV에 이은 소니의 대히트 상품이었다.

그러나 MP3 시대를 맞으면서 워크맨의 영광도 퇴색했다. 특히 2001년 미국 애플이 아이팟을 내놓자 워크맨은 휴대용 음악재생기 시장 1위 자리를 내주고 고개를 숙였다. 지난해 소니 워크맨 브랜드의 MP3 세계 시장점유율은 7%에 불과했다. 소니의 워크맨 브랜드(오디오 부문) 매출은 작년 4539억 엔(약 5조9000억 원)으로 10년 전인 1999년의 9,340억 엔에서 반토막이 났다. 소니는 '제2의 워크맨'을 개발하기 위해 고심하고 있다. 현재 통신과 가전 엔터테인먼트를 융합한 신상품 개발을 추진 중이다. 구체적으로 검토되고 있는 것은 신형 휴대용 게임기와 휴대폰의 기능을 합친 제품이다. 이를 위해 다음 달 중 프로젝트팀을 발족할 예정이다. 이 신상품을 통해 '아이폰'으로 보폭을 넓히고 있는 애플을 추격한다는 전략이다.

자료: 『한국경제신문』, 2009년 6월 28일, 경제면, 「소니 워크맨 초라한 30살」 기사 중 일부.

사례 3-27에서 보듯 오늘날 소니 위기의 원인은 워크맨이 초기에 구축하여 세계적인 반영을 일으킨 음악 소비자들의 참여적 음악 소비 정신을 개방형 혁신으로 계승하지 못한 실패에서 찾을 수 있다. 워크맨은 음악 인프라가 갖추어진 공급자가 제공하는 음악 서비스 외에는 가정 내에서 제한적으로 소비되던 음악을 소비자로 하여금 필요로 하는 장소에서 필요한 시간에 간편하게 소비할 수 있게 한 점 때문에 세계적인 성공을 이루었다. IT, 컴퓨터 그리고 모바일웹 등의 발달에 따라, 소니 워크맨이 가진 성공의 정신, 즉 사용자 참여적 음악 소비, 다시 말해 사용자 기반의 개방형 혁신 음악 소비시스템의 개발과 활성화로 계속 나아가지 못한 점이 소니의 워크맨 출시 30년의 초라한 성적표로 나타난 것이다.

3-17. 개방형 혁신 전략, 순수 기술 중심 기업

퀄컴은 한국의 CDMA 이동통신 원천기술을 가진 기업으로 매년 우리나라 기업들로부터 기술라이센스 요금으로 수천억 원의 수입을 올리고 있다. 6만여 특허를 가지고 있고 4,000여 명의 연구원을 고용하고 있는 세계적인 첨단기술 기업이다. 초고속 무선인터넷 '롱텀에볼루션(LTE)' 원천 기술, 스마트폰 운영시스템인 브루 모바일 플랫폼(BMP), 그리고 미라솔이라는 저전력 디스플레이 사업 등 세계적인 첨단 분야를 사업영역으로 설정하고 있다.

사례 3-28. 퀄컴의 개방형 혁신 사례

미국의 정보기술(IT) 회사 퀄컴은 개발자의 천국이다. 퀄컴 본사가 있는 미국 캘리포니아 주 최남단 샌디에이고에만 30여 동의 연구시설이 있다. 이곳에선 4,000명에 달하는 본사 연구원이 주력 사업인 휴대폰용 칩세트를 비롯해 초고속 무선인터넷 '롱텀에볼루션(LTE)', '스마트폰 운영시스템(OS)', '브루 모바일 플랫폼(BMP)' 등과 관련한 기술 개발에 여념이 없다. 본사 1층 로비에 있는 '특허의 벽(patent wall)'은 기술 왕국, 퀄컴의 현주소를 대변한다. 특허의 벽은 퀄컴의 연구진이 미국 유럽 아시아 등지에서 따낸 이동통신 관련 특허 수천 개를 동판으로 새겨 전시한 것이다. 본사 맞은편에 있는 R&D센터 로비에 붙여 놓기 시작한 것이 늘어나 본사 건물까지 넘어왔다. 퀄컴이 최근 관심을 쏟고 있는 연구 분야는 모바일 소프트웨어다. 단순히 칩세트만 만들다간 갈수록 치열해지는 글로벌 모바일 경쟁에서 밀릴 수 있다는 판단에서다. 내년부터 자체 모바일 OS인 BMP를 내놓기로 한 것도 하드웨어(칩세트)와 소프트웨어(OS)를 묶어 시너지 효과를 내려는 전략이다. – 중략 –

퀄컴은 '미라솔(mirasol)'이란 저전력 디스플레이 사업도 벌이고 있다. 미라솔은 두 개의 거울 사이로 빛을 통과시켜 화면을 만드는 신기술이다. 체릴 굿맨 미라솔사업부 디렉터는 "컬러 화면에 동영상까지 보여줄 수 있으며, 전력 소모량은 액정표시장치(LCD)의 10분의 1에 불과하다"고 설명했다. 회사 측은 내년 중 미라솔을 장착한 전자책(e-book)도 내놓을 계획이다. 한국의 지상파 DMB와 비슷한 모바일TV인 '플로(FLO) TV', 초고속 모바일 프로세서인 '스냅드래곤' 등에도 퀄컴은 많은 돈을 투자하고 있다. 업계 관계자는 "퀄컴랜드(연구센터)에선 남들이 하지 않는 차세대 기술을 끊임없이 연구하고 있다"며 "내년 초 한국 시장에선 LG전자가 퀄컴의 스냅드래곤을 장착한 휴대폰도 내놓을 예정"이라고 덧붙였다.

자료: 『한국경제신문』, 2009년 12월 22일, IT 및 미디어면, 「기술왕국 퀄컴 비결은 R&D, 매년 매출 20% 투자」 기사 중 일부.

그런데 퀄컴의 수익모델을 주목할 필요가 있다. 퀄컴은 자체 생산시설을 전혀 가지지 않고 기술의 라이센싱 판매를 통해서 수익을 창출하는 구조를 가지고 있다. 즉 전형적인 유출형 개방형 혁신을 통해서 자신의 첨단 기술과 지식을 다른 기업을 통해서 시장으로 내보내고 이익을 창출하는 것이다. 순수하게 유출형 개방형 혁신을 통해 수익모델을 추구하는 기업의 표본이 바로 퀄컴인 것이다.

그림 17과 같이 순수 유출형 개방형 혁신 모델은 자체 연구개발을 통해 창출한 혁신적 기술이나 지식을 타기업에 라이센싱 판매하거나 타기업을 기반으로 기술을 상용화하는 것이다. 물론 동 방식은 상용화 직전의 개발연구는 외부 기업과 같이 수행할 수도 있다. 퀄컴이 한국의 주요기업들과 CDMA상용화 연구를 공동 추진한 것이 그 예라 할 수 있다.

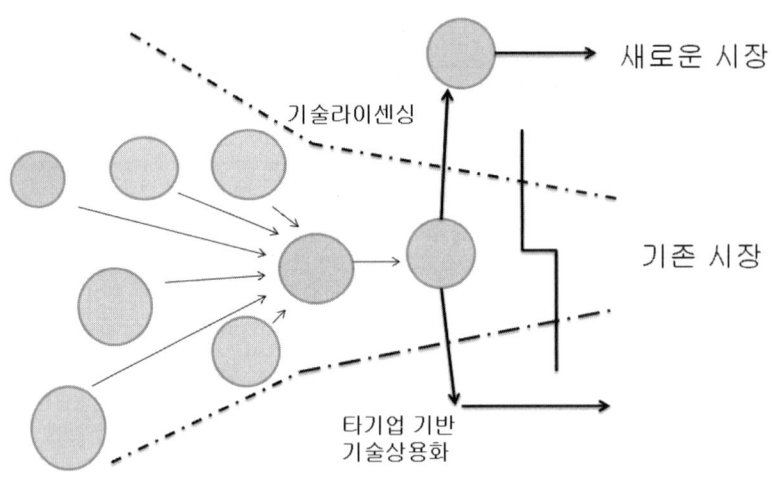

그림 17. 순수 유출형 개방형 혁신 모델

이러한 순수 유출형 개방형 혁신의 핵심은 탁월한 원천기술의 개발과 함께 원천기술을 적절한 시장화 기업들과 결합하여 상용화 하는 것이다. 예를 들어

LTE의 경우, 차세대 초고속 인터넷 기술로서 한국의 와이브로와 글로벌 경쟁에 서 있다. 기술 개발과 기술 자체의 탁월성 측면에서는 한국의 와이브로가 뒤쳐지지 않지만, 유출형 개방형 혁신 경험의 부족으로 삼성 등이 해외에 와이브로를 판매함에 있어서 퀄컴만큼 효과적으로 유출형 개방형 혁신전략을 추진하고 있지 못한 것이 사실이다. 향후 지식기반 경제시대의 기업과 국가의 수익창출과 지식발전의 중요한 모델 중의 하나가 바로 유출형 개방형 혁신임을 간과해서는 안될 것이다.

3-18. 제약 산업, 개방형 혁신 전략이 답이다

제약 산업은 특히 국내 기업들이 개방형 혁신 전략을 보다 적극적으로 사용하는 산업영역이다. 사례 3-29와 같이 개량신약 영역뿐만 아니라 신약개발 영역에서도 사례 3-30과 같은 개방형 혁신이 활성화되어 있다.

사례 3-29. 개량신약개발의 개방형 혁신 사례

– 중략 –

개량신약이란 구조 변경, 제제(製劑, 약품을 가공해 일정한 형태로 만듦) 변형, 신규 용도 발견 등을 통해 오리지널 신약의 약효와 편의 등을 개선한 의약품으로, 이번에 선보이는 제품은 씨티씨바이오의 여덟 번째 개량신약이다. 이 회사의 첫 번째 개량신약이 2005년에 개발된 애보트의 '리덕틸'(식욕억제제)인 점을 감안하면 지난 4년 간 연평균 2건의 개량신약을 개발한 셈이다. 씨티씨바이오보다 R&D(연구 · 개발) 인력이 10배 이상 많은 한미약품의 연평균 개량신약 개발 건수가 4건 정도임을 감안하면 놀라운 성적이라는 게 업계의 평가다.

씨티씨바이오는 스포라녹스의 주성분인 '이트라코나졸'의 함유량을 두 배 높인 개량신약을 개발하는 데 성공, 다음 달부터 국내 6개 제약사를 통해 판매할 계획이라고 11일 밝혔다. 이트라코나졸이 200㎎씩 함유된 제품을 내놓기는 전 세계에서 씨티씨바이오가 처음이다. - 중략 -

씨티씨바이오는 의약품 제제 연구를 제외한 원료 합성, 임상시험 등을 외부에 맡기고 있다. 직접 제품을 만들어 팔기보다는 '기술 판매'가 주력인 만큼 생산과 영업 역시 최소 규모로 운영 중이다. 대신 최적의 약물전달시스템(DDS)을 연구한 뒤 제형(劑形, 약물의 형태)을 바꾸거나 흡수율을 높이는 등 기존 약물을 개선하는 데 연구 역량을 집중하고 있다. 실제 씨티씨바이오가 개발한 개량신약은 대부분 DDS 분야에서 나왔다. - 중략 -

2000년 제약업에 뛰어든 뒤 씨티씨바이오를 떠난 연구인력은 단 한 명에 불과하다. 회사는 화성연구소 옥상에 골프연습장을 지어주는가 하면, 연봉에 버금가는 인센티브를 지급하기도 했다. 김성린 사장은 "해를 거듭할수록 연구원들의 경험과 실력이 쌓이면서 개발 성공률은 높아지는 반면 개발 비용은 줄어들고 있다"며 "CDMA(부호분할다중접속) 기술을 개발해 전 세계 휴대폰 제조업체로부터 엄청난 로열티를 받고 있는 '퀄컴'과 같은 기술 기업이 되는 게 목표"라고 말했다.

자료:『한국경제신문』, 2008년 8월 11일, 경제면, 「씨티씨바이오, 4년 내 8번째 개량신약 출시」 기사 중 일부.

제약 산업에서 개방형 혁신 전략이 활성화되어 있는 이유는 동 산업의 신제품 기술 확보의 어려움에서 기인한다. 기존에 존재하지 않는 새로운 신약 개발의 경우, 후보물질개발에서 동물 임상, 사람 임상 등을 거쳐서 새로운 제약 제품으로 완성되는데 엄청난 자원과 오랜 시간이 필요하다. 신약개발의 전 주기 중 기술개발에 강점이 있는 크리스탈지노믹스와 같은 기술형 제약 중소기업들은 제약의 후보 신물질 개발에서 임상 전반까지 만을 주로 담당하고, 유출형 개방형 혁신을 통해서 해당 물질이 추가적인 임상 등을 거쳐서 신제품으로 출시되게 한다.

사례 3-30. 치료제 후보물질 개발의 개방형 혁신 사례

크리스탈지노믹스가 독자 개발해 온 저산소증(빈혈) 치료제 후보물질을 미국의 바이오 펀드에 기술수출하는 계약을 체결했다. 이번 계약은 초기 계약금이 600만 달러(약 57억 원)로 국내 바이오벤처 업계 사상 최대 규모인 데다, 신약 개발에 최종적으로 성공하면 추가적인 로열티 수익 등을 거둬들일 수 있다는 점에서 주목된다.

 - 중략 -

프로퀘스트는 9,000억 원 정도의 자금을 운용하는 바이오 펀드로 미국 캐나다 유럽 등 50여개국의 바이오 벤처에 투자하고 있다. 평균 수익률에서는 미국 내 5위 안에 든다. 계약에 따르면 사람을 대상으로 한 임상시험은 크리스탈지노믹스와 프로퀘스트가 미국 샌디에이고에 공동으로 설립한 바이오 벤처 '발견(영문명 Palkion)'사가 맡게 된다. 발견사의 지분은 크리스탈지노믹스와 프로퀘스트가 절반씩 나눠 갖기로 했다. 프로퀘스트는 신약 개발 후보가 확정되면 향후 약 2,000만 달러 이상의 개발 비용을 투자해 임상 2상 초기 단계까지 진행한 뒤 발견사를 다국적제약사에 팔 계획이다. 크리스탈지노믹스는 발견사 매각에 따른 수익뿐 아니라 신약 출시 이후 일정 비율의 로열티도 기대할 수 있다. 또 임상 진행 과정에서 적응증(약이 효과를 나타내는 질환)이 하나 추가될 때마다 5,000만 달러(약 475억 원)씩 받게 된다. 전문가들은 이번 기술수출에 대해 비교적 높은 평가를 내리고 있다.

자료: 『한국경제신문』 2008년 2월 26일, 「크리스탈지노믹스, 빈혈치료 물질 미에 600만 불 계약」 기사 중 일부.

　반대로 개량신약의 경우에는 이미 제약으로 완성된 제품이나 기술을 유입하여 점증적 기술추가를 통해서 새로운 약품 효능이나 기존 효능의 획기적 강화 등의 새로운 혁신 제품을 만든다. 사례 3-29에 나온 씨티씨바이오의 사례에서도 기존 제약기업의 특허기간이 종료한 기술과 물질을 유입형 개방형 혁신을 통해 확보하여, 기업 스스로 일정한 점증적 기술혁신을 추가하고 다시 제약 완성 업체를 통해 해당 기술을 유출형 개방형 혁신을 통해 제품화하고 있다.

　그림 18과 같이 국내 제약 산업에서는 두 가지의 극단적으로 상이한 형태의 개방형 혁신 전략이 기업들에 의해 채택되고 있다. 원천신약개발의 경우, 초기 후보물질 개발을 통해서 제약 대기업 등에 해당 기술개발 결과를 이전하여 상용화하는 유출형 개방형 혁신 전략이 활성화되어 있다. 반대로 개량신약 개발의 경우, 기존 제약 대기업의 특허기간이 종료되는 기술과 물질을 활용하여 기술을 추가하거나 보완하여 새로운 제약제품을 만들어 다시 제약대기업에 판매하는 유출유입형 개방형 혁신 전략이 일반적이다. 결론적으로 국내 제약 산업은 현재 최종 제약 제품을 완전하게 스스로 생산하는 전주기 생산, 혹은 핵심 주기 생산이 국내 기업들에서 이루어지지 못하고 있다. 국내 제약 산업의 기술수준과 산업규모 등으로 인해 제약 산업의 일부 주기만 국내 기업들이 주로 담당하는 다양한 형태의 개방형 혁신 전략이 일반화되어 있는 것이다.

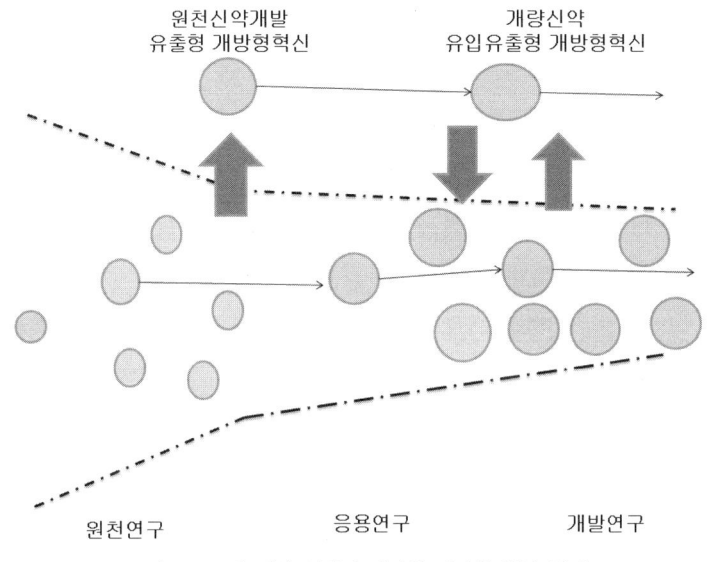

그림 18. 국내 제약 산업의 다양한 개방형 혁신 형태

그림 18을 보면 원천연구 분야의 지식이나 기술의 흐름양이 작고 개별 프로젝트 단위가 작은 것으로 표현되어 있다. 이는 우리나라의 원천신약개발 연구가 개별 중소기업 단위로 신물질 개발의 범주에서 주로 이루어지고 있고, 그 양도 많지 않음을 보여주는 것이다. 그리고 응용 및 개발연구의 지식 및 기술의 흐름의 양이 많고, 개별 프로젝트 단위가 다소 큰 것으로 나타나고 있다. 이는 국내 제약 연구가 주로 개량신약 기술개발이나 개량신약 생산 중심으로 집중되어 온 현실을 반영하는 것이다.

3-19. 태양광 산업, 개방형 혁신 전략으로 전주기 비즈니스 모델 구축

LG전자는 사례 3-31과 같이 독일의 코너지AG 태양전지 생산법인을 인수하기로 함으로써 태양광 일괄생산 시스템을 구축하였다. LG뿐만 아니라 국내의 많은 기업들이 태양광 발전 산업에 단기간에 진출한 바 있다. 이는 대부분 LG 사례와 같이 필요한 기술이나 일부 생산시설까지도 과감하게 외부로 돌리고, 원천기술의 경우엔 주로 외국으로부터 유입하는 방식의 개방형 혁신을 통해서 달성한 성과이다.

사례 3-31. LG의 유입형 개방형 혁신 사례

LG전자가 13년 만에 외국기업 인수·합병(M&A)에 나선다.

2008년 9월 10일 에너지 업계에 따르면 LG전자는 독일 대체에너지 전문업체인 '코너지(Conergy)AG'의 태양전지 생산법인을 인수할 예정이다. LG전자가 외국기업을 M&A하는 것은 1995년 미국 TV업체 제니스를 인수한 이후 13년 만이다.

– 중략 –

업계에 따르면 LG전자는 태양전지 생산법인 조인트벤처의 지분 50% 이상을 인수해 경영권을 확보할 계획이다. 지금까지 코너지AG가 공장에 투자한 금액이 2억 5000만 유로를 넘는다는 점에서 인수 규모는 경영권 프리미엄을 더해 최소 2,000억 원 이상이 될 전망이다. 이번 M&A가 조만간 최종 마무리되면 LG전자는 태양광 일관 생산체제를 완성하는 데 한발 더 다가서게 된다. LG그룹은 원재료인 폴리실리콘(LG화학)과 웨이퍼(실트론), 셀·모듈(LG전자), 시공·운영(LG솔라에너지) 등으로 역할을 분담해 사실상 계열사 전체가 태양광 사업에 참여키로 결정한 상태다.

LG그룹의 가장 중요한 미래 성장 동력이 바로 태양광 등 대체에너지라는 얘기다.

이미 LG솔라에너지가 태안에 완공한 태양광 발전소는 이달부터 본격 가동에 들어갔다. 그러나 향후 태양광 사업을 빠르게 확대하기 위해선 핵심부품인 셀과 모듈을 안정적으로 생산하는 능력이 반드시 필요했다. LG전자가 코너지AG의 태양전지 공장을 인수하면 현대중공업이 3,000억 원을 투자해 충북 음성에 내년까지 확장할 예정인 태양전지 공장(연산 330MW)에 버금가는 생산능력을 갖추게 된다. LG그룹이 이처럼 태양광 사업에 적극적으로 나서는 것은 관련 시장의 높은 성장성 때문이다.

　- 중략 -

　한편 LG전자 관계자는 "태양전지 사업과 관련해 해외 M&A를 검토 중인 것은 사실"이라며 "하지만 최종 확정되지는 않았다"고 말했다.

자료: 매일경제신문, 2008년 9월 11일, 「LG 독 태양전지업체 곧 인수」 기사 중 일부.

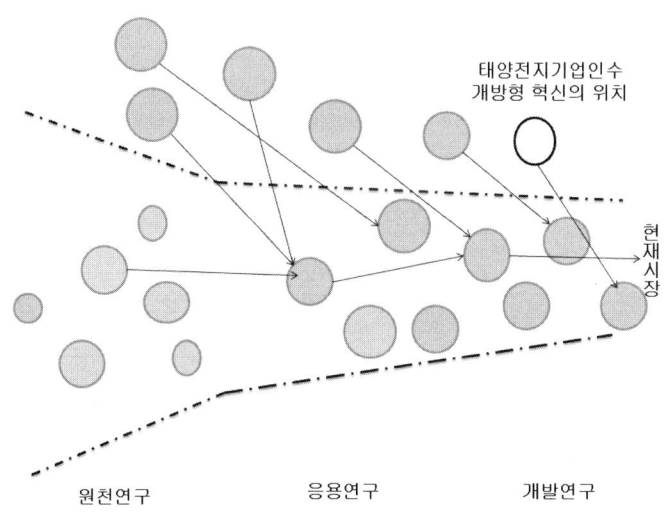

그림 19. 태양광 산업의 국내 개방형 혁신 현황 모델링

　국내의 기존 전자 산업, 반도체 산업, 장치 산업 등의 대형 인프라를 갖추

고 있던 많은 대기업들이 태양광 산업에 진입하고 있다. 이들 기업은 태양광 발전 자체에 대한 자체 원천 기술능력은 사실 사전에 충분히 확보하고 있는 상태는 아니었다. 하지만 국내 태양광 산업 진입기업들은 그림 19와 같이 응용 및 개발 연구에 주로 집중하고 필요한 기술들을 외부로부터 유입하는 유입형 개방형 혁신에 집중하고 있다. 그런데 LG의 태양전지기업 인수사례와 같이 이미 완성된 기술시스템 자체, 특히 응용 및 일부 개발단계의 기술시스템이나 생산 설비 자체를 인수하는 방식도 국내 대기업들에 의해 빈번하게 채택되어 있다.

국내 태양광 산업의 갑작스러운 발전의 원인이 바로 유입형 개방형 혁신 전략에 있음을 알 수 있다. 각 대기업들이 태양광 산업의 가치사슬상에 자신들의 강점 분야를 확인하고 전후 필요한 부분을 과감한 유입형 개방형 혁신 전략으로 확충하고 있는 것이다. 그동안 축적한 초대형 장치 산업 분야 종사 경험과 반도체나 전자 등 태양광 산업으로 전환 가능한 사업 경험에서 축적된 노하우도 물론 한 몫 하였다.

3-20. 사용자 기반 개방형 혁신에서 찾은 세계적 기술강소기업 경쟁력

사례 3-32에서 보듯이 다이슨의 혁신 제품의 원동력은 사용자 혁신(User Innovation)이다. 다이슨 회장의 말처럼 자신이 사용하고 있는 주위의 각종 제품들에서 문제점을 파악하고 제품혁신 아이디어를 착안하여 집중적으로 개발함으로서 새로운 제품을 만들 수 있는 것이다.

사례 3-32. 사용자 기반 개방형 혁신 해외 사례

– 중략 –

기업은 실패해도 다시 일어서는 도전의식이 있어야 성공할 수 있다. 하지만 5,216번 실패했다면 다시 일어날 수 있을까. 영국 다이슨(Dyson)사는 5,217번째 시제품에서 성공한 가정용 진공청소기로 지난해 영국과 미국 등 선진국 시장에서 판매 1위를 차지하며 매출 1조4000억 원을 넘어섰다. 1993년 창립 후 불과 15년 만에 거둔 놀라운 실적이다. – 중략 –

다이슨은 청소기가 자꾸 막히고 흡입력이 점점 떨어지는 이유가 먼지봉투가 막혀 있기 때문이라는 것을 알아냈다. 다이슨은 우연히 들른 목재소에서 답을 찾았다. 그곳에서는 원심분리기로 공기를 빠른 속도로 회전시켜 톱밥을 걸러냈다. 공기가 소용돌이처럼 회전하면 무거운 물체는 밖으로 밀려난다. 다이슨은 1979년부터 5년간 무려 5,127개의 시제품을 제작한 끝에 원심분리기를 장착한 먼지봉투 없는 최초의 진공청소기를 개발했다. – 중략 –

다이슨이 성공한 첫째 요인으로는 기술력이 꼽힌다. 다이슨은 영국 본사와 말레이시아 공장 등 전 세계에 2,000여 명의 직원을 두고 있다. 이 중 다이슨 본사 직원의 3분의 1은 엔지니어다. 지난해 영업이익의 절반이 넘는 5,000만 파운드(약 1150억 원)를 연구개발에 투자했다. 특허만 1,300개에 이른다. 최근 개발된 청소기는 대기압의 15만 배에 이르는 힘으로 공기를 회전시켜 청소기에서 나오는 공기가 일반 가정의 공기보다 훨씬 깨끗하게 만들었다. 제품 다각화도 시도되고 있다. 최근에는 시속 640㎞의 공기 막을 이용해 물기를 말 그대로 긁어내는 손 건조기도 개발했다. 전력 사용량은 기존 제품의 4분의 1에 불과하지만 손을 말리는 속도는 10초가량으로 기존 제품보다 두 배 이상 빠르다. 7년여의 연구 끝에 두 개의 드럼이 돌아가는 세탁기도 개발해냈다. 독특한 해외 마케팅도 눈길을 끈다. 가장 먼저 제품의 현지화를 들 수 있다. 미국 시장에 진출할 때는 집이 크고 두터운 카펫을 사용하는 점에 맞춰 제품의 내구성과 흡입력을 높였다. 일본 등 아시아시장에서는 제품 크기를 줄이면서도 흡입력은 그대로 유지한 제품을 선보였다. - 중략 -

"생활 주변의 물건을 보고 이 제품이 왜 이리 무거운지, 왜 전력소모량이 많은지 고민하다 보면 문제를 해결할 기술을 찾을 수 있고, 그에 맞는 디자인도 할 수 있습니다." 제임스 다이슨 회장은 2008년 10월 28일 본지와의 이메일 인터뷰에서 "생활 주변의 기기들이 제대로 그 기능을 하도록 하겠다는 것이 나의 기업 철학"이라고 말했다. - 생략 -

자료:『조선일보』, 2008년 10월 29일, 경제면, 「글로벌 강소기업 다이슨, 진공청소기 1위」기사 중 일부.

엄격하게 표현하면, 다이슨의 진공청소기 사례는 사용자 기반 개방형 혁신(User based Open Innovation)이라고 할 수 있을 것이다. 다이슨사 회장의 신제품 개발의 기본적 방향이 바로 사용자 기반 개방형 혁신이다.

그림 20과 같이 현재시장의 사용자로서 기존 제품에 대한 새로운 혁신 아이디어에서 출발해서 새로운 제품을 스스로 만들어 시장에 출시하는 방식의 개방형 혁신이 바로 사용자 기반 개방형 혁신이다. 이와 같은 사용자 기반 개방형 혁신은 지식기반 사회의 진척과 더불어 하나의 새로운 혁신 패러다임으로 대두되고 있다. 현재 시장의 제품 사용자로서 갖게 되는 혁신적 아이디어를 더하여 기존 제품을 혁신함으로써 기존 시장에 혁신적인 제품을 출시하는 것이다. 스마트폰 앱스토어에 대한 일반 사용자 공급 S/W의 경우가 바로 사용자 기반 개방형 혁신의 대표적 사례이다. 기존에 S/W를 잘 알고 있는지 여부에 상관없이 스마트폰의 사용자로서 현실에서 직면하는 새로운 S/W 수요

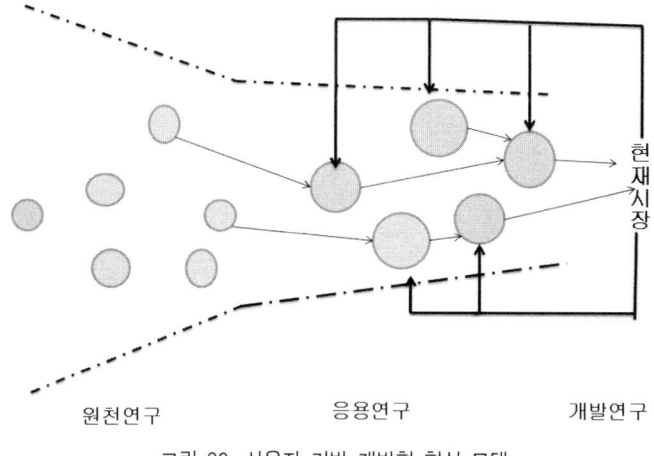

원천연구　　　　　응용연구　　　　　개발연구

그림 20. 사용자 기반 개방형 혁신 모델

에 직면하고 그것에서 출발하여 새로운 창조적 S/W를 만들어 앱스토어에 공급하는 방식이 사용자 기반 개방형 혁신이다.

다이슨사의 사례나 윤진효(2010b)의 메가진 임플란트, 혹은 다이섹 주식회사의 사례와 같이 사용자의 개방형 혁신 기업가 정신, 즉 사용자로서 단순히 자신이 사용하는 제품의 사용혁신에 머무르지 않고 사용하는 제품을 혁신한 신제품을 출시까지 하겠다는 사용자의 적극적인 기업가 정신이 사용자 기반 개방형 혁신의 중요한 원동력이다.

새로운 창업 특히 1인 창업의 출발은 바로 사용자로서 자신이 사용하거나 관심 있는 제품을 혁신하는 사용자 혁신에 있다. 이러한 사용자 혁신 아이디어를 신제품 혁신으로까지 이끌어가는 기업가 정신을 발휘한다면 누구나 1인 창업이 가능한 것이다.

3-21. 게임 및 콘텐츠 산업, 글로벌 유출형 개방형 혁신 활발

지금은 스마트폰 앱스토어의 활성화로 S/W 산업 특히 모바일 웹 S/W 산업이 다소 활로를 찾고 있다. 하지만, 최근 2~3년 동안 국내 S/W 산업이 국내의 프로그램 권리 비존중 관행 등의 문화로 인해 매우 어려운 상황에 있었다. 그런데 주목할 것은 우리나라 S/W, 특히 게임, 소셜네트워크 및 문화 콘텐츠 분야의 S/W에 대해서는 전 세계가 관심을 갖는다는 점이다. 최근 많은 국내 S/W 기업들을 대상으로 글로벌 기업들의 M&A가 빈번하게 일어났던 점을 기억하자. 사례 3-33 또한 세계적 게임업체인 EA가 국내의 모바일 게임 기업인 핸즈온모바일을 인수한 내용을 다루고 있다.

사례 3-33. 한국 게임 산업의 개방형 혁신 사례

세계 최대 게임업체 일렉트로닉 아츠(EA)가 국내 모바일 게임업체 핸즈온모바일을 인수한다. 이에 따라 EA는 콘솔게임, PC게임, 온라인게임에 이어 모바일게임까지 모든 장르에 걸쳐 국내 게임 시장에 진출하게 됐다. EA는 21일 미국 모바일 게임업체 핸즈온모바일의 한국 지사인 핸즈온모바일코리아를 인수키로 합의, 6월 안에 인수 작업을 완료하겠고 밝혔다. 구체적인 인수 조건은 공개하지 않았다.

2006년 8월 설립된 핸즈온모바일코리아는 '판타지타이쿤', 'MVP프로야구 2008', '오즈 천공의 기사단' 등을 국내에서 직접 개발하고 서비스해 온 국내 4위 모바일게임업체다. 게임 개발 인력은 60여명에 이른다. EA의 진출에 따라 컴투스, 게임빌 등이 주도하는 국내 모바일게임 시장에 적지 않은 판도 변화가 예상된다. EA의 모바일게임 자회사인 EA모바일이 개발한 게임을 국내에서도 서비스할 수 있는 길이 열렸기 때문이다. 국내 모바일게임 시장 규모는 연간 약 2,000억 원이다.

EA는 핸즈온모바일코리아를 인수, 한국을 아시아 모바일게임 시장 진출을 위한 교두보로 삼겠다는 전략이다.

이를 위해 콘솔 게임이나 PC 게임으로 인기를 끈 게임들을 온라인 게임은 물론 모바일 게임으로도 개발하기로 했다. EA는 세계적으로 1억장 이상 팔린 캐릭터 육성게임 '심즈'는 물론 '비주얼드', '테트리스' 등 다수의 히트작을 보유하고 있다. EA가 모바일게임사업에 진출한 건 2005년 말 글로벌 모바일업체 잼닷을 6억8000만 달러에 사들였을 때다. 잼닷 인수 후 국내 1위 모바일 게임업체 컴투스를 통해 테트리스 게임을 국내에 선보이기도 했다. EA는 지난 1월 국내에 온라인게임 개발 스튜디오를 설립, 'NBA스트리트 온라인', '배틀필드 온라인' 등 4종의 온라인 게임을 개발하고 있다. 이에 따라 EA는 40여개 콘솔게임, 40여개 PC게임에 이어 온라인게임과 모바일게임까지 한국에서 개발하고 서비스하는 체제를 갖추게 된 셈이다. 모바일게임 업체 관계자는 "지난해 매출 3조6000억 원인 거대 글로벌 게임업체가 모바일 게임으로도 한국에 들어온다는 건 침체된 국내 모바일게임 산업에 기회가 될 수도 있지만 국내업체에는 매우 위협적인 사건"이라고 말했다.

자료: 『한국경제신문』, 2008년 5월 22일, IT 및 과학면, 「세계최대 게임업체 EA, 한국 모바일 게임 시장 진출」 기사.

이는 S/W 콘텐츠 제작이나 새로운 사업 아이템들이 많이 등장하였지만, 국내의 좁은 시장규모, 그리고 S/W 재산권이 충분히 보호되지 않는 국내 문화 등과 국내의 창조적인 S/W 콘텐츠에 주목해온 해외 글로벌 S/W기업의 이해관계가 결합한 결과이다.

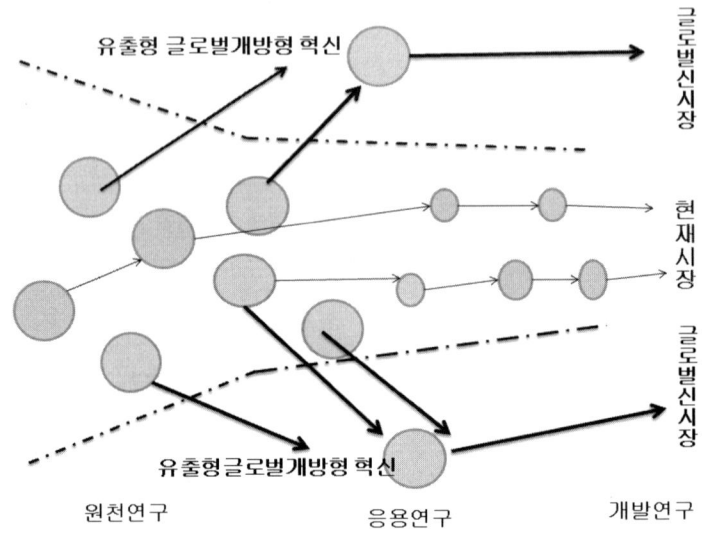

그림 21. 국내 게임 및 컨텐츠 S/W 산업의 개방형 혁신 모형

현재 국내 게임 등 다양한 콘텐츠 S/W 산업의 현황을 살펴보면, 그림 21 과 같이 글로벌 유출형 개방형 혁신을 통해 상당한 혁신 제품들이 해외 글로벌 기업들에 넘어가 해외 시장에 출시되고 있다. 최근에 앱스토어용 S/W 개발로 다소 호전되고 있기는 하지만, 많은 국내 자체 개발 S/W들이 기존 시장에 출시되어 시장 점유율에서 세계적인 실적을 달성하지는 못하고 있는 것이 현실이다.

게임 및 각종 콘텐츠 관련 S/W 산업은 세계를 선도할 유입형 개방형 혁신을 통해 글로벌 신시장 개척을 위한 개방형 혁신 패러다임의 전환이 요구된다.

4부

개방형 혁신 비즈니스 모델

4-1. 앱스토어, 개인 S/W 제공자의 사용자 개방형 혁신이 핵심

스티브 잡스(Steve Jobs)가 창조하여 2008년 7월 아이폰을 통해 서비스를 제공하고 있는 앱스토어는 새로운 형태의 비즈니스 모델의 전형을 보여 준다. 각 분야의 핵심 아이폰 사용자들이 앱스토어에서 제공한 스마트폰 S/W 제작 툴킷을 활용하여 자신의 창조적 아이디어를 구체적인 제품으로 만들어 앱스토어 장터에서 판매하도록 하고 있는 것이다. 기존에 국내에서도 SK 등 모바일 폰 서비스 공급업체들에 의해서 일부 S/W 공급을 외부에 허용한 바 있다. 하지만 사용자 주도의 공급방식, 툴킷의 전면적인 공개, 수입 배분에 있어서 S/W 제작자의 우위, 그리고 기업뿐만 아니라 개인 사용자들의 새로운 아이디어 개발과 제품 공급 가능성의 획기적 강화 등은 앱스토어 시장이 가진 전혀 새로운 창조적 비즈니스 모델의 특징이다.

사례 4-1. 국내 앱스토어의 생존전략

토종 앱스토어들이 뛰어난 개발자 유치를 위해 포상금 지급 제도, 게임 수수료 지원 등 다양한 혜택을 제시하고 있다. 우수한 콘텐츠 확보가 앱스토어의 초기 정착과 성공을 위한 필수적인 요소라 판단해서다. 2009년 9월 30일 앱스토어를 오픈하는 SK커뮤니케이션즈는 게임콘텐츠의 경우 선착순 50개사에 게임 수수료를 지원해 준다. 또 매주 인기 앱스를 선정해 시상한다. 개발자가 자신이 만든 앱스 내부에 광고를 붙이면 광고수익을 모두 돌려주는 등 실질적인 혜택도 줄 방침이다. 이외 SK컴즈는 개발자 외 벤치캐피탈을 연계하는 펀딩 프로그램에 대한 협의도 진행 중이다. - 중략 -

2009년 9월 5일 문을 연 열린 게임장터인 '아이두: 리그 베타'에서 서비스하는 게임 중 매일 최고 동시 접속자수를 기록한 게임에 포인트를 지급하고, 한 달 동안 적립된 포인트를 제작자에게 상금으로 돌려줄 예정이다. 상금은 1포인트당 100원으로 계산한다. 또 전문가 심사를 거쳐 '교육, 환경, 건강, 게임 디자인, 서프라이즈 등 5개 부문의 수상자를 선정해 상금 각 100만 원을 수여한다. NHN은 개발자를 위한 포상금으로 연간 예산이 약 10억 원 정도 확보되어 있으며, 참여 상황에 따라 더 늘릴 계획이다.

곧 앱스토어를 열 SK텔레콤도 우수 개발자 발굴을 위해 게임 심의 수수료를 지원하고, 마케팅을 통해 해당 콘텐츠를 홍보해주는 방안을 검토하고 있다.

이들 기업은 개발자에게 직접적인 혜택을 주는 금전 지원 외에도 각종 세미나와 개발자 콘퍼런스 등을 열어 개발에 필요한 교육과 정보도 제공하고 있다.

– 생략 –

자료: 『전자신문』, 2009년 9월 8일, 유통 및 소비자면, 「앱스 개발자를 춤추게 하라」 기사 중 일부.

그런데 앱스토어에 새로운 제품을 공급하는 주체는 기업 개발자 및 개인 개발자, 그리고 유료 개발자 및 무료 개발자 등으로 나눌 수 있다. 그중 앱스토어의 특징은 특히 수많은 개인 개발자들의 창조적이고 엉뚱한 아이디어를 새로운 앱스토어 제품으로 제공하는 데 있다. 따라서 국내용 앱스토어 회사들도 성공하기 위해서는 기업 개발자들의 견인 못지않게 개인 개발자들을 유인하고 그들의 적극적인 참여를 확대하는 것이 중요하다. 개인 개발자들은 가장 충성스러운 해당 앱스토어의 개인 사용자들이다. 따라서 개인 사용자들이 누구나 손쉽게 능동적으로 새로운 개인 개발자들로 나설 수 있도록 하는 것이 앱스토어 개발자 활성화의 첩경이다.

기본적으로 사용자의 아이디어에서 출발하여 새로운 앱스토어 제품의 생산, 공급으로 이어지는 앱스토어의 특성상 앱스토어는 사용자기반 개방형 혁신 비즈니스 모델의 전형이다. 따라서 사용자 개인의 창조성을 적극적으로 제품개발로 연결하게 하는 사용자 커뮤니티의 활성화, 사용자 생산을 위한 사용자 편의성이 높은 제품 개발 툴킷의 제공, 사용자의 창의성과 기업가 정신을 극대화 할 수 있는 개방형 OS의 공급 등이 바로 동 비즈니스모델의 앱스 개발자 활성화의 관건이다.

4-2. 한국형 앱스토어 비즈니스 모델의 존립가능성

삼성은 스마트폰 자체의 판매에 있어서는 세계 3위(2009년 11월 기준)로 세계시장 점유율의 12% 가량을 기록한 바 있다. 반면 아이폰은 매출액 기준으로는 1~2%의 세계 시장 점유율에 그쳤다. 하지만 애플 아이폰은 영업이익율에 있어서 2009년 말에 노키아를 앞서서 세계 1위를 기록했다고 한다. 아이폰의 이런 저력에는 바로 개방형 혁신 비즈니스 모델인 앱스토어가 자리하고 있다. 사용자에게 매우 쉽게 사용가능한 S/W제작 툴킷을 공개하고, 특별한 진입장벽 없이 전 세계 누구나 앱스토어에 자신의 아이디어를 가지고 만든 S/W를 만들어 올리게 한 것이다. 물론 이익도 개발자에게 70%를 보장하고 있다. 아이폰이 만든 앱스토어는 사이버 공간상의 천지창조에 비견되는 것이다. 다만 그 세상은 모든 인터넷 사용자, 프로그램 사용자들의 참여와 능동적 창조에 기반을 둔 것이다. 아이폰 앱스토어 성공의 가장 큰 동력은 사용자들에 의한, 사용자들을 위한, 사용자들의 비즈니스 모델을 창조했다는 데 있다.

사례 4-2. 삼성의 앱스토어 구축계획

스마트폰이 아닌 일반 휴대폰으로도 삼성전자의 '애플리케이션 스토어(이하 앱스토어)'에서 프로그램을 마음대로 사고팔 수 있게 된다. 삼성전자(대표 이윤우)는 2009년 9월 중순 유틸리티, 게임 등 자사 스마트폰용 애플리케이션을 자유롭게 사고팔 수 있는 '삼성 앱스토어'를 정식 오픈한다고 30일 밝혔다. 일단 영국 등 유럽 지역을 시작으로 정식 서비스되는 앱스토어는 다음 달 독일 베를린에서 열리는 IFA 기간에 시연될 예정이다. 삼성전자 관계자는 "앱스토어 론칭을 위한 플랫폼 개발, 개발자 네트워크 및 콘텐츠 확보를 모두 완료했으며, 유럽 지역 정식 론칭에 이어 전 세계로 서비스 지역을 확대할 예정"이라고 밝혔다. 이 관계자는 또 "일단 심비안, 윈도모바일, 자바 등 오픈 OS 기반 스마트폰을 대상으로 하지만 향후 일반 휴대폰에도 앱스토어 서비스 모델을 적용할 예정"이라고 덧붙였다.

삼성전자의 이 전략은 휴대폰 콘텐츠, 서비스 경쟁이 스마트폰은 물론이고 일반 휴대폰에서도 최대 화두가 될 것이라는 예상을 따른 것이다. 풀터치폰 등 프리미엄 휴대폰 시장에서 강점을 가지고 있는 삼성전자가 콘텐츠 경쟁의 틀을 더욱 넓히겠다는 전략이다. 또 휴대폰 등 모바일 기기뿐만 아니라 TV, 가전 부문에 이르기까지 콘텐츠 서비스를 접목하기 위한 초석이 될 전망이다. 실제로 삼성전자는 최근 개발자 사이트 모바일이노베이터에 '터치위즈' 개발자키트(SDK)를 전격 공개했다. 삼성전자가 윈도모바일 등 오픈 OS용 SDK 외에 자사 휴대폰용 프로그램을 공개한 것은 처음이다. 이는 전 세계 SW 개발자들이 삼성 풀터치폰용 사용자 인터페이스(UI)인 터치위즈 위젯을 자유롭게 개발할 수 있게 된 것을 의미한다.

– 생략 –

자료: 『전자신문』, 2009년 8월 31일, IT 및 과학면, 「삼성 앱스토어 오픈」 기사 중 일부.

삼성은 세계 초일류 기업이다. 삼성의 기업 문화는 일류주의이다. 그리고 대규모 내부 연구개발 투자를 통해 세계적 기업으로 성장하였고 지금도 초일류 기업 전략은 그대로 유지되고 있다. 물론 최근 삼성 내부에서 개방형 혁신 기업 경영전략에 대한 목소리와 시스템 정비 노력이 나타나고 있는 것은 사실이다. 하지만 삼성의 기업 문화가 하루아침에 바뀔 수 있을까? 2009년 11월 대경오픈 이노베이션 글로벌 컨퍼런스 참석차 대구에 온 체스브로 교수는 '삼성이 유입형 개방형 혁신(Out Side In Open Innovation)에는 충분히 나서고 있다. 하지만 정작 중요한 것은 유출형 개방형 혁신(Inside Out Open Innovation) 전략이다. 현재의 삼성은 내부의 미활용 기술과 지식에 대한 적극적인 외부 활용 전략이나 노력에 소극적이다'라고 밝힌 바 있다.

마찬가지로 현재 사례 4-2에서 드러나는 삼성의 앱스토어가 유입형 개방형 혁신에 중점을 두지 않기를 간절히 바라는 바이다. 전문 개발 기업 중심, 납품 방식의 앱스토어 개발 참여는 사용자의 창조적인 다양한 아이디어를 담아 낼 수 없다. 현재 삼성이 추진하고 있는 앱스토어가 성공하는 길은 개인 개발자들, 특히 스마트폰을 사용하는 일반 사용자들의 참여를 유도하는, 세계에서 가장 쉬운 사용자 친화인 개발자 툴킷과 그들에 대한 유인 시스템을 정비하는 것이다.

아울러 삼성이 자사의 전 전자제품을 대상으로 한 앱스토어 개발 전략에 나선 것은 현재 애플이 추진하고 있는 미래 앱스토어 전략과 상당 부분 일치하는 것이다. 스마트폰 기반의 개방형 혁신 비즈니스 모델은 단지 모바일 폰 개발의 범주에 머무는 것이 아니라, 현재 인류가 누리고 있는 정보 통신 기반의 삶과 사회적 인프라를 통째로 바꿀 수 있는 것이다. 이러한 미래 지향적 시각은 앱스토어의 새로운 확장 가능성과 비전을 제시해 줄 것이다.

4-3. 개방형 혁신 비즈니스모델, 1인 창조기업의 요람

개방형 혁신 비즈니스 모델이란 기존 기업 외부의 새로운 혁신적 아이디어를 사용하여 기존의 제품이나 수익모델과 다른 새로운 제품이나 서비스를 생산하고 외부의 마케팅 네트워크나 인프라를 통해 공급하는 등 아이디어, 제품 기획, 개발, 마케팅 및 판매의 전 과정 중 일부 또는 전부가 개방된 비즈니스 모델을 의미한다.

사례 4-3. 모바일 웹 S/W개발, 1인 창조기업 시대 열다

우리나라에도 휴대폰 애플리케이션 분야에 '1인 개발자' 시대가 활짝 열렸다. 각종 애플리케이션 개발 공모전의 수상작 및 출품작 중 개인 개발자의 작품이 70%를 넘어서는 사례가 속출하고 있다. 이 애플리케이션들은 앱스토어(휴대폰 애플리케이션 장터)에서 바로 거래할 수 있어 아이디어를 바로 사업화하는 '1인 창조기업'이 잇따라 등장할 전망이다. 2009년 8월 9일 관련 업계에 따르면 최근 열린 'SK텔레콤 모바일콘텐츠 공모전'에서 우수콘텐츠로 선정된 65개 중 1인 개발자 작품이 27개로 41.5%를 차지한 것으로 나타났다. 일반인이 모여 참가한 팀이 21팀(32.3%)으로 집계됐다. 전문 개발사가 아닌 개인의 비중이 73.8%나 되는 셈이다. 공모전에서 대상을 수상한 애플리케이션(지하철 위치 알림 서비스)도 한 대학생팀의 작품이었다. SKT는 앱스토어 비공개 시범서비스를 완료하고 이달 말 정식 오픈을 목표로 준비하고 있다. 오는 16일 막을 내리는 LG텔레콤 '오즈 모바일콘텐츠공모전'도 80% 이상의 작품이 개인 개발자들이 만든 것으로 분석됐다.

이런 상황은 앞으로 모바일 애플리케이션 시장의 대변화를 예고하고 있다. 아이디어를 가진 개인이 앱스토어에서 제공하는 플랫폼을 이용해 애플리케이션을 개발하고 바로 판매하는 '1인 개발자이자 1인 기업'의 탄생이 충분히 가능해졌기 때문이다.

– 중략 –

특히 우리나라와 같이 새로운 서비스의 흡수가 빠르고 모바일 네트워크가 발달한 나라에선 앱스토어의 파급력이 그만큼 더 높을 것이란 기대다. 김범식 LG텔레콤 오픈서비스팀 차장은 "OZ 모바일 콘텐츠 공모전은 '웹'이라는 범용적인 플랫폼을 기반으로 했기 때문에 누구나 아이디어를 구체화할 수 있어 응모 열기가 뜨겁다"며 "응모자 중 80% 이상이 개인 개발자일정도로 쉽게 개발할 수 있는 장점이 있어 모바일 인터넷 확산에 기여할 수 있을 것"이라고 말했다.

자료: 『전자신문』, 2009년 8월 10일, 컴퓨터 및 인터넷면, 「무선인터넷 콘텐츠 '1인 개발자' 시대」 기사 중 일부.

체스브로(2006)는 기업의 외부 아이디어를 이용하여 새로운 제품을 만들거나 기업의 미활용 아이디어를 외부로 내보내 새로운 수익을 창출하는 개방형 혁신 기반의 수익모델을 개방형 혁신 비즈니스 모델이라고 정의하고 있다. 여기에 가장 근접한 것이 앱스토어 사용자들이 스스로 새로운 아이디어를 콘텐츠로 개발하여 앱스토어를 통해 또 다른 사용자들에게 공급하는 것이다. 특히 스마트폰 사용자들이 일상의 활동 속에서 콘텐츠의 활용 가운데 떠오르는 아이디어에서 출발해서 새로운 제품을 개발하여 스스로 동 제품의 공급자로 나서는 것은 사용자 혁신(User Innovation)의 연장선에 있는 것이다. 즉 사용자 스스로 제품의 사용 가운데 필요에 의해 새로운 추가적인 아이디어와 지식을 추가한 혁신을 자신이 가진 제품에 더하는 것이 바로 사용자 혁신이다(Hippel, 2005). 그런데 이러한 사용자 혁신이 다시 사용자 자신의 아이디어와 제품 개발을 통해 새로운 제품으로 만들어 진다면 바로 사용자 기반의 개방형 혁신

(User based Open Innovation)이라고 할 수 있다.

사례 4-3과 같이 스마트폰 콘텐츠 개발은 바로 개인 사용자들이 스스로 자신의 아이디어에서 출발해 도전할 만한 1인 창조기업의 전형이다. 왜냐하면 자신의 아이디어로 새로운 혁신 제품의 출발점을 삼을 뿐만 아니라, 만들어진 새로운 제품은 많은 스마트폰 사용자에게 이미 구축되어 있는 마케팅 네트워크를 통해 국내, 그리고 전 세계적으로 공급될 수 있기 때문이다. 개인 사용자의 창조적 아이디어가 가장 중요한 기업의 자산이 되는 현장이 바로 앱스토어 개방형 혁신 비즈니스 모델인 것이다. 자본이나 노동의 대량 투자 없이 일상 속의 개인 사용자들의 창조적인 아이디어가 바로 신제품 개발로 연결되고 전 세계로 판매되는 현장이 바로 앱스토어 콘텐츠 개발이다.

4-4. 스마트폰 글로벌 경쟁력, OS의 개방성에 달렸다

사례 4-4. 기존의 폐쇄형 혁신의 거인들, MS와 노키아

- 중략 -

노키아는 2009년 8월 12일 MS와 제휴를 맺고 내년부터 내놓을 스마트폰에 워드, 엑셀, 파워포인트 등을 이용할 수 있는 오피스 프로그램을 탑재하기로 했다. 카이 오이스타모 노키아 부사장은 "이번 제휴는 무엇보다도 블랙베리에 큰 타격이 될 것"이라고 강조했다. 노키아는 세계 스마트폰 시장의 절반가량을 장악하고 있지만 블랙베리와 아이폰 등의 공세가 거세지면서 올 2분기 점유율은 45%로 전년 동기(47.4%)보다 떨어졌다. 반면 이메일 기능과 기업 업무용 소프트웨어로 비즈니스맨 사이에서 돌풍을 일으킨 블랙베리는 올 2분기 점유율이 18.7%까지 치솟았다. 아이폰은 다양한 애플리케이션(응용 프로그램)으로 무장한 '앱스토어'를 내세워 점유율을 13.3%까지 높이는 데 성공했다. 지난해 7월 서비스를 시작한 앱스토어는 전 세계 개발자들이 만든 엔터테인먼트, 교육, 게임 등 다채로운 애플리케이션을 올려 공유하고 수익을 나눌 수 있도록 한 신개념 오픈(개방형) 마켓이다. 이번 제휴는 노키아의 모바일 OS(운영체제)인 '심비안'의 인기가 블랙베리나 아이폰 OS에 비해 갈수록 떨어지고 있다는 점도 작용한 것으로 전문가들은 분석하고 있다. 월스트리트저널(WSJ)은 "노키아가 MS와 제휴를 통해 블랙베리폰을 정조준하고 있다"고 분석했다.

MS는 지지부진한 모바일 OS 사업에서 탈피해 스마트폰용 오피스 소프트웨어와 애플리케이션 개발에 주력하려는 움직임을 보이고 있다. 2002년만 해도 윈도 모바일로 스마트폰용 OS시장에서 1위(15.4%)를 차지했던 MS는 2003년 노키아가 심비안을 내놓으면서 2위로 밀린 뒤 작년엔 RIM에 눌려 3위로 떨어졌다. 올 상반기엔 애플에까지 밀리며 4위로 전락했다. - 생략 -

자료:『한국경제신문』, 2009년 8월 13일, IT 과학면, 「불안한 거인들' 노키아, MS, 스마트폰 제휴」 기사 중 일부.

사례 4-4와 같이 세계 최대의 휴대폰 제조업체 노키아가 새로운 스마트폰 부문에서 생존의 위협을 받고 있다. 휴대폰과 컴퓨터의 기능이 결합한 스마트폰의 경쟁력은 시장지배 규모나 기기 자체에 있지 않다. 얼마나 많은 기능 들을 얼마나 쉽게 공급해 주느냐에 달려있다. 즉, 해당 스마트폰이 제공할 다양한 S/W의 양과 질이 스마트폰의 경쟁력을 결정한다.

세계 1위의 휴대폰 제조업체인 노키아마저, 스마트폰이 제공할 콘텐츠에서 이미 RIM이나 애플 아이폰에 뒤처지게 된 것이다. 그런데 그것을 극복하는 대안으로 MS의 오피스를 스마트폰에서 제공하는 것을 택한 전략은 개방형 혁신 비즈니스 모델의 궁극적인 경쟁력이 될 수 없다. 이미 아이폰 앱스토어에는 전 세계의 사용자, 혹은 개인 개발자들에 의해 다양한 스마트폰용 문서 도구들이 올라와 있다. 특정의 대규모 프로그램을 공급하는 것이 개방형 비즈니스 모델의 성공요인이 결코 아닌 것이다. 사용자들의 요구를 사용자들이 스스로 개발한 새로운 콘텐츠들로 지속적으로 보완하고 개선하는 것이 바로 스마트폰 시장 경쟁력의 가장 큰 원천인 것이다.

사례 4-5. 애플의 개방형 혁신 비즈니스 모델

- 중략 -

2009년 12월 15일 심비안 재단이 공개한 자료에 따르면 심비안을 제외하고 내년 스마트폰에 가장 많이 탑재될 운용체계(OS)는 아이폰 OS이다. 아이폰은 전세계 시장에 3,000만 대 이상 판매됐지만 내년에도 2,000만 대 이상이 판매될 것으로 예상된다. 아이폰 OS는 폐쇄형이지만 애플리케이션프로그래밍인페이스(API)를 공개 개발자들의 애플리케이션 개발을 장려하고 이를 앱스토어에 판매하는 모바일 생태계를 구성한 점이 높게 평가받았다.

반면 여러 가지 작업을 동시에 수행하는 멀티태스킹이 되지 않고, 보안성이 떨어진다는 점이 단점으로 지적됐다. 김윤수 네오엠텔 사장은 "애플이 '오브젝티브 C' 언어를 바탕으로 연구 인력과 자금 및 시간을 투자해 개발한 아이폰 OS는 배터리 소모가 많은 등 몇 가지 단점도 있지만 완성도가 매우 높은 플랫폼"이라고 평가했다.

마이크로소프트의 윈도모바일(WM)도 이미 4,000만 대 이상의 스마트폰에 탑재돼 그 완성도가 검증됐다는 평가다. 멀티태스킹 기능이 뛰어나며 터치스크린뿐 아니라 다른 입력 방식도 사용할 수 있다. 광범위하게 사용되는 MS 오피스 등의 애플리케이션을 이미 보유하고 있고 다른 플랫폼에 비해 다소 늦었지만 '윈도우즈 마켓플레이스'를 통해 애플리케이션 구입과 판매도 가능하다. 하지만 스마트폰 제조사가 MS에 지급해야 하는 라이선스 사용료가 다소 부담스럽고 터치스크린 사용자인터페이스(UI)가 다소 떨어지는 것으로 평가됐다.

이 재단은 내년 구글 주도의 안드로이드와 리눅스 모바일 진영의 리모(LiMo)가 모바일 플랫폼 시장에 일으킬 변화에 대해 '찻잔 속에 태풍'으로 평가했다. 300만 대 가량 판매된 안드로이드 탑재 스마트폰은 내년에도 윈도모바일(WM)보다 낮은 수준의 판매량을 기록할 것으로 전망했다. 아직 플랫폼의 완성도가 떨어지고 API 공개가 기대에 못 미치고 있기 때문이다. 또한 리모(LiMo)의 성공 가능성은 이보다도 훨씬 낮다고 평가했다. 온라인 장터 등의 생태계를 갖추지 못한데다 협의체들의 의사 결정이 늦어지고 있어 리모 탑재 스마트폰은 내년에도 미미한 수준에 그칠 것으로 예상됐다. - 생략 -

자료: 『전자신문』, 2009년 12월 16일, 모바일면, 「심비안 경쟁자는 여전히 아이폰」 기사 중 일부.

노키아가 MS와 제휴를 통하여 사무용 S/W 콘텐츠를 자체 스마트폰에 공급하는 전략은 무료 OS 시대의 개방형 비즈니스 모델에 역행하는 것이다. 기본적으로 스마트폰 OS를 공개하고 있는 아이폰과 안드로이드폰의 경우, 다양한 사용자 참여를 기반으로 새로운 콘텐츠와 서비스가 끊임없이 추가되고 개선될 것이다. 그 속에는 사무용 S/W도 포함된다.

개방형 비즈니스 모델은 공급자 중심의 S/W로 사용자들의 수요를 충족할 수 없다. MS와 대척점에 서 있는 많은 공개 S/W를 기반으로 하는 새로운 사용자 중심 사무용 S/W들이 참신하고 창조적인 아이디어들과 결합하여 개발되고 앱스토어를 통해 다시 사용자들의 품으로 돌아가는 방식의 개방형 비즈니스 모델 개발이 절실하다.

사례 4-6과 같이 향후 스마트폰의 글로벌 경쟁에서 결국 애플과 구글이 우위에 설 것으로 예측된다. 가장 큰 이유는 바로 OS의 개방성과 사용자의 앱스토어 참여 수월성 등이 될 것이다. OS를 공개하여 일반 사용자들이 해당 스마트폰에 보다 손쉽게 S/W를 공급하느냐의 여부가 스마트폰의 글로벌 경쟁력을 좌우할 것이다. 현재 애플은 툴킷을 공개하여 세계 최초의 사용자 참여형 앱스토어를 만드는데 성공하였다. 구글은 스마트폰용 OS 자체를 전 세계로 공개하여 세계 스마트폰 제작 기업들은 누구나 무료로 동 OS를 장착한 스마트폰 제작이 가능해 졌다. 개방형에 기반을 둔 두 개의 스마트폰 경쟁기업에서 우리 기업들의 경쟁전략을 어떻게 설정할지 가늠해 볼 필요가 있다.

사례 4-6. 스마트폰 글로벌 경쟁의 미래

KT가 최근 서울 삼성동 그랜드인터컨티넨탈호텔에서 가진 IT(정보기술) 업계 간 담회에서 허진호 인터넷기업협회장은 "스마트폰 OS 시장은 아이폰 OS와 안드로이드의 강세 속에 리서치인모션(RIM)의 블랙베리 OS가 당분간 약진할 것"이라며 "마이크로소프트(MS)의 '윈도 모바일'은 뒤처질 것으로 예상한다"고 말했다. 이날 간담회엔 이원진 구글코리아 대표도 참석, 안드로이드 OS에 대한 전략도 밝혔다. 이 대표는 "구글은 궁극적으로 모바일 인터넷을 클라우드(cloud) 환경에서 구현하기 위해 안드로이드를 육성하고 있다"고 강조했다. 클라우드란 자신의 PC나 휴대폰에 데이터를 저장하지 않고 인터넷을 이용해 저장장치(스토리지), 소프트웨어 등을 빌려 쓰는 서비스를 말한다. IT 자원을 유연하게 관리할 수 있는 장점이 있다. 강태진 KT 서비스육성실장(전무)은 "서울시와 함께 KT가 새로운 '스마트폰 프로젝트'를 준비하고 있다"며 "KT는 자체 보유한 와이파이(무선랜)망 등을 활용해 다양한 모바일 서비스를 계획하고 있다"고 밝혔다. - 생략 -

자료:『한국경제신문』, 2009년 12월 29일, IT 트렌드면, 「스마트폰 OS시장, 아이폰-안드로이드 2강 체제 될 것」 기사 중 일부.

4-5. 개인 사용자 참여 개방형 혁신 비즈니스 모델의 성공 조건

사례 4-7. 사용자 참여형 온라인 혁신 장터, 앱스토어

국내에서도 미국의 애플 앱스토어 같은 응용 소프트웨어 다운로드시장이 활성화 단계에 접어들고 있다. 지난 2009년 5월 NHN이 게임 오픈마켓 '아이두게임'을 연데 이어 SK커뮤니케이션즈(SK컴즈)도 7월 말 개발자들을 위한 온라인 개발센터를 열었기 때문이다. 앱스토어는 외부 개발자들이 기업에서 공개한 플랫폼과 서비스 인프라를 기반으로 게임 등 다양한 서비스를 개발해 공개하고 일반인이 선택해 이용하도록 열어놓은 온라인상의 장터다. 서비스 인기에 따라 수익을 얻을 수 있기 때문에 개발자들에게는 새로운 수익원이 될 것으로 기대를 모으고 있다.

SK컴즈의 앱스토어가 일반에 공개되는 것은 2009년 9월 말이지만 이미 지난 7월 개발자들을 위한 애플리케이션 개발 센터 '데브스퀘어'(Devsquare.nate.com)가 온라인상에 문을 열었다. 현재 이곳에는 500여명의 개인과 단체가 등록해 응용프로그램을 개발 중이다. SK컴즈 앱스토어는 '소셜 앱스'라는 점을 강조하고 있다. 국내 최대 소셜 네트워크인 싸이월드와 함께 하기 때문에 앱스 제공자는 앱스를 보다 효과적으로 마케팅할 수 있다. 해외의 경우를 보면 타이트한 인맥 네트워크가 콘텐츠 산업에 미치는 막대한 영향력을 알 수 있다. 해외 소셜네트워크서비스인 페이스북(facebook)의 경우 경쟁력 있는 애플리케이션은 100만 건 이상 다운로드되는 것이 기본이며 개발자는 자신의 애플리케이션이 다운로드되는 비율에 따라 광고 수익을 얻는다. 많이 설치될수록 개발자에게 돌아가는 수익이 증가하는 모델이다. 페이스북의 경우 올해 관련 매출액이 약 4억~5억 달러 수준인 것으로 알려졌다.

앱스토어를 통해 1인 기업에 도전하고 싶은 개발자들은 우선 앱스 제작을 위한 사이트에 개발자로 등록해야 한다. NHN의 경우 아이두게임(idogame.hangame.com), SK컴즈는 데브스퀘어로 접속해 들어가면 된다. 참가 자격은 따로 없다.

– 중략 –

개발을 위한 기본 지식 등 가이드와 프로그램은 각 사이트에서 제공한다. SK컴즈는 구글의 '오픈소셜'을 기본으로 채택했으며 NHN은 온라인게임 통합개발환경인 '게임오븐'을 제공한다. 우수 개발자들을 유치하기 위해 NHN은 게임 심의료를 대신 지불해주며 SK컴즈 역시 플랫폼 사용료 없이 무료로 앱스 제공 기회를 제공하고 있다. 수익은 대개 개발자가 70%를 갖는 방식이다. – 중략 –

SK컴즈는 앱스 판매가 아닌 광고와 디지털 아이템 판매를 통한 수익을 제공할 계획이다. 앱스 개발자가 앱스 내부에 광고를 운영하면 광고 수익은 전부 앱스 제공자의 몫이다. 앱스와 관련된 디지털 아이템을 개발하면 도토리 결제 시스템을 통해 판매할 수도 있다. 도토리 결제대행료 등 이용 수수료를 제외하고 판매 매출의 70%가 앱스 제공자에게 돌아간다.

자료: 『한국경제신문』, 2009년 8월 25일, IT면, 「앱스토어로 돈 벌어볼까?」 기사 중 일부.

사례 4-7과 같이 국내의 게임이나 소셜 네트워크 기업이 앱스토어를 오픈했다. SK 컴즈의 데브스퀘어와 NHN의 아이두게임이 그것이다. 이들 업체들은 컴퓨터 인터넷 기반의 사용자 참여형 앱스토어 장터를 개장한 것이다. 각종 게임을 즐기는 일반사용자나 잠재적인 게임 개발자들이 각 기업들이 제공하는 툴킷으로 게임을 만들어서 해당 기업의 앱스토어에 올려서 다른 사용자들이 그 게임을 이용하게 하는 것이다. 이러한 사용자 참여의 원동력은 현재 광고, 상금 등의 우회적인 방법이 직접적인 방법보다 앞서가고 있는 것으로 나타나고 있다.

모바일 기반의 앱스토어를 세계 최초로 만든 것이 애플 앱스토어다. 모바일 인터넷의 활성화로 향후, 모바일 인터넷 기반의 앱스토어가 그렇지 않은 경우보다 훨씬 폭발적으로 증가할 것으로 기대된다. 웹과 모바일기기의 발달은 필연적으로 두 분야의 결합으로 나타날 수밖에 없다(김중태, 2009. p. 71). 기존의 컴퓨터 기반의 앱스토어가 현재 급격한 성장세를 타고 있는 모바일웹 앱스토어의 과도기적인 모습으로 이해할 수 있다. 전체적인 시각에서 사용자의 창조성과 자발적 참여에 기반을 둔 앱스토어의 성공요인을 분석해 봄으로써 현재 폭발적으로 늘어나고 있는 각종 개별 혹은 통합 앱스토어의 성공가능성을 분석하고 미래의 경영전략을 제시할 수 있을 것이다.

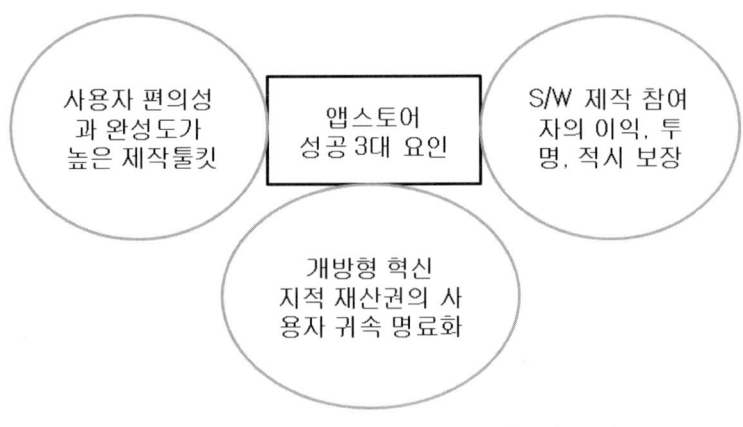

그림 22. 사용자 기반 개방형 혁신 앱스토어의 성공요인

그림 22와 같이 첫째, 앱스토어의 사용자 참여형 개방형 혁신 비즈니스 모델이라는 특성을 주목할 필요가 있다. 앱스토어를 현재 혹은 잠재적으로 많이 사용하는 사용자들이 자신의 사용 경험과 노하우를 토대로 새로운 창조적인 아이디어를 창출하고 그것에 기반을 두고 새로운 응용S/W를 만들어 앱스토어게 공급하는 것이 바로 앱스토어의 가장 기본적인 비즈니스 모델이다. 따라서 사용자들이 보다 쉽게 적극적으로 앱스토어를 만들 수 있는 사용자 편의성이 높은 프로그램 제작 툴킷의 제공이 필수적이다. 둘째, 사용자가 개인 S/W 제작자로 참여할 경우, 그들의 이익이 명확하게 정의되고 투명하게 관리되며, 정확하고 즉시에 이익이 제공되어야 한다. 애플 앱스토어의 가장 중요한 성공 요인, 즉 1년 만에 10만여 개의 콘텐츠 제공이 가능하고 그 증가속도가 가속되는 가장 큰 이유 중 하나는 사용자 기반 개방형 혁신 주체들에게 정확한 이익을 보장한 때문이다. 이익의 회수기간을 1개월 단위로 하여 발생하는 이익을 정확하게 70% 비율로 별도의 절차 없이 매달 개인 혁신자들의 계좌로 입금함으로써 이익이 구현된 것이다. 셋째, 사용자 참여형 개방형 혁신 과정에서 발생하는 지적 재산권의 귀속을 분명하게 하는 것이다. 애플의 경우, 각 S/W와 관련해서 발생하는 모든 권리와 의무는 기본적으로 개인 혁신자에게 귀속시키는 점을 분명하게 하고 있다. 이와 같이 개방형 혁신 과정에서 발생하는 모든 지적 재산권을 개인 혁신자에게 분명하게 귀속시킨 결과, 창조적인 개인이 앱스토어를 기반으로 보다 다양한 창조적인 사업과 혁신 제품 생산이 가능하게 되었다. 아울러 각 개인은 앱스토어 개발과 공급과정에서 자신의 지적 재산권 보호뿐만 아니라 타인의 지적 재산권 침해로 인해 발생할 수 있는 다양한 요소들을 스스로 주체적으로 고려할 수 있게 된 것이다.

4-6. 게임 산업 개방형 혁신 비즈니스 모델.

게임 전용 앱스토어를 만들겠다는 NHN의 사례는 향후 개방형 혁신 비즈니스 모델의 적용 영역의 확장 가능성을 제시하고 있다. 일단 비즈니스 모델이 PC 기반이란 점이 인터넷 모바일 기반의 애플 앱스토어상의 게임 비즈니스 모델과 차별화 된다. 하지만 서비스를 제공하는 기반이 다른 점을 제외하고는 애플 앱스토어를 통해 사용자들이 제작해 제공하는 게임 S/W와 다를 바는 없다.

사례 4-8. NHN의 개방형 혁신 비즈니스 계획

"게임포털 한게임을 글로벌 게임시장에서 애플의 앱스토어로 만들겠다." 김정호 NHN 한게임 대표는 2일(현지시간) 독일 라이프치히 컨벤션센터에서 폐막한 '게임즈 컨벤션 온라인(GCO) 2009' 전시회에서 한게임의 글로벌 전략을 이같이 소개했다. 이번 전시회를 통해 한게임 글로벌 전략의 가능성을 확인했다는 자신감도 보였다. 김 대표는 "지난달 31일 개막하자마자 아이두게임을 문의하는 해외 게임업체들이 줄을 이었다"며 "게임 프로그램을 PC에 다운로드 받아 서비스하고 있는 미국과 유럽 지역의 3,000여개 게임업체들이 아이두게임을 통해 온라인 서비스를 할 수 있도록 유도할 계획"이라고 말했다. 아이두게임은 NHN이 온라인게임 개발을 위한 도구와 기술을 공개, 누구나 게임을 만들고 한게임을 통해 서비스할 수 있게 한 개방형 온라인 장터다. 아이팟이나 아이폰용 소프트웨어를 파는 앱스토어와 비슷한 개념이다.

NHN USA가 운영하는 게임포털 이지닷컴을 통한 유럽 시장 공략도 본격화할 계획이다. 김 대표는 "올해 독일어와 스페인어 서비스를 시작한 데 이어 이탈리아어

포르투갈어 등 다양한 유럽 지역 언어 서비스를 준비 중"이라며 "유럽지역 매출액이 올해 500만 달러, 내년에는 1,000만 달러를 넘을 것"이라고 내다봤다. 그는 "이지 닷컴 회원 900만 명 중 유럽 지역 가입자가 200만 명인데 유럽 언어 서비스를 확대하면 가입자가 더 빠르게 늘어날 것"이라며 "유럽 현지법인 설립을 검토하고 있을 정도로 시장 전망이 밝다"고 덧붙였다.

자료: 『한국경제신문』, 2009년 8월 2일, IT 및 과학면, 「김정호 NHN 대표 한게임 애플 앱스토어처럼 만들겠다」 기사.

동 사례는 개방형 혁신 비즈니스 모델을 게임 분야에 적용함에 있어서 모바일 웹상의 제한된 분야의 게임뿐만 아니라 일반 PC기반의 인터넷 게임에 있어서도 게임 사용자들에 의한 게임 프로그램의 제작과 공급의 사용자 기반 혁신의 가능성을 비즈니스 모델로 적용했다는 점에서 주목하지 않을 수 없다. 게임의 사용자 중 기존 게임의 수동적 소비자 수준을 넘어서 새로운 게임에 대한 능동적 소비를 주도하는 선도 사용자(Lead User)가 사용자 기반 개방형 혁신 게임 제작자의 지위에 가장 가까이 접근한다. 이들 중 일부가 자신의 혁신적 아이디어를 기존의 게임제작자에게 공짜로 제공(Free Revealing) 하거나, 혁신 공동체(Innovation Community)를 만들어 게임 업체의 신제품 제작을 유인하는 수준을 넘어서 스스로 새로운 혁신적 게임의 제작자로 적극 나서는 상황을 표방하는 것이 사용자 기반 개방형 혁신 비즈니스 모델의 NHM 아이두게임 제작방식인 것이다.

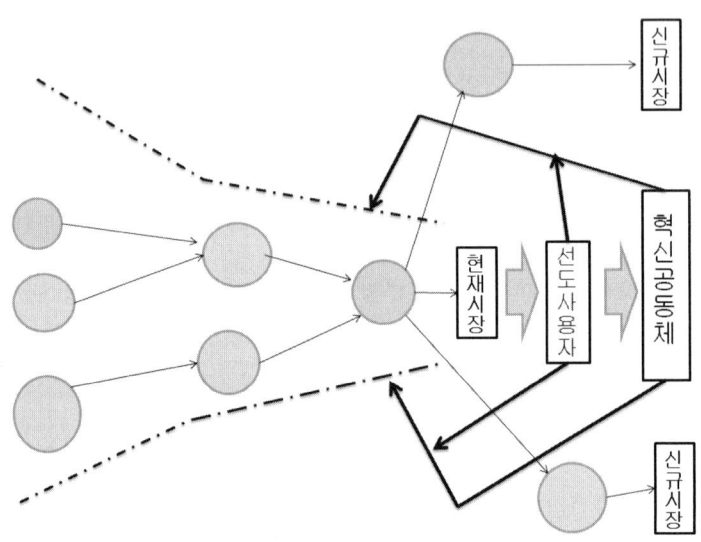

그림 23. 게임 산업 개방형 혁신 비즈니스 모델 개념도

그림 23과 같이 게임 산업의 선도사용자 개인, 혹은 그들과 일부 게임제작자들이 참여하는 게임관련 혁신 공동체가 혁신적 아이디어를 가지고 새로운 혁신적 게임을 만드는 비즈니스 모델이 바로 게임 산업의 사용자 기반 개방형 혁신 비즈니스 모델이다. 이와 같은 사용자 기반 개방형 비즈니스 모델은 세련된 소비자, 혁신적 아이디어를 가진 사용자(User)들이 스스로 사용하는 제품을 혁신하는 수준을 넘어서서 새로운 제품혁신으로 나아가는 신개념의 기업가 정신, 즉 사용자 기반 기업가 정신을 가질 때 성공 가능성이 높다(윤진효, 2010b).

4-7. 스마트폰 비즈니스 모델 성공, 정부 규제의 철폐에 달렸다

사례 4-9의 기사는 우리나라의 스마트폰 시장 창출과정의 정부의 규제 철폐 사례를 다루고 있다. 그런데 주목할 것은 국내 기업에 의해 시장이 창출되는 것이 아니라 애플이라는 해외 기업에 의해 국내 스마트폰 시장이 창출되는 과정에서 규제를 폐지한 사례라는 점이다.

모바일 웹 기반의 새로운 비즈니스 모델이 스마트폰 기반으로 다양하게 등장하는 상황에서 정보통신 사업자가 위치기반 서비스를 제공하기 위해서 정보통신 사업자 규제 외에 위치기반 규제의 통제를 받아야 하는 지 여부가 스마트폰 서비스 개시의 핵심 사항이 된 것이다.

사례 4-9. 개방형 혁신에 대한 정부 정책

방송통신위원회가 애플이 위치정보 사업자로 허가받지 않아도 아이폰 시판을 할 수 있도록 방침을 정한 것으로 알려졌다. 그동안 위치기반 서비스(LBS) 문제로 발목이 묶였던 아이폰이 이르면 2009년 10월 출시될 것으로 예상되면서 업계와 이용자들이 들썩이고 있다. 21일 관련 기관과 업계에 따르면 방통위는 그동안 아이폰의 기지국 정보 및 와이파이 접속 정보 수집 기능을 두고 '위치정보의 보호 및 이용 등에 관한 법률(LBS법)'에 따라 아이폰이 위치정보사업자로 허가를 받아야 하는지를 검토하다가 탄력적으로 법을 적용하기로 결론 냈다. 애플이 위치정보 사업자로 허가받지 않아도 아이폰이 국내에 출시될 수 있게 된 것이다. 현행 LBS법에서는 개인정보와 위치정보를 취급하는 사업자는 방통위로부터 반드시 허가를 받아야 한다. 개인의 프라이버시 침해 소지가 있는 위치정보를 철저하게 관리해야 한다는 법 규정에 따른 것이다. 하지만 방통위에서는 위치정보가 개인정보와 관련된 사안인 만큼 위치

정보 및 개인정보 이슈를 LBS법이 아닌 '정보통신망 이용 촉진 및 정보보호 등에 관한 법률'을 준용하겠다는 방침이다. 즉 아이폰 제조사인 애플에게 관련 허가 의무를 부과하지 않는 대신 애플과 계약해 아이폰을 판매하는 통신사가 위치정보에 관한 고객 동의를 받은 뒤 서비스하도록 한다는 것이다.

이와 같은 결정은 그동안 무선인터넷 활성화 기치를 내걸었던 방통위의 정책과 일맥상통하는 것이다. 아이폰은 3G 네트워크, 와이파이 등 강력한 무선인터넷 기능과 접근이 용이한 사용자인터페이스(UI) 등으로 침체돼 있는 무선인터넷 시장을 '붐업'시킬 도구로 여겨져 왔다. – 생략 –

자료:『전자신문』, 2009년 9월 22일, 방송 및 통신면, 「방통위, 아이폰 출시 사실상 허용」 기사 중 일부.

이미 해외에서 스마트폰이 활성화되고 모바일 웹 기반의 각종 새로운 서비스 제품들이 출시되는 상황에서 기존의 법제의 틀 내에서 스마트폰 도입을 위한 최소한의 규제를 개혁한 것이 바로 스마트폰과 각 스마트폰 서비스 공급자에게 별도의 허가절차 없이 위치 기반 서비스를 제공하게 한 점이다. 예를 들어 모빌리지(Mobilizy)사에서 제공하는 Wikitude AR(Augmented Reality, 증강현실)은 위치 서비스를 기반으로 스마트폰이 갖는 여러 추가적인 서비스를 결합하여 사용자에게 단순한 위치기반 서비스의 수준을 넘어서는 매우 혁신적인 서비스를 제공하고 있다. 한국에서 무선인터넷과 스마트폰 산업의 후진성은 기술적 발전뿐만 아니라 다양한 제도적 요소에 있어서도 상당한 개선 여지를 남기고 있다. 특히 사용자의 다양한 요구와 기대에 기초하는 사용자 기반 개방형 혁신 비즈니스 모델이 스마트폰 중심으로 활성화될 것으로 기대되는 상황에서 정부의 규제의 개방형 혁신이 무엇보다도 중요한 주제로 대두되고 있다.

4-8. 스마트폰 앱스토어, 2차 IT 혁명의 신호탄

인터넷 강국 한국은 온데간데없고 요즈음은 무선인터넷 강국 미국을 중심으로 세계적인 개방형 혁신 비즈니스 모델이 쏟아지고 있다. 무선인터넷 서비스의 보편화, 위치기반 서비스의 다양한 사용자 중심 개발, 그리고 국민들의 스마트폰 수요의 선도적 확대 등이 바로 미국을 중심으로 나타나고 있는 제2의 IT혁명이다. 1차 IT혁명이 주로 IT, 혹은 컴퓨터 자체의 혁명이었다면, 2차 혁명은 IT를 기반으로 하여 발생하는 1차, 2차 및 3차 산업의 혁명을 말한다. 그런데 IT 직접 기반의 1차 IT 혁명의 당사국이었던 우리나라는 무선인터넷 기반 활성화 지체, 스마트폰 서비스의 기술적 제도적 여건 확충 미흡, 그리고 위치기반 모바일 서비스 S/W 산업 여건의 미성숙으로 현재까지 2차 IT 혁명의 주체로 나서지 못하고 있는 것이다.

사례 4-10. 스마트폰 개방형 혁신 비즈니스, 제2의 IT 혁명 만개

– 중략 –

삼성과 LG의 가세로 한층 더 경쟁이 치열해진 시장은 단말, 플랫폼, 서비스에서 변화를 겪고 있다. 우선 단말은 아이폰 이후 대형 터치스크린과 사용자 친화적인 유저 인터페이스(UI)를 추구 하는 것이 대세다. 여기에 모바일 인터넷 서비스를 위한 와이파이(Wi-Fi)와 위치정보시스템(LBS)를 실현하기 위한 GPS 탑재도 주요 동향 중 하나다. – 중략 –

2008년 7월 문을 연 애플의 앱스토어는 6만5000개의 응용 프로그램(애플리케이션)을 등록, 15억 회 이상의 다운로드를 기록하고 있다. 애브몰은 올 앱스토어의 매출이 240억 달러(약 3조 원)에 이를 것으로 내다보고 있다. 지난 2009년 8월 한

달간 앱스토어의 매출만도 1억9800만 달러(약 2,500억 원)에 이를 것으로 추정된다. 애플 앱스토어의 의미는 단순히 이 수치로만 설명되지 않는다. 앱스토어는 사람들이 휴대폰 혹은 휴대형 기기를 이용하는 방식을 바꿨다. 또 소규모 개발자들에게는 새 사업의 기회를 열어줬다. 이용자들은 앱스토어에서 자신이 원하는 애플리케이션을 다운로드해 사용하는 일에 익숙해졌다. 애드몹에 따르면 아이폰 이용자는 한달 평균 10.2개, 아이팟터치 이용자는 18.4개, 안드로이드폰을 쓰는 사람은 평균 9.1개의 애플리케이션을 다운로드한다. 또 인스탯은 오는 2014년이면 앱스토어 사용자 수가 현재의 4배 수준인 1억 명에 이를 것이라고 전망했다. 이는 앱스토어에서 광고 모델을 만들 충분한 여건이 조성되는 것으로 해석된다. – 중략 –

앱스토어의 가장 큰 매력인 플랫폼의 개방성과 제공되는 소프트웨어개발기트(SDK)의 우수성에 대해 반신반의하기 때문이다. 모바일의 경우 여전히 이용자에게 불편한 사용 환경과 높은 요금 문제도 풀어야 할 과제도 있다. 어제 첫 발을 내디딘 국산 앱스토어들이 현재 지적되는 문제점을 극복하고 상생의 생태계를 만들어 갈지가 지켜볼 만한 변화다.

자료:『전자신문』, 2009년 9월 24일, IT 및 과학면, 「손안의 디지털 혁명 그 가능성에 눈뜨다」 기사 중 일부.

사례 4-10과 같이 플랫폼의 개방성과 소프트웨어개발키트의 우수성 측면을 충족하는 애플 및 구글 등의 앱스토어가 전 세계의 2차 IT 산업 기반을 선도하고 있는 상황에서도 국내 앱스토어는 아직 맹아조차 자리 잡지 못하고 있다.

스마트폰 앱스토어는 IT를 기반으로 하는 각종 1, 2, 3차 산업의 혁신 변화를 주도하는 플랫폼 콘텐츠의 거점이 될 것이다. IT 혁명이 전 산업의 혁신으로 투영되는 툴이 스마트폰이 될 것이며, 그것을 구체적으로 담는 내용이 앱 스토어의 수많은 사용자 생산 S/W가 될 것이다. 2차 IT 혁명은 사용자 중심의 다양한 창조적 아이디어들이 산업의 생산성을 결정하는 구조를 가진다. 따라서 국내 무선인터넷, 위치정보 서비스 그리고 사용자 혁신의 활성화 여건 등의 마련이 앞으로 2차 IT 혁명의 시대에서의 한국의 산업 경쟁력을 좌우하게 될 것으로 판단된다.

4-9. 전자책, 개방형 혁신 비즈니스 모델로 진화하고 있다

킨들이 최근 2년 동안 전자책 시장을 형성하는데 성공함에 따라, 여러 기업들이 전자책 시장에 진출하고자 했다. 사례4-11은 새롭게 전자책 시작에 진입하는 아이렉스의 사례를 소개하고 있다. 그런데 전자책 시장에서의 성공요인으로 대두되고 있는 것이 바로 개방형 비즈니스 모델이다. 보다 다양한 주체로부터 전자책 콘텐츠를 받아서 소비자들에게 제공하고 그 이익을 해당 콘텐츠 제공자에게 돌려주는 방식의 개방형 비즈니스 모델의 설계와 운영이 바로 전자책 시장의 핵심적 요소인 것이다.

사례 4-11. 전자책의 개방형 혁신 비즈니스 모델
전자책(e북) 시장을 주도하고 있는 아마존의 킨들에 새 대항마가 등장했다. 이번엔 단말기와 콘텐츠, 온·오프라인 유통망까지 갖춘 연합군이다. 네덜란드 필립스에서 분사한 벤처기업 아이렉스는 23일(현지시각) 뉴욕에서 e북 단말기 '아이렉스(Irex) DR800SG' 제품 발표회를 갖고 10월부터 베스트바이·반즈앤노블과 손잡고 북미시장에서 시판한다고 밝혔다. 이 회사가 내놓은 제품은 8.1인치 크기의 터치 스크린과 3G 네트워크와 접속할 수 있는 퀄컴 통신모듈, e북 1500권을 담을 수 있는 2Gb급 SD카드를 장착하고 있다. 최신 e북은 반즈앤노블이 오픈한 디지털 북 스토어를 연결해 다운로드 받을 수 있으며, 월스트리트저널·뉴욕타임스 등 온라인 신문도 구독할 수 있다. - 중략 -

핫키를 누르면 버라이즌의 3G 모바일 북스토어로 연결, 한 편당 9.99달러에 다운로드가 가능하기 때문이다. 추가적인 데이터 통화료는 없다. 다양한 e북 포맷을 지원하는 것도 큰 장점이다.

아마존은 10.1인치 킨들 dx에 한해 PDF 포맷을 지원하지만 독자적인 e북 포맷을 채택, 자사의 콘텐츠 스토어에서 구입한 책만 볼 수 있다. 아이렉스는 PDF를 포함, 표준 포맷인 이퍼브(EPUB), 텍스트(text), 픽션와이즈(Fictionwise) 등 현존하는 대부분의 e북 포맷을 지원한다. 케빈 해밀턴 아이렉스 북미법인 CEO는 "e북 사용자들은 다양한 소스를 통해 책을 구입하기 원한다"며 "우리는 사용자들이 어떤 콘텐츠 사이트를 통해 책을 구입하든 이를 읽을 수 있게 하겠다"며 개방 노선을 분명히 했다. - 중략 -

"리눅스 기반의 개방형 플랫폼을 채택해 다양한 기기와 연결하고 고객들이 어디서나 손쉽게 구매하고 이용할 수 있도록 온·오프라인 협력 체계를 확대하겠다"고 말했다.

자료: 『전자신문』, 2009년 9월 25일, IT 및 과학면, 「킨들 대항마 아이렉스 출시」 기사 중 일부.

전자책 시장의 첫 번째 성공사례인 킨들을 살펴보면, 전자책 시장의 형성과 진화과정을 이해할 수 있다. 킨들은 개방형 비즈니스 모델 플랫폼을 만드는데 최초로 성공한 전자책이라는 점에서 의의가 있다. 온라인 서점 아마존이 다양한 책 저자들로부터 전자책 콘텐츠를 확보하고, 기존의 책 소비자들을 중심으로 종이책을 대체하는 전자책 단말기 킨들을 판매하여 콘텐츠를 제공하는 방식을 취하였다. 아마존 킨들의 성공은 무엇보다도 충분한 양과 질의 전자책 콘텐츠를 확보하고 있었던 점과 아울러, 기존의 종이책 판매 온라인 네트워크를 그대로 전자책 판매 네트워크로 활용할 수 있었던 점에서 찾을 수 있다.

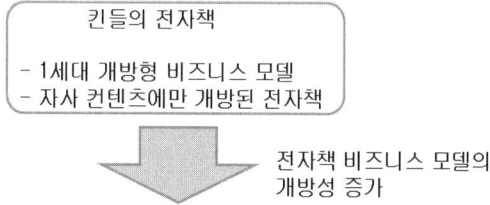

그림 24. 전자책 개방형 비즈니스 모델의 진화 방향

그런데 그림 24와 같이 킨들은 콘텐츠를 개방한 최초의 개방형 비즈니스 모델이긴 하지만, 그 대상을 자사가 운영하는 전자책에 제한하고 있는 점에서 한계가 있다. 그러나 아이렉스나 2010년 4월 출시를 앞두고 있는 애플의 전자책 I Pad의 경우, 킨들보다 개방형 비즈니스 모델이 한층 강화된 점을 주목하지 않을 수 없다. 아이렉스의 경우, 콘텐츠 공급을 계약 기업인 반스앤노블스에 제한하지 않고 다른 전자책 콘텐츠 공급업체로 확대하는 개방성을 전제로 하고 있다. 아울러 아이렉스 OS를 리눅스 기반으로 설계함으로써 사용자의 요구와 기대에 따라 OS 자체를 수정할 수 있는 개방성을 갖추고 있다. 반면, 애플 전자책은 아직 분명하게 특징이 드러나진 않았지만, 콘텐츠 공급 주체를 자사나 타사 기업이 아닌, 콘텐츠 사용자들에게 개방한 점이 개방 방향의 독특함을 반영하고 있다. 특정 기업이 아니라, 누구나 스스로 애플에 자신의 전자책 콘텐츠를 제공할 수 있다. 즉 소비자 혹은 사용자 개인의 자발성, 창조성, 능동성에 기초한 전자책 콘텐츠 확충 방식을 취하고 있는 점이 독특하다. 하지만 전자책 콘텐츠 자체를 타사에 개방하고 있지는 않다. 환언하면 전자책 콘텐츠의 질적 개방성을 제고하여 사용자 혹은 소비자에 대한 개방성은 제고하되 양적 개방성은 제한함으로써 자사에 대한 사용자들의 집중도와 충성도를 제고하는 전략을 구사하고 있는 것이다. 아무튼 전자책 시장이 개방형 비즈니스 모델로 진화하고 있음을 부인할 수 없다.

4-10. 개방형 혁신 비즈니스 모델의 사용자 의미

애플 앱스토어의 성공요인을 살펴보면, 국내외 여러 기업들이 추진하고 있는 앱스토어 신규 개설의 방향을 제시해 볼 수 있을 것이다. 사례 4-12에 따르면, SK 텔레콤은 T스토어 개발자들에게 상당한 등록비를 요구하고, 아울러 검증 과정에서 추가적인 수수료를 요구함으로써 개발자들로부터 강력한 저항에 부딪히고 있다.

사례 4-12. 국내 앱스토어 개방형 비즈니스 모델 설계 한계

지난달 2009년 10월 9일 정식 개통한 SK텔레콤의 앱스토어 'T스토어'에 대한 개발자(사)들의 불만이 커지고 있다. 13일 관련 업계와 모바일 개발자 커뮤니티 등에 따르면 T스토어는 개발자들에게 부과하는 등록비와 관련 수수료가 애플 앱스토어 등 다른 모바일 애플리케이션 장터에 비해 상대적으로 높은 것으로 알려졌다. 가장 많은 불만이 제기되는 부분은 애플리케이션 등록 건수 제한 조항이다. 현재 법인 개발사가 T스토어에서 애플리케이션을 판매하기 위해서는 개발자 센터에 회원 가입 후 연간 등록비 10만~30만원을 내면 일정한 검증절차를 거쳐 2~10건을 사이트에 올릴 수 있다. 등록비 별로 정해진 건수를 넘으면 건당 6만원을 추가로 부담해야 한다.

하지만 애플 '앱스토어'는 1년 99달러를 내면 등록되는 애플리케이션 수에 제한을 두지 않고 있다. 이 밖에 구글 '안드로이드마켓', 리서치인모션(RIM) '앱 월드', 마이크로소프트 '윈도마켓플레이스 포 모바일(연내 개통예정)' 등도 연 99달러에 5건을 판매할 수 있도록 하고 있어 T스토어에 비해 상대적으로 저렴하다. 물론 개인 개발인 경우 T스토어도 10만원만 내면 1년간 올리는 애플리케이션의 수에 제한은 없다. - 중략 -

새로운 애플리케이션 등록을 위한 검증과정에서 3회 연속 검증에 실패할 경우 신규로 상품 등록 수수료를 물어야 하는 조항 때문이다. 대개 테스트 과정에서 발생하는 문제와 버그 수정 등의 작업이 필수임에도 이 횟수에 3회라는 매우 엄격한 제한을 둔 것은 적잖은 부담이 된다는 게 개발자들의 지적이다. 또한 T스토어에서 발생하는 판매수익은 개발자와 SKT가 각각 7대 3의 비율로 배분하게 되는데 수익정산시 금융이체 수수료를 개발자가 부담하도록 한 것이 논란이 됐으나 SKT 측은 급속한 환율변동에 따른 오류를 대비한 것으로 국내 개발자에게는 해당되지 않는다고

해명했다. - 중략 -

한 모바일 애플리케이션 개발자는 "개발자는 앱스토어의 성공을 위한 에코 시스템에서 매우 중요한 원동력이자 고객"이라며 "앱스토어 운영사들이 애플리케이션을 대신 팔아주고 수익의 70%를 개발자에 지급하는 것이 아니라 30%의 수익이 개발자로부터 나온다는 시각의 전환이 필요하다"고 말했다.

자료: 『전자신문』, 2009년 10월 14일, IT 및 과학면, 「SKT T스토어에 개발자 불만 고조」기사 중 일부.

이러한 SK텔레콤 T스토어의 문제는 기본적으로 앱스토어의 비즈니스 모델에 대한 인식부족에서 기인한 것으로 추정할 수 있다. 스티브 잡스가 세계 최초로 개발한 앱스토어의 비즈니스 모델의 특징은 개방형 비즈니스 특히 사용자 개방형 비즈니스에 있다. 스마트폰 사용자가 스스로 자신의 사용과정에서 착안한 아이디어에서 출발해서 새로운 콘텐츠를 착안하고 툴킷을 이용하여 제작하여 앱스토어를 통해서 판매하는 방식이 그것이다.

애플 앱스토어는 기본적으로 사용자들이 생산자가 되어 능동적으로 참여하고 만들어내는 제품의 다양성 및 창조성, 사용자 참여 개념에 기초한 자발적이고 세련된 사용자의 증가, 사용자 참여 혁신 과정에서 사용자들이 공개하는 무료 콘텐츠(Free Revealing), 그리고 사용자와 개발자의 실질적, 혹은 관념적 순환 네트워크 구조 등에서 성장의 동력을 얻고 있다. 환언하면 앱스토어의 성공요인은 사용자들의 창조적이고 능동적인 혁신 콘텐츠 제작 및 추구행위에 있는 것이다. 따라서 일반 S/W 제작자의 등록 및 제품 승인 과정에서 플랫폼 공급업체가 비용 이상의 수익을 얻는 것은 사용자들이 자발적인 개인 혹은 기업 제작자로 참여하고자 하는 의지와 자발성을 훼손시키는 치명적인

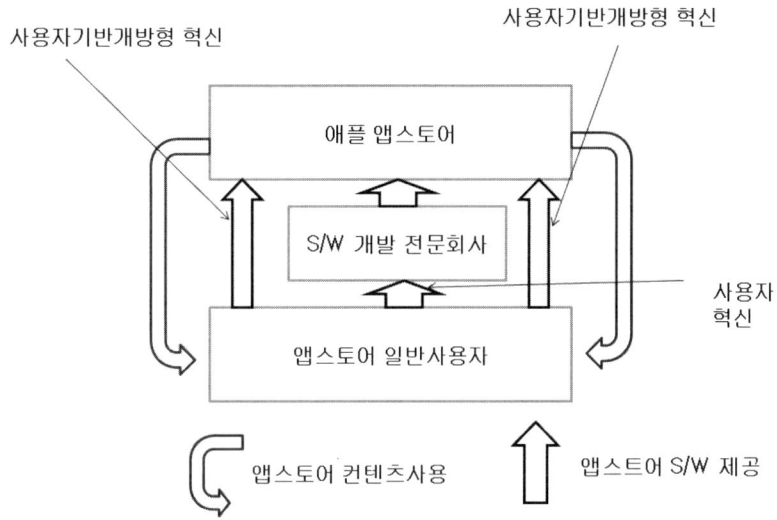

그림 25. 애플 앱스토어의 사용자기반 개방형 혁신 순환구조

결과를 초래하게 된다.

그림 25와 같이 애플 앱스토어는 사용자들이 콘텐츠의 사용자이면서 그들의 자발성에 의해 사용자 혁신, 혹은 사용자 기반 개방형 혁신의 주체로서의 역할을 동시에 가진다. 특히 후자와 관련한 사용자 역할이 앱스토어의 핵심이기 때문이다. 따라서 앱스토어 사용자의 혁신을 촉진하고 앱스토어의 수익모델은 사용자의 컨텐츠 사용에서 창출하는 비즈니스 모델 형성이 중요한 것이다.

4-11. 1인 창조기업, 앱스토어 앙트푸러너십을 개발하자

애플 앱스토어의 세계적 성공으로 새로운 개념의 1인 창조기업이 주목받고 있다. 개인이 가진 창조적 아이디어 자체가 단일의 기업이 되는 것이 바로 개방형 혁신 비즈니스 모델이기 때문이다. IT를 타분야로 적용하는 2차 IT 혁명의 플랫폼 스마트폰을 통해서 구체적인 IT기반 서비스를 창조하기만 하면, 개인은 개인 창업주로서 이윤을 창출할 수 있는 것이다. 왜냐하면 해당 아이디어 기반 S/W는 애플 앱스토어나 구글 안드로이드를 통해서 국내뿐만 아니라 전 세계적으로 판매되는 마케팅 네트워크를 통해 판매된다. 아울러 앱스토어에는 수많은 소비자들에 의해 폭발적으로 많이는 아니더라도 매우 오랫동안 일정하게 판매되는 롱테일 효과(Long Tale Effect)가 존재하기 때문에 더더욱 1인 창조기업의 장으로서 매력을 가지고 있다. 각 개인에게 충분한 대가를 배분할 수 있기 때문이다.

사례 4-13. 앱스토어 앙터프루너십 개발 교육

애플의 아이폰 출시를 앞두고 대구지역에 아이폰 관련 기술강좌와 앱스토어(APPSTORE), 구글 안드로이드 관련 교육에 수강생이 크게 몰리고 있다. 2009년 10월 13일 대구테크노파크 모바일융합센터(센터장 이종섭)에 따르면 센터가 운영하는 모바일 최신 트렌드 교육에 당초 교육인원 60명보다 두 배가 많은 인원인 121명이 교육을 받은 것으로 나타났다. 이 같은 현상은 국내 아이폰 출시가 임박하고, 최근 모바일 산업의 이슈가 되고 있는 앱스토어와 구글 안드로이드 등과 관련된 기술 수요가 폭발적으로 늘어나고 있기 때문으로 분석된다. 모바일융합센터는 올해 이 같은 개방형 교육강좌를 4개만 운영할 계획이었지만 교육희망자가 급증하자 3개 과정을 추가로 개설했으며, 이달 19일에는 한 개의 과정을 또다시 추가하기로 했다. 교육인원도 당초 60명이 계획돼 있었지만 수요가 늘면서 교육과정을 추가로 개설해 지금까지 총 121명이 교육을 받았다.

대구디지털산업진흥원(DIP 원장 박광진)도 최근 아이폰 애플리케이션 개발자과정을 새롭게 개설해 교육을 진행 중이다. 올해 말까지 총 5차에 걸쳐 진행되는 이번 과정은 주로 모바일 기업의 실무개발자를 대상으로 한 교육으로 각 과정당 10명씩 총 50명을 교육하는 목표를 세워두고 있지만 당초 교육목표인원을 초과할 것으로 예상된다. 한편, 모바일융합센터와 DIP 등 모바일 관련 지원기관은 앞으로 대학의 관련 연구기관과 연계해 아이폰 관련 기술교육을 강화해 나갈 예정이다. 이상윤 모바일융합센터 인력양성팀장은 "최근 이슈가 되고 있는 아이폰 관련 교육에 예상보다 수요자가 몰려 교육과정을 4개에서 8개로 늘렸다"며, "앞으로 지역의 관련 교육기관과 연계해 교육수요에 대응해 나갈 계획"이라고 말했다.

자료: 『전자신문』, 2009년 10월 14일, 경제면, 「대구지역 아이폰 기술 강좌 인기」 기사 중 일부.

스마트폰 기반의 개방형 혁신 비즈니스 모델을 토대로 하는 1인 창조기업을 극대화하기 위해서는 신개념의 교육 프로그램이 필요하다. 단순히 앱스토어 탑재용 S/W 제작법만을 가르쳐서는 개방형 혁신 비즈니스를 통한 1인 창조기업을 만드는데 성공할 수 없다. 이를 위해서는 그림 26과 같은 개방형 혁신 비즈니스 모델에 대한 이해, 개방형 혁신 비즈니스 모델 개발 방법론, 개방형 혁신 비즈니스 모델 설계, 개방형 혁신 비즈니스 모델 프로그래밍, 개방형 혁신 비즈니스 프로그램의 앱스토어 탑재를 위한 사전 및 사후 절차, 개방형 혁신 비즈니스 S/W 판매 활성화를 위한 마케팅 방법 등의 교육이 필요하다.

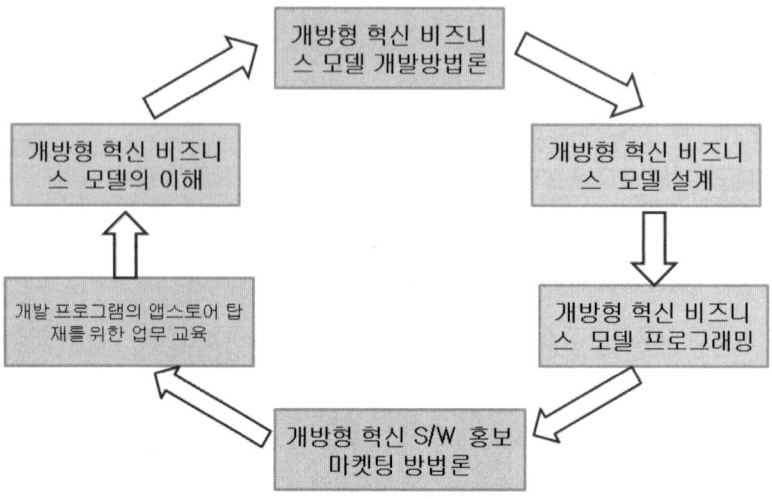

그림 26. 1인 창조기업 활성화를 위한 개방형 혁신 비즈니스 모델 교육프로그램

4-12. 무선인터넷 기반 개방형 비즈니스 모델의 미래

사례 4-14와 같이 전자책, 내비게이션, 디지털 카메라, 넷북, 그리고 사례 4-15의 스마트 북 등은 모바일 인터넷 서비스를 기반으로 기존에 존재하지 않았던 형태와 내용의 제품을 소비자에게 제공하고 있다. 모바일 인터넷, 위치 기반 서비스 등을 인프라로 하여 기존과 다른 차별화된 제품과 서비스를 시장에 내놓고 있는 것이다.

그런데 모바일 인터넷 기반의 신개념 제품들의 등장과 함께 주목할 것은 동 제품들이 제공하는 제품들이 개방형 혁신 비즈니스 모델을 통해 본격적인 성장이 가능할 것이라는 점이다.

사례 4-14. 모바일 웹 시대의 등장

지하철 광고판에 붙은 신간 안내를 보고 바로 책을 구입할 수 있는 전자책 단말기, 주말이면 미어 터지는 고속도로 교차로를 폐쇄회로(CCTV) 영상으로 보며 길을 선택할 수 있는 내비게이션, 사진을 찍어 무선랜으로 즉각 인터넷에 올리는 디지털 카메라….

'이동통신 인사이드'시대가 활짝 열리고 있다. 최근 전자책, 내비게이션, 디지털 카메라, 넷북 등의 웬만한 디지털기기에 이동통신 시스템이 속속 탑재되고 있다. 기존 장치에 이동통신 모뎀을 내장, 휴대폰으로 통화하듯 원하는 시간에 바로 인터넷 서비스를 이용하는 '올웨이즈 온(always on)' 기능을 구현하는 것이다. 차세대 성장 사업으로 거론되는 헬스케어 스마트그리드 등도 이동통신과 결합될 분야로 손꼽는다. 디지털기기에 이동통신 기능 탑재가 확대되고 있는 이유는 소비자, 제조사, 이통사 모두의 욕구가 절묘하게 맞아 떨어진 데 따른 것이다. 통신망에 상시 연결하고픈 소비자, 통신 서비스를 통해 디지털기기의 부가가치를 높이려는 제조사, 휴대폰 이외의 신규 시장을 개척하려는 이통사들의 이해관계가 삼각으로 연결된 것이다.

– 중략 –

미국 아마존이 스프린트의 이동통신망을 이용해 전자책을 내려받는 '킨들' 단말기를 먼저 내놓았고 국내서도 LG텔레콤과 KT가 대형 서점들과 제휴해 내년 초 관련 제품을 내놓을 예정이다. 와이브로망을 이용해 고속도로 CCTV 정보 등을 확인할 수 있는 내비게이션(팅크웨어 '아이나비 TZ'), 촬영한 사진을 무선랜을 이용해 인터넷에 올릴 수 있는 디지털 카메라(삼성전자 'ST1000') 등도 이 같은 '이동통신 인사이드'전략을 택한 사례다. – 생략 –

자료: 『한국경제신문』, 2009년 11월 10일, 산업면, 「전자책·디카로 인터넷 척척…이젠 '移通 인사이드 시대'」 기사 중 일부.

모바일 웹 기반의 전자책 시장에서는 사용자들 스스로 제공하는 S/W 컨텐츠를 토대로 하는 사용자 참여형 개방형 비즈니스 모델이 스티브 잡스가 애플을 통해 최근 'I Book'이라는 전자책 앱스토어를 개발, 공개함으로써 세상에 등장하게 되었다.

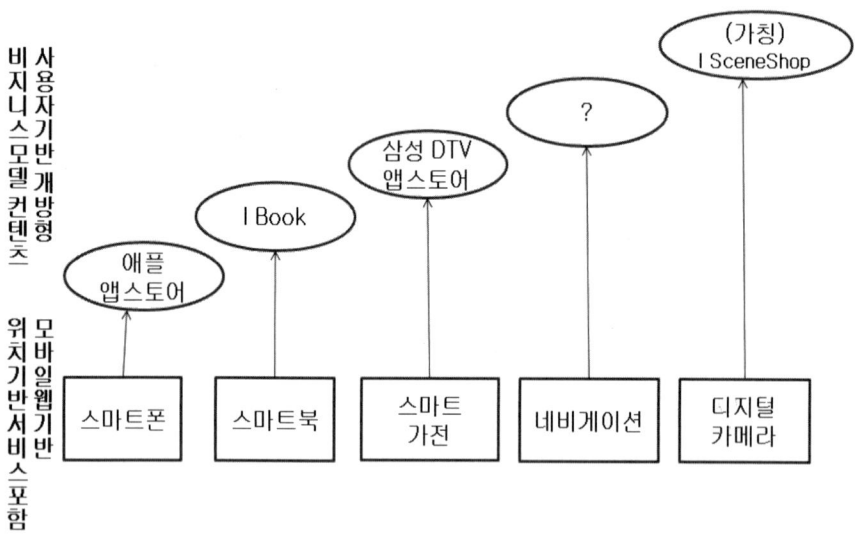

그림 27. 무선인터넷 기반의 개방형 혁신 비즈니스 모델의 진화

하지만 그림 27과 같이 내비게이션이나 디지털 카메라를 위한 개방형 혁신, 특히 사용자 생산의 사용자 기반 개방형 혁신 콘텐츠 비즈니스 모델을 적극적으로 생산할 필요가 있는 것으로 판단된다. 현재 필자는 디지털 카메라는 스마트폰 위치서비스 기반으로 'ISceneShop'이라는 신개념의 개방형 앱스토어를 개발하고 비즈니스 모델을 구상하고 있다. 모바일 웹 기반 서비스나 제품의 경우, 위치기반 서비스를 토대로 하는 S/W를 사용자 참여형으로 제공하

는 사용자 기반 개방형 비즈니스 모델을 통해서 사용자와 생산자를 동시에 늘리는 것이 효율적인 비즈니스 모델인 것이다.

사례 4-15. 스마트북, 새로운 형태의 개방형 혁신 비즈니스 모델 등장

넷북 열풍이 그칠 줄 모르고 있다. 전 세계 넷북 공급량은 올해 말 전년대비 90%가 늘어난 2,200만대에 달할 것으로 추정된다. 이 같은 넷북 열풍 속에 최근 일부 제조업체들 사이에는 새로운 고민이 고개를 들고 있다. 스마트폰과 넷북의 기능을 가진 새로운 범주의 모바일 기기 '스마트북(Smartbook)'의 출현을 앞두고 있기 때문이다. 스마트폰과 넷북 사이=스마트북은 이름에서 알 수 있듯이 스마트폰과 넷북을 잇는 가교의 기능을 할 것으로 기대되는 제품이다. 스마트폰처럼 이동통신망과 무선랜(Wi-Fi)을 이용한 웹 접속과 위성위치추적시스템(GPS)을 통한 위치기반 서비스에 활용될 수 있다. - 중략 -

빌 데이빗슨 퀄컴 글로벌마케팅 담당 수석 부사장은 "스마트북은 기능 면에서 스마트폰에서 한 단계 높아진 것으로 볼 수 있다"며 "블랙베리의 e메일 기능을 좋아하지만 조금 더 큰 화면을 원하는 이용자는 '항상 접속돼 있는' 스마트북에 만족할 것"이라고 설명했다. 또 전력 보존기술이 적용된 스마트북은 냉각팬이 필요 없어져 제조사들이 더욱 날렵한 제품 디자인을 할 수 있다고 덧붙였다. 스마트북을 밀고 있는 업체는 퀄컴만이 아니다. 마벨도 비슷한 제품을 개발중이다. 구글도 모바일OS인 안드로이드를 스마트북의 플랫폼이 되도록 지원할 수도 있고 오랫동안 출시설이 나돈 애플의 '아이팟 태블릿(iPod Tablet)' 역시 매우 유사한 역할을 할 것으로 예상돼 스마트북의 급속한 시장창출도 가능할 것이라는 분석도 있다.

자료:『전자신문』, 2009년 6월 1일, IT 및 과학면, 「스마트북 시대 온다」 기사 중 일부.

그림 26과 같이 모바일 웹을 기반으로 하는 개방형 혁신 비즈니스 모델들이 만들어 지고 있다. 스마트폰용 비즈니스 모델은 애플의 앱스토어 형태로 창조되어 세계적인 성공을 일으킨 바 있다. 2010년 초 발표된 스마트북, 혹은 전자책의 경우 IBook이라는 새로운 개방형 혁신 비즈니스 모델이 애플에 의해 공개된 바 있다. 그리고 2010년 3월 중에 삼성이 디지털 TV를 위한 앱스토어를 만들겠다고 발표한 바 있다. 향후 모바일 내비게이션 및 모바일 디지털 카메라 등을 위한 개방형 비즈니스 모델 개발이 예상된다. 모바일웹 기반으로 위치기반 서비스를 가진 디지털 카메라와 스마트폰 카메라를 위한 개방형 혁신 비즈니스 모델로 저자가 사업화를 추진하고 있는 IPicture도 활성화될 것으로 예상된다.

4-13. 스마트폰 개방형 비즈니스 모델 경쟁력 원천은?

2009년 11월 28일 애플 아이폰이 KT를 통해 한국 시장에 상륙한 이후, 국내에서 스마트폰에 대한 관심이 소비자뿐만 아니라 생산자들 사이에서도 폭발적으로 증가하고 있다. 그리고 글로벌 기업들이 국내의 스마트폰 시장 진입과 더불어 국내 기업들의 스마트폰에 대한 경쟁이 가속화되고 있다. 그런데 사례 4-16과 같이 국내 주요 스마트폰 생산 및 판매 기업들은 현재까지 스마트폰의 경쟁전략을 가격과 일부 폰 제품의 품질을 중심으로 세우고 추진하고 있다.

사례 4-16. 국내 모바일 폰 기업의 스마트 폰 경쟁력에 대한 오해

삼성전자 옴니아2, 애플 아이폰 등 80만~90만 원대 고가 스마트폰을 20만 원대에 구입할 수 있게 됐다. KT가 아이폰 예약자에게 평균 50만 원이 넘는 보조금을 주며 휴대폰 가격을 내려 팔자 SK텔레콤이 T옴니아2 보조금을 평균 60만 원 수준으로 확대했기 때문이다. 아이폰발(發) 스마트폰 판매 경쟁이 사상 유례없는 규모의 휴대폰 보조금 전쟁으로 확산될 조짐을 보이고 있다. SK텔레콤은 26일 T옴니아2 판매가격을 30만 원 가량 대폭 낮췄다. 휴대폰 구매자들에게 주는 보조금을 평균 60만 원까지 높이면서 휴대폰 실구매가격이 떨어진 것이다. T옴니아2(8GB)의 출고가격은 92만4000원이다. 아이폰보다 10만 원가량 비싸지만 이날부터 보조금이 늘어남에 따라 더 싸게 살 수 있게 됐다. 월 4만5000원을 내는 '올인원 45' 요금상품에 가입하면 T옴니아2를 24만 원(월 휴대폰 할부금 1만 원)에 구입할 수 있다. 약정, 할부, 요금상품 등 가입 조건에 따른 각종 혜택을 포함, 68만4000원의 보조금을 받는 셈이다. - 중략 -

SK텔레콤이 보조금을 대폭 올린 것은 KT 아이폰에 대응하기 위한 전략이다. KT가 지난 22일부터 평균 50만 원대의 보조금을 주며 아이폰 가격을 내려 팔자 T옴니아2 가격을 이보다 더 낮은 수준까지 낮췄다. - 생략 -

자료:『한국경제신문』, 2009년 11월 26일, IT 및 과학면,「화끈한 보조금으로 아이폰 바람 잠재운다」기사 중 일부.

그런데 스마트폰의 핵심 경쟁력은 가격이나 폰의 품질에 있는 것이 아니다. 애플 아이폰이 세계적인 성공을 거둔 배경은 역동적인 앱스토어에 있다. 다양하고 창조적인 스마트폰용 S/W가 전 세계에서 다양한 주체들에 의해 생산, 공급됨으로써 아이폰에 대한 관심과 사용이 폭발적으로 늘어난 것이다.

특히 아이폰의 현재적, 혹은 잠재적 사용자들에 의해 앱스토어의 S/W 제품들이 끊임없이 생산되는 시스템적 구조는 사용자 혁신 생산이라는 개방형 혁신 비즈니스 모델을 완전하게 구현한 것이다. 즉 사용자가 스스로 혁신적인 제품을 공급함으로써 사용자의 제품에 대한 충성도를 거의 무한대로 향상시키는 계기를 마련하였다. 뿐만 아니라, 전 세계의 다양한 사용자들의 참여를 통해 기존 S/W 공급자 중심의 참여보다 훨씬 더 다양하고 창조적인 앱스토어 S/W 제품의 지속적인 생산과 공급이 구조적으로 가능하게 된 것이 아이폰의 경쟁력의 원천인 것이다.

사례 4-17. 국내 스마폰 기업의 글로벌 경쟁

- 중략 -

'아이폰 신드롬'이 한국 휴대폰 시장을 강타하고 있다. 아이폰은 미국 애플사가 만든 스마트폰(PC 기능을 갖춘 휴대폰). 2007년 6월 첫 선을 보인 이후 전 세계적으로 3400만여 대가 팔려 나간 히트 상품이다. 소비자들의 호감도와 충성도가 높아 애플의 아이폰 판매이익률이 30%를 넘나들 정도다. 미국에선 '아이포니악 (iPhoniac : 아이폰에 열광하는 사람)'이란 신조어까지 나왔을 정도다. 그 아이폰이 2009년 11월 28일 한국시장에 상륙한다. 국내 공급회사인 KT는 이날 오후 2시부터 서울 잠실 실내체육관에서 예약 가입자 1,000명을 대상으로 아이폰 개통식을 연다. 다양한 퀴즈 이벤트와 가수 공연을 곁들이며 아이폰 열기를 한껏 끌어올린다는 계획이다. KT는 최근 엿새 동안 진행한 아이폰 예약 판매에서 5만 명이 넘는 가입자를 확보했다.

아이폰은 애플의 MP3 플레이어 '아이팟 터치'에 전화 기능과 카메라, GPS(위성 위치확인 시스템)를 더한 제품이다. 터치스크린 화면을 만질 때 느껴지는 부드러움과 직관적 사용자 환경(UI) 등이 장점이지만 하드웨어 성능만 놓고 보면 아이폰에 버금가는 제품들도 없지 않다. 아이폰 돌풍의 핵심은 '앱스토어'다. 앱스토어는 애플의 온라인 애플리케이션(응용프로그램) 장터로, 전 세계 소프트웨어 개발자들이 자신들이 만든 유·무료 프로그램을 올려놓는 곳이다. 아이폰 판매량이 늘면서 개발자들도 몰려들어 이미 이곳엔 10만개가 넘는 프로그램이 올라와 있다. 아이폰 사용자들이 아니고선 이처럼 풍부한 프로그램을 마음껏 즐길 수 없다. - 중략 -

　　LG전자가 최근 스마트폰사업부를 신설하며 적극적인 투자 의지를 밝힌 것도 비슷한 맥락이다. 내년부터는 구글의 모바일 운영시스템(OS)인 '안드로이드'를 탑재한 스마트폰도 한꺼번에 나올 예정이다. 전문가들은 스마트폰 시장의 성패(成敗)는 소프트웨어에서 갈릴 것이란 분석을 내놓고 있다. '손 안의 PC'로 불리는 스마트폰은 놀거리, 즉 유용한 콘텐츠가 뒷받침될 때 진가를 발휘할 수 있다는 것이다. 글로벌 PC 시장에서 마이크로소프트(MS)가 윈도 OS로 90%에 가까운 점유율을 차지하고 있는 것은 '오피스'라는 강력한 문서작성 프로그램을 보유하고 있기 때문이다. '소프트웨어가 하드웨어를 판다'는 말은 이미 앱스토어의 성공에서도 찾아볼 수 있다. 삼성전자 LG전자 등이 독자적으로 온라인 애플리케이션 스토어 구축에 나섰고, 관련 콘텐츠 확보에 힘을 기울이고 있는 것도 같은 맥락이다. 삼성전자는 다음 달 독자적으로 개발한 모바일 플랫폼(OS를 포함한 통합 소프트웨어 시스템) '바다'를 내놓는다. 외부 개발자들이 바다에 맞춰 애플리케이션을 개발할 수 있도록 소프트웨어 개발 도구(SDK)도 공개할 계획이다. 삼성 식(式) 모바일 생태계를 구축하며 개발자들이 일할 공간을 열어주는 셈이다. - 생략 -

자료:『한국경제신문』, 2009년 11월 27일, 「손안의 PC를 잡아라. 삼성, LG, 애플, 구글 폰의 전쟁」기사 중 일부.

　　그런데 스마트폰 시장의 글로벌 경쟁에서 한발 물러나 있던 국내의 주요 모바일 폰 생산업체나 국내의 주요 모바일 폰 서비스 공급업체들은 스마트폰 시장 경쟁력의 원천에 대한 근본적인 이해에 있어서 심각한 한계를 드러내고 있다. 사례 4-17과 같이 국내 기업들이 가격 경쟁력에 머물러 있을 뿐만 아니라, 2010년 현재 국내 기업들의 스마트폰 광고는 스마트폰 기기의 경쟁력 중심으로 전개하는데 그치고 있다. 삼성만이 자신의 OS인 바다를 만들어 자신의 앱스토어를 구축하는 전략을 추진하고 있을 뿐 국내 기업들이 스스로 자신의 스마트폰 OS를 개발하고 그것에 맞는 앱스토어를 개발해서 국제경쟁에 나서는 데는 상당한 한계를 드러내고 있다.

단말제조사	운영체제사업자	통신사업자	인터넷포털/SW업체
애플(2008.7) 노키아(2009.5) RIM(2009.4) 삼성전자(2009.12)	구글(2008.10) 마이크로소프트 (2009.10)	O2(영, 2008.12) T-Mobile(미, 2008.12) SK텔레콤(2009.9) KT(2009.12)	페이스북(2007) Nate(예정) Getjar(리투아니아, 2004)

표 7. 스마트폰 애플리케이션 스토어 주요 참여기업

자료: 삼성경제연구소(2010). "스마트폰이 열어가는 미래" CEO Information. p. 4.

현재 스마트폰 애플리케이션 스토어를 개설해서 세계적인 성공을 거두고 있는 기업들은 주로 단말제조사 이거나 운영체제 사업자이다. 즉 단말기 제조사가 스마트폰에 앱스토어를 탑재한 OS를 공급하는 방식으로 성공한 사례가 바로 애플과 RIM인 것이다. 반면 구글은 스마트폰용 OS만을 무료로 공급하되, 해당 OS에 보다 능동적인 개방형 앱스토어를 장착하였다. 구글 스마트폰 OS의 개방성이 훨씬 큰 점이 원인이 되어 전 세계 반(反)애플 전선의 기업들이 구글 안드로이드 OS를 채택함으로서 향후 안드로이드 앱스토어의 약진을 예견할 수 있다.

따라서 국내 스마트폰의 글로벌 경쟁력 확보 전략은 궁극적으로 스마트폰 제조사들의 경우, 자신의 OS를 만들어 그것을 기반으로 글로벌 앱스토어를 론칭하거나, 개방형 스마트폰 OS인 구글 안드로이드를 채택하여 해당 앱스토어를 기반으로 글로벌 경쟁을 하는 방안 중 하나를 채택할 수밖에 없는 상황에 직면한 것으로 예측된다. 현재 삼성은 전자를 선택하는 방향으로 나아가고 있으며 LG는 후자를 선택하고 있는 것으로 판단된다.

하지만 스마트폰 앱스토어를 통한 궁극적인 경쟁력 확보를 위한 전략의 초월적 경쟁전략에 대한 모색이 추가적으로 필요하다. 환언하면, 기존의 스마트폰 앱스토어 경쟁을 초월하는 신개념 앱스토어의 개발 등이 그것이다. 2010년 현재 글로벌 스마트폰 기업 연합이 연합형 앱스토어를 개발하기로 합의한 바 있다. 하지만 연합형 앱스토어는 결국 최종 스마트폰 사용자들의 사용과 참여 기반에 의한 직접적 서비스 제공에는 OS 등의 문제로 상당한 한계를 드러낼 것으로 판단된다. 보다 근본적인 글로벌 통합 앱스토어, 혹은 차별적 앱스토어, 또는 틈새 앱스토어 구축 전략이 요구된다.

4-14. 노키아와 삼성의 새로운 스마트폰 개방형 혁신 전략

사례 4-18이 지적하고 있는 역(逆)폭포효과(waterfall theory)나 컨슈머라이제이션(consumerization)은 바로 사용자 기반 개방형 혁신의 특징을 의미한다. 소비자, 즉 스마트폰의 사용자들에게서 새로운 혁신적 아이디어들이 만들어 지고, 사용자 자신이나 다른 생산자를 통해 스마트폰 S/W 혁신 제품의 생산과 새로운 공급으로 이어지고 있다. 따라서 스마트폰의 통상 사용가치가 일반 사용자들에서 스마트폰 제조 및 전문 S/W 공급자로 상향 이전되는 현상이 자연스럽게 연결되고 있는 것이다.

사례 4-18. 스마트폰 국내 사용자 사례

- 중략 -

김인 삼성SDS 사장은 요즘 허리에 찬 삼성전자의 스마트폰 'T옴니아' 없이는 업무를 볼 수 없다. T옴니아로 이메일을 확인하고, 사내 전산 시스템인 '모바일 데스크'에 접속해 업무를 보는 게 습관화됐기 때문이다. 스마트폰 덕분에 달리는 차 안에서도 실시간으로 결재를 하고 있다.

이 같은 양상은 최근 IT(정보기술) 업계를 지배하고 있는 '역(逆)폭포효과(waterfall theory)'의 단적인 사례들이다. IT 업계에선 전통적으로 고사양 기업용 제품이 일반 소비자용으로 흘러내려가는 '폭포효과'가 진행돼 왔다. 하지만 최근엔 성능이 뛰어난 제품들을 개인 소비자들이 먼저 사용하고, 이를 역으로 받아들여 업무에 활용하는 기업들이 늘고 있는 것이다. 두산그룹이 지난달 30일 지주회사 직원 150명에게 애플 아이폰을 지급한 것도 같은 맥락이다. 회사 관계자는 "출장길에 컴퓨터를 켤 수 없을 때도 스마트폰을 통해 신속한 연락을 취할 수 있다"며 "당직 보고나 신문 스크랩 등을 이메일로 직원들에게 보내면 곧바로 확인할 수 있는 시스템이 갖춰졌다"고 설명했다. 인터넷 포털업체 다음커뮤니케이션도 최근 600여 명에 달하는 전체 직원에게 스마트폰을 주기로 결정했다. 사내 커뮤니케이션을 활성화하고 이 회사가 개발하고 있는 각종 모바일 콘텐츠들을 언제 어디서나 시험해 볼 수 있도록 하기 위해서다. 최근엔 인터넷 포털 네이버를 운영하고 있는 NHN도 직원들에게 스마트폰 제공을 고려하고 있다. GS칼텍스는 스마트폰과 사내 이메일 시스템을 연동하는 프로그램 개발을 완료하고 이달 안으로 임원들에게 스마트폰을 나눠줄 계획이다.

시장조사 업체인 가트너는 최근 펴낸 보고서에서 "개인 소비자가 기업에 앞서 산업을 주도하는 '컨슈머라이제이션(consumerization)'이 요즘 IT업계의 가장 의미심장한 트렌드로 떠올랐다"고 진단했다.

자료: 『한국경제신문』, 2009년 12월 2일, 경제면, 「IT 역폭포 효과, 스마트폰이 업무환경 바꾼다」 기사 중 일부.

한편 노키아는 기존에 자신이 개발한 모바일 폰의 OS인 심비안을 포기하고 리눅스기반의 공개 OS인 '마에모'를 장착한 스마트폰 개발에 전략적 중요성을 부과하기로 했다고 한다. 현재 스마트폰 시장의 글로벌 경쟁의 원천이 스마트폰 기기가 아니라 스마트폰이 제공하는 S/W 애플리케이션의 다양성과 창조성에 있다. 얼마나 많은 사용자가 창조적이고 다양한 애플리케이션을 만들어 앱스토어에 올리는가 하는 문제가 바로 스마트폰의 경쟁력을 제공하는 것이다. S/W 애플리케이션을 제작하는 스마트폰 OS 자체를 공개함으로써 보다 다양한 스마트폰 제작자가 해당 OS를 사용할 수 있고, 개인 사용자들이 보다 창조적으로 공개 OS 기반의 S/W 애플리케이션의 제작이 가능해진다. 구글이 안드로이드 OS를 공개함으로써 단숨에 애플 앱스토어의 가장 강력한 잠재 경쟁자로 부상한 사례에서 상황을 충분히 짐작할 수 있다.

사례 4-19. 노키아의 개방형 OS 기반 스마트폰 프로젝트

노키아가 내년에 리눅스 컴퓨팅 운용체계(OS)인 '마에모(Maemo)'를 내장한 스마트폰을 선보인다고 로이터가 1일 전했다. 지난달 첫 리눅스 휴대폰 'N900'을 내놓은 데 이어 스마트폰을 갖춰 애플, RIM을 상대로 경쟁력을 끌어올리려는 것. 노키아가 휴대폰 주력 OS를 '심비안(Symbian)'에서 '마에모'로 바꾸지는 않겠지만, 제품의 인터넷 기능을 강화하려는 투자 의지를 다시금 엿보게 했다. 노키아가 '마에모'를 이용해 꾸준한 휴대폰 가격 인하분을 만회할 수 있을지도 주목거리다.

'리눅스 마에모'는 애플 '아이폰' 등에 대항할 노키아의 주력 OS가 될 것으로 보였으나 아직 제품 목록 전반에 등장하지 못한 상태다. 내년에 선보일 '마에모 스마트폰'의 성패에 따라 노키아 휴대폰 사업 전략이 윤곽을 드러낼 것으로 풀이된다. 노키아는 지난 2005년부터 '마에모'를 틈새형 인터넷 태블릿에 활용했으나 이동통신기능을 뺀 탓에 시장에서 외면당했다. 아리 잭시 마에모부문장은 "(인터넷 태블릿을 통해) 우리가 얻은 교훈은 거의 모든 소비자가 그 제품을 두고 '이동통신에 접속할 수 없다고?'라고 묻는 것이었다"고 풀어냈다.

그는 또 "리눅스 컴퓨터 OS의 잠재력은 고성능 제품에 있는데, 우리는 아직 완전히 준비하지 못한 상태"라고 말했다. 노키아는 내년에 '마에모'를 갱신할 계획이다. 애플 '아이폰'에 버금갈 터치스크린 기능을 제공하고, 서로 다른 컴퓨팅 OS에 맞춰 개발한 애플리케이션을 모두 쓸 수 있게 하는 게 목표다.

자료: 『전자신문』, 2009년 12월 2일, 국제면, 「내년에 노키아 리눅스 스마트폰 나온다」 기사 중 일부.

국내에서도 노키아와 비교되는 사례가 제시되고 있다. 세계 1위의 스마트폰 생산업체인 노키아가 '마에모'라는 공개 스마트폰 OS를 기반으로 하는 개방형 비즈니스 전략을 추진하고 있는 상황과 매우 대비되는 사례이다. 바로 사례 4-20에서 보듯 삼성이 '바다 OS'라는 자체 스마트폰 OS를 기반으로 앱스토어 구축 및 스마트폰 비즈니스 글로벌 확장 전략을 추진하는 것이 바로 그것이다. 그런데 삼성과 노키아의 스마트폰 글로벌 전략이 매우 대조적인 상황이다. 노키아가 구글과 비슷한 완전개방형의 스마트폰 비즈니스 전략을 추진하고 있는 반면, 삼성은 애플 앱스토어형의 반(反)개방형 비즈니스 모델 전략을 추진하고 있다. 바다 OS는 비공개 스마트폰 OS로 삼성만 채택하여 삼성이 스스로 공급하는 스마트폰에만 장착하게 된다. 아울러 삼성은 자신의 바다 OS 기반의 바다 앱스토어를 구축하고 전 세계 개발자들을 유인하기 위한 다양한 개발자 동기부여 전략을 수립하고 있다.

사례 4-20. 삼성의 스마트폰 전략 수정

삼성전자가 스마트폰의 핵심 소프트웨어인 모바일 운영시스템(OS)을 포함한 통합 플랫폼을 독자적으로 개발하는 데 성공했다. 이로써 삼성전자는 마이크로소프트의 윈도 모바일, 구글의 안드로이드 등과 같은 모바일 OS를 쓰지 않고서도 자체적으로 스마트폰을 개발할 수 있게 됐다. 삼성전자는 2009년 12월 8일(현지시간) 영국 런던에서 소프트웨어 개발자 등 300여 명이 참석한 가운데 발표회를 갖고 스마트폰용 플랫폼 '바다(bada)'를 선보였다. 이호수 삼성전자 미디어솔루션센터장(부사장)은 "바다는 다양한 애플리케이션(응용프로그램)을 손쉽게 개발할 수 있도록 돕는 데 초점을 맞췄다"며 "삼성만의 특화 서비스를 담은 스마트폰 개발에 바다를 활용할 수 있을 것"이라고 설명했다. 바다는 트위터, 페이스북, 싸이월드 등과 같은 SNS(소셜 네트워킹 서비스), 사용자 주변 정보 등을 제공하는 LBS(위치기반 서비스), 휴대폰을 통해 물건을 살 수 있는 e-커머스(전자상거래) 등을 접목한 애플리케이션을 개발할 수 있는 게 특징이다. 회사 관계자는 "스마트폰의 GPS(위성 위치확인 시스템)를 활용해 친구의 위치를 찾은 뒤 대화를 나누고 게임도 즐기는 프로그램 등을 만들 수 있을 것"이라고 설명했다.

삼성전자는 이날 외부 개발자들이 바다에 맞춰 다양한 애플리케이션을 개발할 수 있도록 소프트웨어 개발 도구(SDK)도 함께 공개했다. 총상금 270만 달러가 걸린 개발자 콘테스트도 진행할 예정이다. 회사 관계자는 "내년 상반기에 바다 플랫폼을 탑재한 삼성전자의 첫 스마트폰이 나올 것"이라며 "삼성도 노키아, 애플 등과 같이 독자 플랫폼을 갖추게 돼 글로벌 스마트폰 경쟁에서 역량을 더욱 높일 수 있게 됐다"고 강조했다. 회사 측은 앞으로 바다 홈페이지(www.bada.com)에서 휴대폰 출시 정보, 업데이트 사항 등을 지속적으로 안내할 계획이다. 서울 런던 샌프란시스코 등 세계 주요 도시를 돌며 바다 플랫폼을 설명하는 '개발자 데이'도 진행한다.
자료: 『한국경제신문』, 2009년 12월 9일, IT 및 과학면, 「삼성도 스마트폰 플랫폼 만들었다」 기사 중 일부.

여기에서 하나 더 나아가, 삼성은 표 8의 내용을 토대로 현재 글로벌 시장에서 자신이 생산하는 스마트폰의 H/W 적인 탁월성을 집중적으로 광고하고 있다.

구분	아이폰 3GS	T옴니아2
프로세스	624MHZ	800MHZ
화면	3.5인치 LCD	3.7인치 AMOLED
카메라	300만 화소	500만 화소
배터리	1440mAh(내장식)	1500mHh(탈착식)
디빅스 기능	제한적 지원	가능
플레시 기능	불가	가능

표 8. 옴니아2와 아이폰(3GS)의 비교. 자료: 『한국경제신문』, 2009년 10월 27일, 정보통신 및 모바일면, 「아이폰 비켜, 삼성 스마트폰 대중화 선언」 기사 중 일부.

이상의 상황을 종합하면, 삼성은 자신의 스마트폰 기기의 탁월성을 토대로 보다 많은 스마트폰 사용자들이 바다OS 기반의 스마트폰을 사용하도록 마케팅을 집중하고 있다. 그리고 이렇게 축적된 바다 OS 기반 스마트폰 사용자는 점차 바다 앱스토어의 S/W 개발과 생산의 잠재적 기반으로 작용하게 된다. 마지막 단계가 바다 OS 기반 사용자 개방형 혁신 스마트폰 비즈니스 모델이 정착되는 것이다.

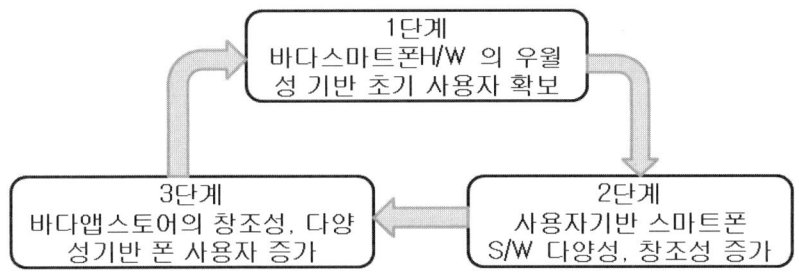

그림 28. 삼성 바다 스마트폰의 개방형 혁신 비즈니스 전략

그림 28과 같이 삼성의 비즈니스 전략은 애플의 그것과 상당히 닮아 있다. 애플이 아이폰의 디자인과 기능의 탁월성을 토대로 사용자를 확보하면서 사용자 참여형 개방형 혁신 앱스토어 비즈니스 모델을 토대로 단숨에 스마트폰 강자로 부상할 당시의 전략과 유사하다. 그런데 애플은 앱스토어 자체를 창조함으로서 사용자 기반 개방형 혁신 비즈니스 모델 자체의 탁월성으로 초창기에 전 세계의 사용자를 순식간에 강력하게 견인하였던 것이다. 그런데 삼성의 경우, 이미 전 세계 스마트폰 앱스토어 사용자들이 집결한 비즈니스 모델인 앱스토어나 안드로이드스토어 등이 이미 자리 잡은 상황에서 폰 하드웨어의

탁월성으로 초기 바다 스마트폰 사용자를 견인할 수 있을 지는 미지수다.

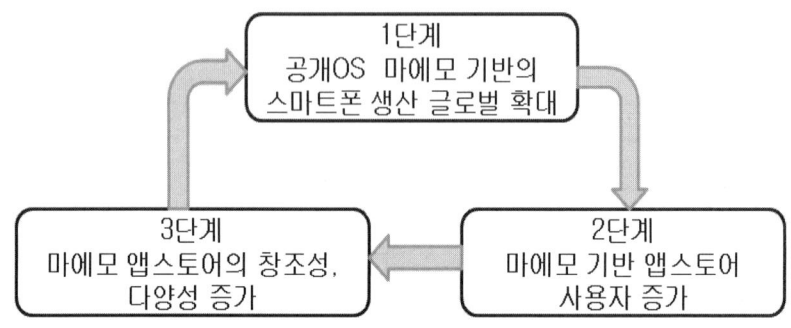

그림 29. 노키아 마에모 스마트폰의 개방형 혁신 비즈니스 전략

한편, 노키아의 마에모 스마트폰의 경우, 그림 29와 같이 바다폰과는 상이하며 구글 안드로이드와 다소 유사한 개방형 혁신 비즈니스 전략을 채택하고 있다. 노키아는 자신의 스마트폰 공급 역량뿐만 아니라 공개 OS를 통해서 전 세계 우호 스마트폰 중소 생산자들이 다 같이 마에모 OS를 채택하게 유인하는 전략을 추진할 것으로 판단된다. 노키아 자신만 해도 글로벌 스마트폰 생산량이 엄청나기 때문에 마에모 스마트폰 공급의 증가는 마에모 기반의 다양한 앱스토어 사용자의 증가를 낳고 결국 마에모 앱스토어의 창조성과 다양성의 급증을 통해 또 다시 마에모 스마트폰 생산의 증가로 선순환할 것으로 판단된다. 이는 자신의 스마트폰 공급 없이 탁월한 스마트폰 OS의 글로벌 공급을 통해 새로운 스마트폰 앱스토어 확충에 성공한 구글 안드로이드와 상당부분 닮은 전략을 채택하고 있는 것이다. 다만, 노키아의 기존 스마트폰 공급 역량을 기반으로 동일 전략을 추진하기 때문에 초기 앱스토어 사용자 확충에

쉬운 점이 있다. 반면 노키아 자신이 채택하는 공개 OS 마에모를 다른 스마트폰 제조업체가 사용하게 하기 위해서는 마에모 앱스토어에서 창출되는 수익 등에 대한 추가적인 개방이 요구된다.

4-15. 금융 산업 스마트폰 기반 비즈니스의 진화

사례 4-21은 모바일 폰을 기반으로 하는 다양한 새로운 카드 기능 서비스를 제시하고 있다. 특히 카드기능을 그대로 탑재한 모바일 폰 서비스를 통해서 요금 연체율 저하, 각종 할인 혜택의 확대 등을 제시하고 있다.

사례 4-21. 모바일 폰 기반 카드의 기능 진화

- 중략 -

SK텔레콤은 스마트폰 경쟁이 본격화되는 시점에서 이동통신 서비스의 경쟁력을 높일 수 있게 됐다. 휴대전화로 인터넷 검색과 이메일 송 · 수신은 물론 카드 결제 등이 가능한 서비스를 선보일 경우 경쟁에서 한 발 앞서갈 수 있다는 분석이다. 장기화될 조짐을 보이던 하나금융과 SK텔레콤의 협상이 최근 급진전된 데는 KT가 최근 아이폰을 출시해 큰 인기를 얻는 등 스마트폰 경쟁이 본격화되고 있는 점도 한 요인으로 작용했다는 게 업계 관계자들의 분석이다. 또 카드사의 경우 자기자본이익률(ROE)이 15~20%에 달해 SK텔레콤의 새로운 수익원이 될 수 있다.

어떤 서비스 나올까

금융과 통신의 결합을 통해 탄생한 하나카드가 향후 선보일 서비스에도 관심이 모아지고 있다. 김승유 하나금융 회장은 그간 "통신업과의 결합을 통해 새로운 개념의 카드 서비스를 내놓겠다"고 강조해 왔다. 우선은 휴대폰에 신용카드 기능이 탑재된 모바일 카드 상품을 다수 선보일 것으로 보인다. 하나금융 관계자는 "모바일 카드는 기존의 플라스틱 카드에 비해 편리하고 안전하다"며 "카드 결제대금이 휴대폰 요금과 함께 지불되기 때문에 연체율도 낮아질 것"이라고 말했다. 휴대폰 하나로 쇼핑 정보를 검색하고 할인쿠폰을 내려 받아 물건을 구입하고 결제하는 것도 가능해진다. 지금은 이동통신사가 카드사의 가맹점 정보를 이용할 수 없어 이 같은 서비스를 제공하기 어렵지만 제휴를 통해 정보를 공유하게 되면 가능한 서비스다. 예를 들어 서울 명동거리를 지나다가 점심식사를 하고 싶을 경우 휴대폰을 꺼내 검색하면 주변에 어떤 음식점이 있는지, 각 음식점에서 어느 정도의 할인 서비스를 받을 수 있는지가 휴대폰 화면에 나타난다. 뿐만 아니라 각 음식점에서 사용할 수 있는 할인쿠폰도 즉석에서 다운받을 수 있다. 결제도 물론 휴대전화로 이뤄진다. 이강태 하나카드 사장은 "지금까지의 카드는 한정된 서비스만이 가능했고 다양한 서비스를 받으려면 다른 카드를 새로 발급받아야 했다"며 "이제 통신기술과 결합함으로써 언제 어디서나 원하는 서비스를 하나의 카드로 제공받는 시대가 올 것"이라고 말했다.

자료:『한국경제신문』2009년 12월 02일, 경제면, 「카드와 모바일의 만남 신개념 서비스 예고」기사 중 일부.

반면 사례 4-22는 스마트폰을 이용한 결제서비스 기능의 개발을 제시하고 있다. 사실 단순히 뱅킹 기능을 모바일 폰으로 대신하는 개념의 모바일 카드 서비스는 상당히 초보적인 수준의 스마트폰 서비스에 불과하다. 스마트폰의 위치 및 인터넷 기반 뱅킹 서비스는 모바일 증권, 뱅킹, 모바일 쇼핑, 모바일 인터넷 광고 등과 결합해서 전혀 새로운 신개념의 모바일 금융 서비스를 창출할 것이다. 뱅킹 기능을 모바일 폰 기반으로 하는 수준을 넘어서서 위치 기반의 새로운 금융 서비스의 개발이 가능한 것이다. 그리고 모바일 폰에 카드 칩을 삽입하는 것이 아니라 스마트폰에 뱅킹 전용 S/W를 제작하여 탑재함으로써 더욱 강화되고 창조적인 스마트폰 금융 서비스 제공이 가능할 것이다. 특히 스마트폰 사용자들의 자발적 참여를 바탕으로 하는 사용자 기반의 신개념 금융서비스를 개발할 수 있을 것이다. 미소 금융 등의 서비스 기능을 스마트폰 앱스토어 방식의 사용자 기반 개방형 혁신 방식으로 제공하는 방안을 검토할 수 있을 것이다.

사례 4-22. 해외 스마트폰 금융 서비스의 진화

아이폰 같은 스마트폰 사용이 확대되면서 각양각색의 결제 솔루션들이 쏟아져 나오고 있다. 트위터의 공동 창업자인 잭 도르시는 아이폰에 신용카드 리더를 연결해 일반 상점에서도 손쉽게 결제할 수 있는 온오프라인 융합형 결제 솔루션 '스퀘어'를 선보였다고 테크크런치가 3일 보도했다. - 중략 -

스퀘어는 사용자가 오프라인 상점에서 물건을 구매한 뒤 자신의 아이폰에 연결된 리더로 신용카드를 결제할 수 있는 솔루션이다. 신용카드 소지자가 본래의 주인인지 화면에 뜨는 인증 사진으로 확인할 수 있고, 아이폰 터치 화면에 사인을 넣으면 결제가 마무리 된다. 영수증도 잃어버리지 않도록 디지털 파일로 형태로 제작돼 사용자의 e메일로 전송된다. 가장 큰 장점은 10초 안에 모든 결제가 이뤄진다는 점. 또 카드 결제를 위한 전산시스템을 갖추지 않은 노점상 등에서도 손쉽게 결제를 할 수 있다. 스퀘어는 아이폰 애플리케이션 형태로 앱스토어에 탑재해 무료로 배포될 예정이다. 잭 도르시는 "신용카드 가맹점은 수수료를 내면서도 불법 사용으로 피해를 입고 사용자는 오래 기다려야하는 불편함을 없앴다"면서 "앞으로는 카드 소지자의 음성을 인식해 인증하는 기술도 개발해 무료로 개방하겠다"고 말했다.

자료: 『전자신문』, 2009년 12월 3일, 국제면, 「스마트폰 열풍 속 결제 솔루션도 봇물」 기사 중 일부.

그림 30과 같이 스마트폰 뱅킹 서비스가 인터넷, 위치서비스를 기반으로 새롭게 확대될 수 있는 여건이 무선 인터넷 인프라가 확충된 국가들에서는 이미 충분히 성숙하였다. 우리나라의 경우, 이제 무선인터넷 기반의 스마트폰 서비스가 확대되고 있는 상황이라 스마트폰 기반의 다양한 모바일 뱅킹 서비스 기능이 향후 다양한 형태로 증가할 수 있을 것이다. 특히, 사용자 참여형 개방형 모바일 뱅킹 서비스의 확대가 기대된다. 윤종훈·김용민(2009. p. 181~200)에 따르면, 2006년 우리나라의 무선인터넷 이용 서비스 중 증권 및 금융거래 1.8%, 인터넷 상거래 0.1%, 그리고 위치정보 1.1%로 모바일 뱅킹 관련 무선인터넷 서비스가 아직 초보 단계인 것으로 나타나고 있다. 하지만 개인용 휴대 단말기로서 인터넷 기반과 각 개인의 현재 위치를 토대로 하는 인증 서비스가 확충된다면, 거의 모든 금융 서비스, 증권 서비스, 카드 서비스, 전자 상거래 서비스 그리고 다양한 결제서비스 등이 스마트폰을 기반으로 가능해 질 것이다. 그럴 경우 개인 인증, 사용자 편의성, 그리고 모바일 폰 요금 결제와 결합한 신용 거래의 신용 향상 등 매우 다양한 효과가 나타날 것으로 예측된다. 하지만 아직 국내 금융 기관이 모바일 폰 기반의 뱅킹 서비스에서 멈추어져 있기 때문에, 위치와 모바일 인터넷 기반의 스마트폰 사용자 참여용 신개념 뱅킹 서비스 개발에까지 나아가고 있지 못하다.

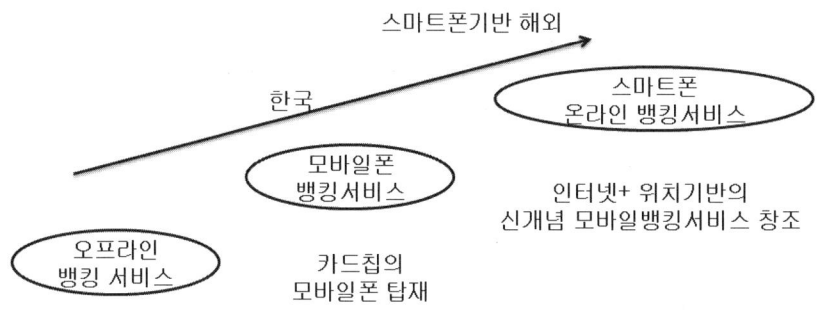

그림 30. 스마트폰 뱅킹 서비스의 진화

특히 스마트폰 수요자가 참여하는 신개념 사용자 기반의 모바일웹 금융서비스의 개발을 고려할 수 있을 것이다. 예를 들어 모바일 웹 금융 앱스토어를 통해서 전 세계에서 다양한 사용자가 스스로 금융서비스 제품을 창조적으로 설계하고, 그것을 소비하고자 하는 다른 사용자의 소비가 발생할 경우, 모바일 웹 금융서비스 제공 기업이 해당 서비스를 소비자에게 제공하고 서비스 설계자에게 인센티브를 주는 사용자기반 개방형 모바일 웹 금융서비스의 설계와 개발도 고려해 볼 수 있을 것이다.

4-16. 개방형 혁신 비즈니스 모델, 기술 벤처 부활의 중심

사례 4-23은 미국에서 앱스토어가 만들어내는 새로운 개방형 혁신 비즈니스 모델의 가능성을 보여주고 있다. 마케팅 네트워크를 제공하고 최고 수준의

제작툴킷을 거의 공짜로 사용하게 하며, 아울러 수익의 70%를 월 기준으로
결제하는 비즈니스 모델, 타인의 아이디어와 기술 및 지식으로 그들에 의해
만들어진 혁신적 S/W를 아이폰이라는 세계 최고의 차세대 플랫폼을 통해 판
매해주는 개방형 비즈니스 모델은 새로운 기술 벤처의 시대가 열리고 있음을
만천하에 공표하는 것이다.

사례 4-23. 앱스토어의 개방형 혁신 비즈니스 모델, 신규벤처의 요람
- 중략 -

미국 샌프란시스코에 본사를 둔 게임 개발업체 징가(Zynga)는 IT시장에 갓 얼굴
을 내민 신생 벤처기업이다. 팜빌(FarmVille)이라는 가상 게임 플랫폼을 만들어 디
지털 농작물과 사이버 머니 등을 팔아 돈을 벌었다. 온·오프라인 쇼셜네트워킹 기
능을 부과해 이용자들이 경쟁적으로 농작물을 키울 수 있는 재미를 준 것이 폭발적
인 인기를 끌면서 6,000만 명의 고객이 생겼다. 덕분에 2년 만에 매출 1억 달러(약
1170억 원)라는 경이로운 결과물을 내왔다. 지금은 IT 대표기업이 된 구글이 창업 3
년차에도 매출을 제대로 내지 못했던 것과 비교한다면 괄목할만한 성과다.

'앱스토어(Appstore)'가 IT 비즈니스의 새로운 전형을 만들어내고 있다. 누구라
도 참여할 수 있는 개방형 시장을 만들어 차세대 스타들을 속속 발굴하고 있는 것.
무명의 신생 기업은 물론, 1인 개발자들도 창의력 하나만으로 승부수를 띄울 수 있
다. 다국적 유통망을 갖추지 않아도 온·오프라인 플랫폼(앱스토어)을 갖고 있는 기
업의 힘을 빌면 일약 세계적 스타가 될 수 있다. 비즈니스위크는 26일 "앱스 시장이
올해 10억 달러에서 2012년에는 40억 달러로 성장할 것"이라고 내다봤다. 애플 아
이폰의 앱스토어 성공에 힘입어 블랙베리의 림, 노키아 등 모바일 대표주자들은 물
론, 구글과 마이크로소프트 등 인터넷 강자들도 이 시장에 뛰어들면서 그 저변은 더

확대될 것이라는 분석이다. 야후·e베이 등도 자체적인 앱스토어 준비를 시작해 앱스(Apps) 개발자들을 독려하고 있다.

할리우드 등 연예계와 연계한 앱스 개발도 눈여겨볼 대목이다. 그룹 네피 헤즈의 멤버 티페인(T-pain)의 노래를 음악 소프트웨어로 만들어 아이폰 앱스토어에 올린 벤처기업 스물은 한 번 내려 받을 때마다 2.99달러를 받아 1년이 채 안 돼 총 300만 달러를 벌기도 했다. – 생략 –

자료: 『전자신문』, 2009년 10월 27일, 국제면, 「신생벤처 앱스토어에서 큰다」 기사 중 일부.

기존의 IT 혁명이 구체적이고 직접적인 비즈니스모델이 결여된 반면, 스마트폰 개방형 혁신 비즈니스 모델 기반의 21세기형 IT 벤처 혁명의 무엇보다도 구체적인 수익모델을 전제로 한다는 점에서 1990년대 후반의 IT 버블을 낳았던 기존 IT 혁명과 구별된다. 따라서 보다 구체적인 수익모델을 가진 다양한 벤처기업의 출현과 성장이 가능한 기반이 형성되고 있는 것이다. 그런데 스마트폰 기반의 개방형 혁신 비즈니스 모델은 스마트폰의 현재적 잠재적 사용자인 개인들이 가지는 창조적이고 혁신적인 아이디어가 바로 새로운 비즈니스 모델의 출발점이라는 점에서 전형적인 지식기반 사회형 벤처생태계의 특징을 가진다. 즉 노동이나 자본이 아니라 주로 개인의 혁신적 아이디어가 바로 새로운 비즈니스 모델을 실재 설계하고 구현하는 필요·충분조건이 된다. 야마사키 준이치로(2009. p. 40~53)는 아이폰 앱스토어 사업은 주말에만 일하는 주말기업으로 가능하며, 동 사업에 필요한 직접비로 노트북(Mac Book) 135만 원, 아이폰 SDK 공짜, 아이폰 기기 값, 아이폰 개발자 프로그램 연간 라이센스비 약 10만 원 등 200여 만이면 충분하다고 말한다. 아울러 그는 기존에는 휴대폰 소프트웨어 사업이 NTT사의 아이모드 사례에서 볼 때, 수천에서 수억 원의 초기투자가 더 드는 사업이었다고 한다. 아울러 앱스토어에서 잘 팔리는 애플리케이션의 대상층이 폭넓다기보다는 소수 마니아를 향해 있고, 애플리케이션 역시 공수를 고려한 상업적인 제품이라기보다는 특유의 고집과 특성이 반영되어 있어서 대기업이 끼어들기 어려운 시장이라고 준이치로는 지적하고 있다.

사례 4-24. 애플 앱스토어, 벤처 생태계를 새로 형성하다

아이폰 열풍이 국내 벤처사업계를 뒤흔들고 있다. 앱스토어로 콘텐츠 개발이 크게 인기를 끈 데 이어 아이폰 한국 상륙을 계기로 관련 하드웨어 등 새로운 사업이 잇따라 창출됐다. 아이폰 특수에 소규모 아이디어 벤처기업이 순발력을 발휘하는 격이다. - 중략 -

아이큐브(대표 강성재)는 내년 1. 2월께 아이폰 전용 DMB TV수신기(Tivit)를 공개한다. 국내에서는 휴대폰으로 TV를 보는 것이 보편화했지만 아이폰에 TV 기능이 없다는 데 착안, 지난해부터 개발해왔다. 와이파이를 통해 DMB TV를 수신하는 것으로 수신기는 보조배터리 역할도 한다. - 중략 -

그린파워전자(대표 손진섭)는 스피커 기능이 있는 아이폰용 배터리팩을 다음 달 초 출시할 계획이다. 이 회사의 박상보 이사는 "아이폰은 배터리가 큰 약점이다. 배터리 문제 해결과 함께 한국 소비자 취향에 맞게 스피커 기능을 추가해 개발 중"이라고 말했다. 지난해 설립한 2인 벤처기업 신지모루(대표 정찬호)도 차량의 카세트 데크를 이용해 아이폰을 충전하고 이용할 수 있는 제품을 개발 중이다. 은행들이 아이폰 모바일 뱅킹에 속속 나선 가운데 아이폰+금융 비즈니스도 등장했다. 포비커(대표 고종옥)는 KB국민은행과 함께 아이폰 전용 쿠폰 솔루션을 개발 중이다.

- 중략 -

벤처캐피털 업계도 아이폰 후방비지니스 활성화에 신생 우량 업체가 다수 나타
날 것으로 기대했다. 문규학 소프트뱅크벤처스 사장은 아이폰 등 스마트폰 등장은
모바일 인터넷 환경을 완전히 바꾸는 쓰나미라며 기존 산업이 변화하고 혁신하는 것
은 벤처투자자에게 기회라고 평했다.

자료: 『전자신문』, 2009년 12월 16일, 종합면, 「벤처에도 아이폰 열풍」 기사 중 일부.

스마트폰 기반 개방형 혁신 비즈니스 모델의 형성은 국내에서도 새로운 벤
처생태계의 출현을 가능하게 하고 있다. 우선은 사례 4-24와 같이 스마트폰용
충전기, 스피커 등의 우방비지니스 영역 벤처기업의 등장이 활성화될 것이다.
그러나 궁극적으로는 국내에서도 개인의 창조적인 아이디어에 기반한 다양한
앱스토어 애플리케이션 개발을 통한 IT 기반의 신개념 벤처 생태계가 형성될
것으로 예측된다. 개인의 창조적 아이디어에 기반을 둔 진정한 1인 창조기업
의 모태가 바로 스마트폰 앱스토어의 개방형 혁신 비즈니스 모델인 것이다.

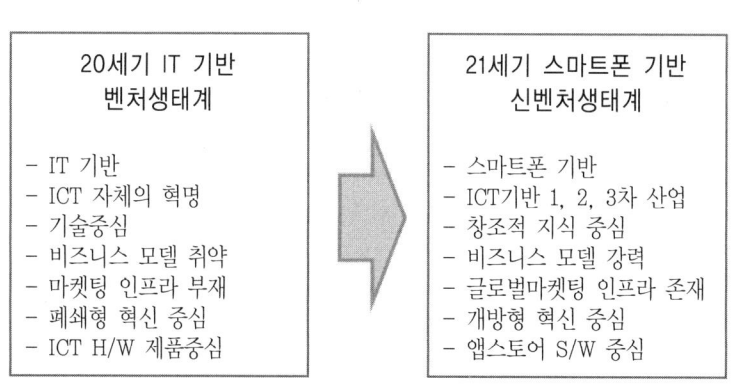

그림 31. 스마트폰 기반 벤처생태계의 진화

그림 31과 같이 스마트폰 기반 신벤처 생태계가 기존의 벤처 생태계와 다르게 개인의 창조적 지식중심으로 강력한 비즈니스 모델을 기반으로 형성되고 있다. 아울러 개방형 혁신 중심의 마케팅 네트워크를 토대로 S/W 중심으로 혁신적 제품들이 벤처 활성화를 주도할 것으로 예측된다. 따라서 국내 벤처 생태계도 이러한 상황 변화에 맞추어 기존의 ICT H/W 중심의 접근에서 벗어나서 개방형 혁신 비즈니스 중심의 S/W 개발을 통해 글로벌 마케팅 네트워크를 활용해 판매하는 전략을 추진할 필요가 있다. 물론, 국내의 무선인터넷 인프라의 미성숙이나 국내 스마트폰 사용자의 양적 규모의 부족 등으로 국내 시장을 토대로 스마트폰 애플리케이션 개발에는 한계가 있을 수 있을 것이다. 하지만 국내의 기존 모바일 폰 사용자들의 양적 질적 성숙도를 기반으로 보다 적극적으로 새로운 스마트폰 벤처 생태계의 초기 사용자(Lead User)를 적극적으로 육성하고 그들이 글로벌 개방형 혁신 비즈니스 모델을 주도하도록 할 필요가 있다.

4-17. 게임 산업, 개방형 혁신 비즈니스 모델이 답이다

사례 4-25에 따르면, 2009년 게임 시장의 지형이 급격하게 변화하였음을 알 수 있다. 즉 게임 산업의 초점이 기존의 PC 중심에서 일부 전용기기를 넘어서서 급격하게 스마트폰 기반의 모바일게임으로 그 중심이 변화하고 있는 것이다. 이러한 게임 시장 지형의 변화는 게임 산업에서 마케팅보다 오로지 창조성과 혁신성이 새로운 성공의 기준으로 자리잡아가고 있다는 내용적 변화도 수반하고 있는 것이다. 스마트폰 기반의 모바일게임은 PC게임의 보조적 수단이 아니라, 그것을 대체하고 오히려 PC를 보조적 게임수단으로 전환시키는 역할까지 할 수도 있다.

사례 4-25. 개방형 혁신 비즈니스모델의 게임 시장 진입

2009년 모바일게임 시장의 최대 화두는 단연 오픈마켓이다. 모바일게임 업체들은 해외 사업의 초점을 현지 이동통신사에서 애플 앱스토어 등 오픈마켓으로 선회했다. 오픈마켓이 이동통신사를 통한 해외 진출에 비해 콘텐츠 유통이 훨씬 수월하고 콘텐츠의 경쟁력만 있다면 수익 면에서도 큰 효과가 있기 때문이다. 오픈마켓에서 가장 인기 있는 콘텐츠는 게임이다. 애플 앱스토어의 다운로드 콘텐츠 중 70%가 게임이다. 오픈마켓 진출을 추진해 온 컴투스와 게임빌은 애플 앱스토어를 통한 수익이 해외 사업 비중의 절반 수준으로 올라왔다. 양사는 오픈마켓 대응 전담 부서를 만들고, 전용 콘텐츠를 개발하는 등 오픈마켓 공략에 박차를 가하고 있다. 모바일게임 업계의 오픈마켓 진출에 대해 미국 벤처캐피털 스톰벤처스의 남태희 변호사는 "모바일 시장의 큰 흐름은 스마트폰의 성장"이라며 "이로 인해 모바일게임이 지금까지와는 다른 차원으로 성장하고, 향후 PC에 버금가는 수준이 될 것"으로 전망했다.

모바일게임 업체들은 앱스토어에서 속속 성과를 내고 있다. 게임빌의 '제노니아'는 애플 앱스토어 게임부문 '2009년 최고의 게임'과 '가장 많이 팔린 게임'에 선정됐다. 컴투스의 '이노티아'는 서비스 시작 일주일도 안돼 롤플레잉게임 분야 1위를 차지했다. 또 하나의 경사는 1,000만 다운로드 시대가 열렸다는 사실이다. 처음으로 1,000만 다운로드라는 금자탑을 세운 주인공은 게임빌의 프로야구 시리즈다. 넥슨모바일의 메이플스토리 시리즈도 1,000만 다운로드를 돌파했다. 컴투스의 미니게임천국 시리즈도 1,000만 다운로드를 눈앞에 두고 있다. 세 시리즈의 게임들은 나올 때마다 밀리언셀러를 기록한다는 점도 같다. 신작이 나오면 앞으로도 치열한 경쟁이 예상된다. - 생략 -

자료:『전자신문』, 2009년 12월 22일, 기획면,「모바일 게임, 오픈마켓 화두」기사 중 일부.

심지어는 사례 4-26과 같이 신생 게임 업체들이 스마트폰 앱스토어를 목표로 창업되고 시장을 두드리는 현상까지 나타나고 있는 것이다. 그런데 주목할 것은 스마트폰 게임이 가지는 성공 요소가 기존 PC 기반 게임이나 전용기 기반 게임과는 다를 수 있다는 것이다. 그것은 스마트폰이라는 신개념 모바일 PC를 기반으로 하는 게임이기 때문이다. 스마트폰 기반 게임 개발은 무엇보다도 스마트폰 사용자의 아이디어, 기회 및 창조성을 토대로 만들어질 때, 보다 높은 성공가능성이 있다. 즉 스마트폰 사용자 기반 개방형 혁신 방식의 게임 개발이 요구되는 것이다. 스마트폰 게임 사용자들의 커뮤니티를 활성화하고 그들의 요구와 기대를 새로운 게임으로 적극적으로 담아내고 특정 영역의 스마트폰 게임 사용자 그룹들을 중심으로 스스로 새로운 게임을 제작할 수 있는 시스템을 만드는 것 등이 스마트폰 기반 모바일 게임 기업의 발전전략인 것이다.

사례 4-26. 게임의 새로운 트렌드, 모바일 게임

"스마트폰이 가져온 모바일 생태계는 개발자들에게 새로운 기회를 주고 있습니다. 편리한 개발환경과 게임의 완성도는 콘텐츠 공급자와 소비자 모두를 만족시킬 수 있습니다." 김영식 넥스트앱스 사장은 모바일게임 첫 데뷔를 이동통신사가 아닌 콘텐츠 오픈마켓에서 한 이유를 이렇게 설명했다. 넥스트앱스는 리듬게임 '비트라이더'의 개발진이 의기투합해 모바일 오픈마켓의 가능성을 보고 지난 10월 창업한 회사다.

　회사 업력은 두 달 밖에 안됐지만 이미 성과를 내기 시작했다. 이달 1일 첫 번째 작품으로 내놓은 아이폰용 게임 '블러드헌터'(BLOOD HUNTER)가 출시 일주일 만에 애플 한국 앱스토어 100위권 진입에 성공한 데 이어 14일 기준으로 판매순위 16위 까지 가파른 상승세를 기록하고 있다. 블러드헌터 인기의 일등공신은 완성도다. 이 게임은 사람과 뱀파이어, 드라큘라의 싸움을 스토리로 담아냈으며 통쾌한 타격감과 박진감 넘치는 사운드가 돋보인다. 모바일게임 마니아들은 블러드헌터를 '속도감과 중독성이 있는 슈팅게임'이라고 평가했다. 김영식 사장은 "일반 휴대폰에서는 표현 하지 못하는 게임의 완성도로 짧은 시간에도 유저들이 많은 관심을 보이고 있다"며 "후속작은 그래픽에 더 신경을 쓸 생각"이라고 말했다. - 생략 -

자료: 『전자신문』, 2009년 12월 16일, 콘텐츠면, 「넥스트앱스, 모바일 게임 돌풍」 기사 중 일부.

　그림 32와 같이 스마트폰 기반 게임개발을 위해서는 고려해야할 3대 요소 가 있다. 무엇보다도 게임 기기의 휴대성이다. 따라서 짧은 시간에 즐길 수 있는 게임, 잠시 멈추었다가 다시 할 수 있는 신개념 게임의 개발이 요구된다. 아울러 스마트폰의 사회적 네트워크 수단으로서의 기능에 착안한 게임 내용 정립이 필요하다. 즉 스마트폰 기반 게임이 기본적으로 사람과 사람을 연결하 고 네트워크를 만들고 강화하는 기능을 가질 때, 보다 많은 사용자들의 관심 을 받을 수 있을 것이다. 마지막으로 스마트폰이 가진 개인 프라이버시 영역 을 담은 게임의 개발은 새로운 게임 영역을 창출할 수 있을 것이다.

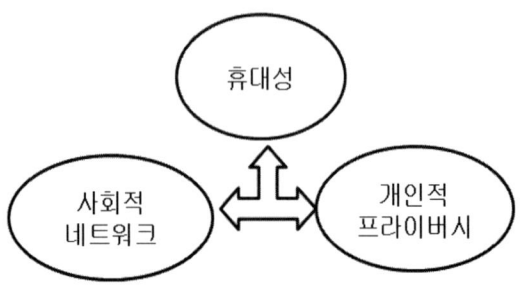

그림 32. 스마트폰 기반 게임개발의 3대 요소

4-18. 개방형 혁신 비즈니스 모델, 국내 자체 앱스토어 개발로 진화

스마트폰 기반의 개방형 혁신 비즈니스 모델의 기본적인 툴이 바로 앱스토어이다. 스마트폰 사용자에게 스스로 앱스토어에 다양한 콘텐츠를 제작해서 올리게 개방함으로써 외부의 지식과 아이디어가 바로 신제품으로 전환하여 또 다른 사용자들의 수요를 창출하는 것이다. 아이폰의 앱스토어가 성공한 이래 국내에도 다양한 앱스토어가 등장하고 있다. 그런데 이러한 앱스토어들이 과연 앱스토어의 개방성에 기초한 비즈니스 모델을 가지고 있는 것인지, 아니면 단순히 앱스토어의 형태만 차용한 것인지 눈여겨 살펴볼 필요가 있다.

사례 4-27. SKT의 자체 앱스토어

SK텔레콤이 자체 개발한 모바일 플랫폼 'SKT 애플리케이션 프레임워크(스카프 · SKAF)'를 탑재한 스마트폰을 내놓는다. 2009년 12월 9일 SK텔레콤(대표 정만원)에 따르면 이달 중에 출시할 삼성전자의 리눅스모바일 운용체계(OS) 스마트폰인

'리모폰(SCH-M510)'에 독자 모바일 플랫폼인 스카프를 내장한 것으로 확인됐다. 스카프는 안드로이드 · 심비안 · 리모 등 모바일 OS와 다양한 콘텐츠 · 애플리케이션을 연결해주는 미들웨어로 최근 삼성전자가 내놓은 모바일 플랫폼인 '바다(BADA)'와 유사하다. SKT는 그동안 스카프 개발툴을 애플리케이션 개발자들에게 제공해 자체 앱스토어인 'T스토어'에 손쉽게 콘텐츠를 올릴 수 있게 했으나 스마트폰 자체에 탑재한 것은 이번이 처음이다. 스카프 탑재 스마트폰은 기존 일반폰에서 손쉽게 이용할 수 있었던 주소록 자동저장이나 T캐시, 네이트포털, 멜론 등 SKT 전용 부가 서비스들이 최적화된 단말로 스마트폰 이용자들이 다양한 콘텐츠와 소프트웨어를 편리하게 이용할 수 있게 된다.

SKT 관계자는 "스마트폰은 그동안 사용해오던 전용 서비스 이용에 어려움이 있지만 스카프가 탑재된 스마트폰은 SKT만의 서비스를 거의 그대로 편리하게 사용할수 있다는 것이 특징"이라며 "현재 안정화 테스트 등 출시를 위한 막바지 작업에 들어가 이달 중순께 첫 선을 보일 계획이며 내년에도 스카프가 내장된 스마트폰을계속 확대할 예정"이라고 말했다.

자료: 『전자신문』, 2009년 12월 10일, 방송통신면, 「SKT 자체 모바일 플랫폼 탑재 폰 첫선」기사.

왜냐하면 개방성 비즈니스 모델에 기반하지 않은 앱스토어는 기존의 온라인 쇼핑몰과 다를 바 없으며, 오히려 독립 온라인 쇼핑몰의 한계를 가질 것이기 때문이다. 사례 4-27은 SKT가 추진 중인 스카프 OS를 제시하고 있다. 동OS는 SKT가 자체 앱스토어인 T스토어에 애플리케이션을 올릴 수 있는 개발자 툴킷으로 스카프의 내장은 기존 SKT 모바일 폰에 탑재되었던 콘텐츠를스마트폰에 탑재하기 위한 방안인 것이다. 그런데 스카프 내장은 기존 SK 모바일 폰 탑재 S/W들을 제공하는 것 이상의 의미를 가지기에는 여러 가지 한계가 있다. T스토어의 개방성이 SKT 모바일 폰 서비스를 제공하는 대상이 국내 사용자뿐이기 때문에 개방형 혁신을 통한 일반 S/W 제공자들이 얻을 수 있는 S/W 판매 수익의 범위 또한 국내 사용자 중에서도 SK 모바일 폰 서비스 사용자로 제한된다. 구글 안드로이드 공개 OS를 사용하는 스마트폰 기업들 스스로 부가한 앱스토어가 아직까지 성공한 예가 없는 이유가 바로 이 때문이다. 그리고 아이폰 앱스토어의 경우에는 OS 자체가 비공개이기 때문에 모바일 폰 서비스를 제공하는 AT&T가 자체 앱스토어를 구축하지 못했다. SKT의 새로운 앱스토어 시험이 국내의 다른 모바일 폰 서비스 기업들에 의해 시도되고 있는데 그것이 성공하기 위해서는 상당한 난관이 존재함을 부인할 수 없다. 삼성이 자체 개발한 바다 OS 기반의 앱스토어 개발은 SKT의 스카프와는 전혀 다른 상황이다. 스카프가 기존의 공개 OS 위에 구현하는 부가 OS라면 바다 OS는 기존의 OS를 대체하는 스마트폰용 별도 OS 개념으로 등장하고 있는 것이다.

사례 4-28. 사전부문의 앱스토어 사례

전자사전 시장에도 앱스토어 시대가 열렸다.

에이트리(대표 이래환 www.atree.com)는 자사 전자사전 및 휴대형 멀티미디어 플레이어용 콘텐츠 사이트 '에이트리 스토어(www.atreestore.com)'를 오픈했다고 11일 밝혔다. 에이트리 스토어는 콘텐츠 서비스와 휴대형 기기를 결합한 컨버전스 서비스다. 40여 종의 다양한 전자사전 콘텐츠는 물론 학습 콘텐츠를 제공하며, 전자사전 업계 최초로 콘텐츠를 사용자가 취사선택해 구매 후 이용할 수 있도록 한 것이 특징이다. 전자사전 시장에 처음 선보이는 앱스토어 모델이라는 평가다. 또

CSD 뷰어를 통해 토익 문제풀이 콘텐츠와 토익 · 토플 · TEPS · 일본어 · 중국어, 중고등 교육, 자격증 등 약 250여 종의 다양한 동영상 강좌도 제공한다. 에이트리 측은 향후 지속적으로 다양한 사전 및 학습 콘텐츠는 물론 특목고, 중고등 내신 준비를 위한 교육 콘텐츠를 제공할 예정이라고 밝혔다.

이래환 사장은 "그동안 전자사전 업계에는 과다한 콘텐츠 탑재에 따른 가격 상승 요인이 존재해 왔다"며 "에이트리 스토어를 통해 사용자별로 필요한 콘텐츠를 구매해 제품 단가를 낮추고, 합리적인 소비를 가능하게 할 것으로 기대한다"고 말했다. 또 "지속적으로 콘텐츠를 보강해 원스톱 교육 포털로 자리매김시킬 것"이라고 덧붙였다.

자료: 『전자신문』, 2009년 8월 12일, 경제면, 「에이트리, 전자사전용 앱스토어 오픈」 기사.

사례 4-28에 소개된 에이트리의 전자사전 앱스토어는 개념적으로는 별도의 쇼핑몰이지 앱스토어라고 할 수 없다. 앱스토어는 개방형 비즈니스 모델에 기반하고 있는 반면, 동 사례는 전자사전이나 관련 콘텐츠를 집약해 두고 S/W들을 판매하는 쇼핑몰에 불과하다. 사용자가 스스로 만들거나 다양한 잠재적 사용자들이 새로운 애플리케이션을 만들어 올리는 제작자 툴킷이 없을 뿐만 아니라 아이폰이나 안드로이드폰 등의 OS에 맞게 스마트폰 기반으로 제공되는 S/W들을 바로 스마트폰에 공급할 수 있는 것도 아니다. 앱스토어 개념에 대한 이해 부족에서 제안된 앱스토어에 가까운 것이 바로 위 사례이다.

한편 사례 4-29는 또 다른 한국형 앱스토어를 제시하고 있다. 동 기업은 사실 S/W의 생산과 유통을 사업목적으로 하는 온라인 S/W 쇼핑몰의 성격에 가깝다. PC 전용 S/W의 경우에는 이러한 성격의 S/W를 온라인상에서 구매하고 내려 받아 설치함으로써 사용자들이 개인의 용도에 맞게 사용하는 것이 가능할 것이다. 하지만 이 또한 공급자 중심의 일방적인 S/W 판매 형태를 취하고 있는 점에서 사용자를 포함한 외부자들이 S/W의 생산자로 참여하는 것이 가능한 앱스토어의 개방형 혁신 비즈니스 모델과는 구별되는 개념이다.

사례 4-29. 토착형 앱스토어의 출현

보물닷컴(대표 이준영)이 한국형 '앱스토어'로의 변신을 선언했다. 앱스토어는 애플이 운영하는 소프트웨어 오픈 마켓으로 응용 소프트웨어와 애플리케이션을 자유롭게 공유하고 판매할 수 있다. 보물닷컴은 대대적인 사이트 개편을 통해 소프트웨어 생산과 유통 서비스를 강화하고 모바일 콘텐츠도 추가하겠다고 밝혔다. 보물닷컴에는 이미 유틸리티, 멀티미디어·그래픽, 인터넷·데스크톱, 경영·업무·어린이 학습, 플래시 게임과 무료 운세 서비스, 스크린 세이버 제작, 뮤직 비디오 감상, 할인 쿠폰 등 무료로 이용할 수 있는 다양한 콘텐츠를 갖췄다. 최근에는 PC를 사용할 때 삭제된 중요데이터를 복구해주는 온라인 복구서비스 '복구마녀'를 선보여 유료 결제 사용자 5만 명을 돌파했다. 이준영 대표는 "온라인 서비스를 안정화하고 빠른 시일 내에 모바일 시장까지 영역을 넓히겠다"며 "7월 대대적인 사이트 개편으로 한국형 앱스토어로 새롭게 자리매김 하겠다"고 말했다. 지난 97년 유니텔·하이텔에 소프트웨어 자료실 서비스가 기원인 보물닷컴은 12년 동안 소프트웨어와 ASP서비스를 축으로 인터넷·소프트웨어 분야에 몸담은 웹 1세대 업체다.

자료: 『전자신문』, 2009년 6월 15일, IT 및 과학면, 「보물닷컴, 한국형 앱스토어 선언」 기사.

사례 4-30은 게임분야의 토착 앱스토어를 지향하고 있다. PC 기반 게임의 사용자들이나 외부인이 제작자 툴킷을 사용하여 게임을 제작하고, 다른 PC게임 사용자들에게 공급하는 비즈니스 모델을 채택하고 있다. 동 게임 앱스토어는 게임을 일방적으로 공급하는 게 아니라 게임 사용자 스스로 새로운 게임을 만들어 공급하는 시스템을 갖춘 개방형 혁신 비즈니스 모델을 지향하고 있다.

사례 4-30. 토착형 게임 앱스토어

한국형 게임 앱스토어로 알려진NHN의 '아이두게임'이 오는 2009년 9월 시범 서비스를 시작한다. 아이두게임은 누구나 아이디어만 있으면 게임을 개발해 돈을 벌 수 있는 게임 장터다. 특히 이 아이두게임은 해외에서도 서비스돼 해외에서 우리나라 아마추어 개발자가 만든 게임이 애플 앱스토어의 인기 게임처럼 세계적 흥행작 반열에도 오를 수 있을 전망이다. - 중략 -

아이두게임은 NHN이 지난 2006년부터 기획한 열린 게임 서비스다. 누구나 자신이 개발한 게임을 아이두게임에 올리면 누구나 그 게임을 할 수 있다. 오는 9월 시범 서비스를 시작하고 정식 서비스는 12월에 이뤄질 예정이다. 게임을 만든 사람은 그 게임 이용자 수에 따라 돈을 받는다. 받는 금액은 이용자 수에 따라 달라지는데 현재 일일 최대 10만 원으로 정해져 있다. - 중략 -

NHN은 아이두게임의 활성화를 위해 게임 개발 도구인 '게임오븐'도 함께 무료로 제공한다. 게임오븐은 프로그래밍에서 오류 수정, 패키지 등 게임 개발에 필요한 전 과정을 처리할 수 있는 통합솔루션이다. - 생략 -

자료:『전자신문』, 2009년 6월 8일, IT 및 과학면, 「NHN, 아이두게임 2009년 9월 시범 서비스 오픈」 기사 중 일부.

물론 동 게임 앱스토어는 PC를 기반으로 한다는 점에서 스마트폰 기반의 아이폰 앱스토어나 안드로이드 앱스토어와는 구별된다. 그리고 PC 기반의 앱스토어의 성격상 S/W 다운에서 일정한 수익이 창출되는 것이 아니라, 다운

받은 게임의 이용에서 이윤이 창출되기 때문에 사용자들의 게임 이용시간을 기준으로 S/W 공급자들에게 이익을 보장하고 있다. 그런데 엄격한 의미에서 위의 사례에서 보여주는 게임 앱스토어를 진정한 앱스토어라고 할 수 없다. 게임의 사용자들을 생산자로서 참여토록 하는 개방형 혁신 비즈니스 모델을 가지고 있기는 하지만, 앱스토어가 지향하는 보다 확대된 사용자 창조성 기반이 약하다. 비록 게임사용자들이 툴킷을 활용해서 게임 제작자로 참여할 수는 있지만, 스마트폰 애플리케이션과 같이 사용자들이 자신의 창조적 아이디어만을 가지고 애플리케이션 S/W 제작자로 참여하는 것이 사실상 제한적이기 때문이다. 개인, 혹은 영세한 게임 제작 기업들이 동 게임 앱스토어 기반 게임 제작의 대부분을 차지하고 일반 게임 사용자들 스스로 PC 게임 앱스토어 제작자로 나서는 것은 제한적인 수준에 그칠 것이다.

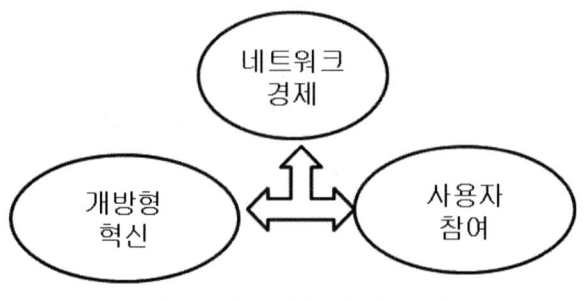

그림 33. 앱스토어의 3대 성공 조건

앱스토어가 성공하기 위해서는 최소한 그림 33의 세 가지 조건이 충족될 필요가 있다. 첫째, 개방형 혁신 비즈니스모델이다. 앱스토어 공급업체가 아니라 외부 참여자가 툴킷을 활용해서 애플리케이션을 만들어 올리는 것이 가능할 때 앱스토어로서의 가치를 가진다. 아이폰 앱스토어의 성공조건이 바로 개방형 혁신 비즈니스 모델에 있다. 둘째, 사용자 참여이다. 앱스토어의 사용자들이 앱스토어의 잠재적 공급자로서의 역할을 할 수 있는 사용자 참여 가능성의 활성화가 앱스토어의 성공조건이다. 해당 앱스토어의 이용자 스스로 앱스토어 애플리케이션의 공급자 역할을 할 수 있도록 사용자 편의성이 높은 S/W 제작 툴킷의 공급이나 사용자 공급자들에게 충분하고 투명하며 명확한 이익의 보장 등이 바로 사용자 참여를 결정하는 요소들이 될 것이다. 셋째, 네트워크 경제 형성의 가능성을 들 수 있다. 즉 앱스토어에 사용자로서 참여하면 참여할수록 보다 많은, 혹은 무한한 새로운 애플리케이션 이용 가능성과 보다 창조적인 애플리케이션 자체 개발 가능성이 커진다면, 해당 앱스토어는 성공할 가능성이 높아진다. 제한된 사용자나 제한된 외부 혁신 주체들의 참여로는 앱스토어의 성공 가능성이 낮다.

사례 4-31. 앱스토어, 새로운 IT 혁명의 중심

'1980년대 PC 혁명→1990년대 인터넷 혁명→2000년대 앱(App) 혁명'

IT(정보기술) 업계에 제3의 지각변동이 시작됐다. 이른바 앱 혁명이다. 2008년 7월 애플이 스마트폰인 '아이폰'용 애플리케이션(응용프로그램)을 사고파는 장터인 '앱스토어(Appstore)'를 오픈한 지 불과 1년여 만에 앱스토어가 세계 IT 판도를 뒤흔드는 태풍의 눈으로 떠올랐다. 앱스토어 덕분에 애플의 아이폰 판매는 출시 2년여 만에 3,500만 대를 돌파했고, 앱스토어 누적 다운로드 건수는 20억 건을 넘어섰다. 애플은 앱스토어를 통해 1년 만에 최소 4,500만 달러를 벌어들인 것으로 추산된다.

– 중략 –

전문가들은 앱스토어의 가장 큰 성공 비결로 개방성과 응용성을 꼽는다. 기존의 휴대폰 서비스가 이동통신사들의 폐쇄적 시스템에서 제한적으로 제공됐던 것에 반해 앱스토어는 개발자와 운영자, 소비자라는 삼각편대를 구성해 콘텐츠와 애플리케이션이 자유자재로 유통될 수 있도록 장벽을 제거했다. 누구나 양질의 정보와 소프트웨어를 개발해 앱스토어에 올릴 수 있고 소비자인 동시에 개발자로서 돈을 벌 수 있는 기회를 터줬다. — 중략 —

애플의 성공 신화에 가장 먼저 도전장을 내민 건 '포털 공룡' 구글이다. 구글은 지난해 10월 자사의 스마트폰 운영체제(OS)인 안드로이드를 기반으로 한 앱스토어 '안드로이드 마켓'을 선보였다. 콘텐츠를 자체적으로 심사하는 애플과 달리 구글은 무엇이든 자유롭게 거래가 가능하도록 했고 연간 99~299달러를 내야 하는 애플과 달리 초기 등록비(25달러) 이외에 일체의 요금을 받지 않는다. — 생략 —

자료:『한국경제신문』, 2009년 12월 22일, 국제면,「스마트폰이 달군 앱 혁명, IT업계의 제3의 물결」기사 중 일부.

사례 4-31의 사례에서도 앱스토어의 핵심적 성공요인으로 개방형 혁신 비즈니스 모델이 제시되고 있다. 새로운 IT 혁명이라고까지 일컬어지는 앱스토어 혁명은 글로벌 시장 거대 스마트폰 제조사, 글로벌 S/W업체, 혹은 글로벌 포털들이 중심이 되어 현재 진행형으로 이미 우리들 가까이에서 진행되고 있는 것이다. 새로운 IT 혁명의 중심이 스마트폰이고, 스마트폰 산업 영업이익의 주요 부분이 앱스토어에서 창출되고 있는 것이 현실이다. 그렇다면 우리나라 모바일 산업의 미래는 스마트폰 분야 개방형 혁신 비즈니스 모델인 앱스토어 개발에 상당 부분 좌우될 수 있다. 물론 앱스토어에 대한 개인 사용자, 혹은 1인 창조기업 등의 적극적인 참여를 기반으로 하는 비즈니스 수익 모델은 새로운 벤처생태계 창출을 가능하게 할 것이다. 하지만 새로운 IT혁명기의 확실한 경쟁우위는 개방형 혁신 비즈니스 모델 앱스토어의 창출에 있다.

5부

기술·지식 중개 및 특허 경영

5-1. 기술 중개 기업(Intermediate Market)의 등장

지식과 기술에 대한 중개 시장(Intermediate Market)을 체스브로(2006. p. 55~56)는 혁신 시장, 혹은 2차 시장(Secondary Market)이라고 지칭한 바 있다. 이러한 혁신 시장의 등장은 무엇보다도 애로우 정보 패러독스(Arrow Information Paradox)에 기인한다.

사례 5-1. 인텔렉추얼벤처스의 개방형 특허 비즈니스 모델
- 중략 -

IV(인텔렉추얼벤처스)는 발명가들에게 천사와 같은 존재다. IV는 50억 달러(약 6조2500억 원)의 탄탄한 재원으로 첫째, 기업과 대학의 특허를 사들이고 둘째, 대학, 연구소를 지원해 특허를 발굴하고 셋째, 자체 연구소에서 직접 발명가의 연구를 지원하는 세 가지 종류의 펀드를 운영한다. 특허의 옥석을 가리는 일은 MS, 벨연구소, 매사추세츠공대(MIT) 등 세계 최고의 기업 및 연구소 출신의 연구진 200여 명과 특허 변호사 200여 명이 함께 맡는다. 이들은 한 해에 4만여 건의 특허와 아이디어를 검토해 선별한다. 사들인 특허는 분야별로 모아 하나의 묶음(패키지)으로 만든 뒤 원하는 기업들에 유료로 제공한다. 특허가 패키지로 묶여 있기 때문에 웬만해선 그 범위를 피해 갈 수 없다. - 중략 -

IV는 아이디어를 가진 사람과 기업이 특허를 사고파는 시장을 만들어 냈다는 평가를 받는다. 세계 특허시장은 1990년 200억 달러에서 2007년 5,000억 달러로 성장했다. IV의 기술 분야 글로벌 책임자인 패트릭 에니스 박사는 "IV는 아이디어로 돈을 벌 수 있다는 점을 입증했다"고 강조했다. 특허 전문가들도 "IV의 등장은 기업이 아닌 아이디어에 투자하는 발명 자본주의(Invention Capitalism) 시대를 앞당겼다"고 평가했다. 그러나 IV는 특허를 사용하는 제조업체들에는 괴물과 같은 존재다. 삼성전자와 LG전자는 작년부터 IV에서 수천억 원의 휴대전화 관련 특허 사용료를 내라는 압박을 받고 있다. 미국 버라이즌과 시스코시스템스는 이미 2억~4억 달러 (약 2500억~5000억 원)의 사용료를 냈다. IV는 다른 특허괴물과 달리 아직 소송에 나선 적은 없지만 발명가가 제 몫을 받지 못하면 법정에 가는 일은 불가피하다는 주장을 펼치고 있다.

IV는 작년 말 한국에 들어오자마자 국내 대학에서 260여 건의 아이디어를 매집해 논란의 대상이 됐다. 이 회사는 한국에 진출한 이유를 "창조적인 아이디어를 많이 만들어내지만 이에 대한 보상이 제대로 이뤄지지 않기 때문"이라고 주장했다.

 - 중략 -

발명 자본주의(Invention Capitalism)란 기존 펀드가 주식이나 채권 등에 투자하는 것과 달리 아이디어, 특허 등 지식자산에 투자해 수익을 올리는 발명자본(또는 창의자본)이 투자 행태의 중심이 되는 것을 말한다. 지식자산의 가치를 높게 평가하는 지식경제 시대가 도래하면서 이런 투자시스템을 일컫는 발명 자본주의라는 표현이 등장했다. - 생략 -

자료: 동아일보, 2009년 8월 25일, 국제면, 「미(美)벨뷰 후미진 창고엔 특허를 먹고 사는 괴물이 산다」 기사 중 일부.

애로우 정보 패러독스란 지식과 정보를 외부에 팔고자 할 경우, 너무 상세한 정보를 사전에 제공하면 구매자가 돈을 주고 구매하기 보다는 해당 기술에 무임승차하려 하고, 다른 한편으로 너무 적은 정보를 사전에 제공하면 해당 기술에 대한 구매자의 신뢰가 떨어져서 해당 기술을 구매하지 않으려는 상황을 의미한다. 이와 같은 애로우 정보 패러독스에 대한 시장적 대응이 바로 기술 중개 기업인 것이다. 중개 기업은 기술의 구매자에게 필요한 기술을 전문적으로 제공함으로써 구매자의 신뢰를 획득하고, 다양한 외부 기술 공급자로부터 적극적으로 기술을 구매하여 시장적 가치가 있는 기술을 충분히 확보, 축적함으로써 기술의 시장 거래를 활성화 할 수 있게 된다.

특히 사례 5-1과 같은 인텔렉추얼벤처스 형의 기술 중개 기업은 수십 년간의 국가연구개발 투자를 통해 축적되어 있지만 시장화 되고 있지 않는 대학과 출연연구기관들의 미출원 특허 아이디어들을 대상으로 함으로써 우리나라에서 많은 사회적 파장을 불러일으키고 있다. 기술 중개 시장의 등장과 활성화가 개방형 혁신의 활성화와 연결되어 있는 이상, 인텔렉추얼벤처스형의 기술 중개 기업에 대한 국가 정책적 대응, 혹은 기업 전략적 대응 또한 기술 중개 시장의 논리와 방법에 따라 개발되어야 할 것이다.

사례 5-2. 개방형 혁신 지식 시장

우선 WSJ는 주변 관계사들과 함께 미래 시장 전망에 대해 시나리오를 짜보라고 권유했다. 예를 들어 미래 도시에서 에너지 사업 기회를 탐색하는 석유회사라면 건설, 수도, 전력회사와 공동으로 청사진을 그려보라는 것이다. 실제로 노보노르디스크라는 덴마크 제약회사는 영국 비영리기관인 옥스퍼드헬스얼라이언스와 시나리오를 공유함으로써 시야를 넓힐 수 있었다.

인터넷 '아이디어 장터' 개설도 한 방법이다. '이노센티브닷컴(InnoCentive.com)'은 과학적인, 또는 비즈니스상 문제가 생겼을 때 해법을 구하기 위한 사이트다. 때론 해법 제시에 5,000달러에서 100만 달러까지 보상금이 걸리기도 한다. 당초 제약사 일라이릴리 연구원들의 내부 리서치툴로 시작된 이 사이트는 외부로 개방되면서 보다 많은 아이디어를 얻을 수 있게 됐다. 새로운 아이디어와 통찰력은 종종 선두 이용자(리드 유저)에게서 나온다. 예를 들어 많은 의료기기들이 현재 제품에 만족하지 못한 외과의사, 간호사들이 그려놓은 스케치에서 탄생했다. 영국 BBC방송은 리드 유저들을 위한 사이트(Backstage.bbc.co.uk)를 운영하면서 1년에 몇 차례씩 유저들에게 BBC가 사용하는 소스코드를 가지고 응용프로그램을 만들어보도록 한다. BBC가 웹상에서 BBC 비디오를 볼 수 있는 아이플레이어란 툴을 소셜네트워킹 사이트인 페이스북과 링크한 것도 이 과정에서 나온 아이디어다.

자료:『한국경제신문』, 2009년 6월 23일, 세계면, 「혁신 원하면 아이디어 장터 열어라」 기사 중 일부.

기술 중개 기업의 등장은 기업들의 개방형 혁신 활성화의 원인이자 결과이다. 즉 기업들의 외부에 있는 지식과 기술에 대한 활용도가 제고되고, 미활용 내부 기술의 외부 활용을 통한 이윤 창출의 노력이 증가함에 따라 개방형 혁신 시장으로서 기술 중개 시장이 활성화되고 있다. 이러한 기술 중개시장의 핵심 관계자 중 하나가 바로 특허 괴물(Patent Troll)이라고 불리어 지고 있는 특허전문 기업인 것이다. 기술 중개 시장에는 첫째, 자신이 집중적으로 연구개발 해서 만들어낸 기술과 지식을 외부에 판매함으로서 이윤을 획득하는 퀄컴형 기술 중개 기업, 둘째, 외부로부터 기술을 구매하거나, 외부로부터 아이디어를 획득하여 스스로 특허를 창출하거나 아니면 자신의 연구개발로 특허를 축적하는 일을 동시에 수행하여 축적한 특허군을 기반으로 특허 라이센싱 판매를 통해 이윤을 추구하는 인텔렉추얼벤처스형 기술 중개 기업, 그리고 주로 기술 수요자와 기술공급자간의 특허 등 기술 거래의 중개를 통해 이윤을 추구하는 사례 5-2의 인노센티브같은 기술 중계형 기술 중개 기업 등이 있다.

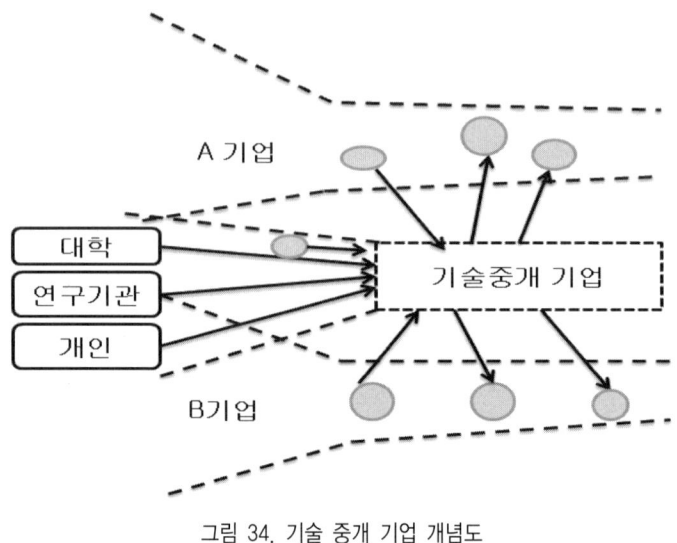

그림 34. 기술 중개 기업 개념도

그림 34와 같이 기술 중개 기업들의 개방형 혁신이 활성화됨에 따라, 다른 기업들의 개방형 혁신을 원활하게 하는 수단으로서 중요한 기능을 수행한다. 특히 대학이나 연구기관 및 개인 발명자들로부터 기업으로 유입되는 지식과 기술의 활성화를 통해, 기업들의 개방형 혁신 아이디어의 원천을 획기적으로 강화하는 기능을 담당한다. 아울러 기존 기업들의 미활용 기술들을 보다 능동적으로 필요로 하는 기업들에게 이전하는 역할을 담당하게 된다. 따라서 기술 중개 기업의 개방형 혁신 패러다임 활성화와 공동변화(covariation) 관계에 위치하고 있다고 판단할 수 있다.

5-2 개방형 혁신의 시대 특허 경영의 의미

골드스타인(2009)은 자신의 저서 『보이지 않는 힘 : 지식재산』에서 "어떤 아이디어도 완전히 독창적일 수는 없다. 모든 기업은 발전 과정에서 자신의 경쟁자와 다른 기업에게 크고 작은 빚을 진다"라고 고백한 바 있다. 사실 모든 신제품의 근거가 되는 지적 재산권이 자신, 혹은 자기가 속한 기업의 것이 아닐 가능성이 점차 커져가고 있는 것은 사실이다. 특히 전자 산업의 경우, 수많은 부분 특허가 존재하기 때문에 특정 기업이 만든 신제품이 다른 기업의 특허를 침해할 가능성이 제약 산업에 비해 훨씬 높은 것이 사실이다. 삼성전자가 세계적 신제품을 만들어내는 기업의 지위로 볼 때 수백 명의 특허 전담팀을 운영하는 것은 일견 이해가 간다. 사례 5-3에서와 같이, 특히 IT 분야의 국내 대기업들도 필연적으로 자신의 사업영역 관련 모든 특허를 보유하고 있지 못하기 때문에 그림 35의 C영역, 즉 보호되지 않는 기술실현 영역에서 특허소송에 직면하게 된다.

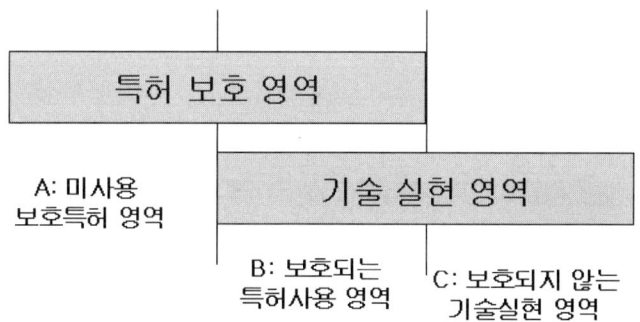

그림 35. 특허보호 영역을 통해서 본 기술. 자료: Chesbrough(2006. p. 83)

그림 35와 같이 개별 기업들이 실제 기술을 신제품 개발에 적용하는 경우, 자신의 특허로 자신의 제품에 적용하는 영역은 B로 보호되는 특허 사용 영역에 국한한다. 미사용 보호특허 영역인 A와 보호되지 않는 기술실현 영역인 C가 바로 특허 경영, 특허 개방형 특허 경영의 핵심인 것이다. 기업들은 A를 교차 라이센서, 특허 판매, 혹은 라이센스 판매 등의 방법으로 기업 외부에서 적극 활용하게 하거나, 기업의 비주력 제품개발과 신산업 진출 스핀오프의 방법 등을 통해서 유출형 개방형 혁신(Inside Out Open Innovation) 전략으로 활용도를 극대화할 필요가 있다. 아울러 기업은 C를 교차 라이센싱, 특허 구매, 라이센스 구매, 혹은 M&A 등을 통해 적극적으로 유입형 개방형 혁신(Outside In Open Innovation)의 방법으로 적극 활용할 필요가 있다.

기업들은 개방형 혁신 특허 경영전략을 통해서 자신의 미활용 특허의 활용도를 제고할 뿐만 아니라 외부의 특허 괴물들에 대한 능동적 대응이 가능하다. 이제 특허전략이 수동적으로 기업들의 자신이 보유한 특허의 보호 전략의 수준을 넘어서서 신산업 진출 전략, 새로운 성장 동력 확보 전략, 그리고 기업들의 가치사슬상의 여러 기업들과의 연계 전략 등 매우 다양한 부분에서 기업의 능동적 생존 전략의 일부가 되고 있다.

사례 5-3. 국내 특허소송의 현재

SK텔레콤은 지난해 전자결제 솔루션 벤처업체인 갤럭시아커뮤니케이션즈로부터 경고장을 받았다. "SK텔레콤이 제공하고 있는 휴대폰 위치추적 서비스가 특허기술을 도용한 만큼 특허 침해를 중지하고 손해배상을 해야 한다"는 내용이었다. SK텔레콤은 즉각 특허심판원에 지난해 10월 등록무효심판을 청구했다. 특허심판원은 최근 갤럭시아커뮤니케이션즈의 손을 들어줬다. SK텔레콤은 항소로 맞서 양측의 법정 공방은 더욱 치열해졌다. 대기업에 대한 벤처·중소기업의 특허권 공세가 거세지고 있다. 과거에는 외국 기업이나 국내 라이벌 대기업들만 대기업을 특허소송 대상으로 삼았지만 최근에는 벤처·중소기업들도 대기업을 상대로 싸우는 데 주저하지 않는 추세다.

8월 26일 특허심판원에 따르면 중소기업과 대기업(공정거래위원회가 지정하는 상호 출자제한 기업집단 및 전국경제인연합회 회원사) 간에 벌인 특허심판 건수는 2006년 202건에서 2007년 233건, 2008년 262건으로 매년 늘어나고 있다. 중소기업의 승소율도 2006년 51.5%에서 2008년 55.5%로 증가했다. 중소기업들이 골리앗의 덩치에 두려워하지 않고 법을 무기로 거세게 도전한 결과로 풀이된다. 양측 간 분쟁이 많은 분야는 특허 기술이 많은 정보기술(IT) 산업이다. 예를 들어, 임팩트라, 엔엠씨텍 등 벤처기업들은 4년간 삼성전자를 물고 늘어졌다. 휴대폰 액정화면을 수직·수평으로 바꿀 수 있는 자사의 일명 '가로본능폰'과 관련한 분쟁이었다. 삼성은 총력을 기울여 간신히 최근 승소를 확정지었다. – 중략 –

대기업들은 특허소송에 시달리면서 특허관리 업무를 강화하고 있다. 삼성전자는 2005년 250여 명이던 특허관리 인원을 올해 540여 명으로 늘렸다. 또 소송에 걸리기 전에 상대 특허를 무효화하거나, 권리범위확인심판(자사 기술이 상대 특허를 침해하지 않는다는 것을 확인받는 심판)을 적극 제기하는 추세다.

자료: 『한국경제신문』, 2009년 8월 26일, 사회면, 「골리앗 대기업, 다윗의 특허소송에 떨다」 기사 중 일부.

사례 5-4는 특허소송 대상이 외국 기업인 점만 다를 뿐 특허소송의 본질은 똑같다는 점을 보여준다. 특히 IT 관련 기업들의 사업 영역이 본인들이 가진 특허 영역을 전부 망라하지 못하는 상황에서 해당 분야에 대한 특허를 가진 중소기업이 대기업을 상대로 특허소송을 진행한 예인 것이다. 골드스타인의 주장처럼 산업에 따라 특허 경영의 현실이 조금씩은 다를 수 있지만, 지식기반 경제사회에서 어떠한 기술제품을 생산하더라도 모든 관련 특허를 기반으로 사업을 할 수는 없다.

개방형 혁신 특허 경영전략은 3가지 쟁점을 가진다. 첫째, 본인의 핵심사업 영역 관련 기술 확보 전략이다. 자체 연구개발, 혹은 유입형 개방형 혁신, 즉 라이센싱, 공동연구, 전략적 제휴, 기술 구매 등의 방법으로 외부로부터 해당 기술을 확보하는 전략이 그것이다. 그림 35의 B영역인 보호되는 특허영역이 바로 그것이다. 둘째는 본인이 확보하고 있는 미활용 특허의 외부 활용 촉진을 위한 특허 라이센싱 판매 등의 유출형 개방형 혁신 전략으로, 그림 35의 A영역, 즉 미사용 특허보호 영역이다. 마지막으로 셋째는 보호되지 않는 기술 실현 영역, 즉 C영역으로 기업의 자신이 보유하지 않은 기술영역에서 제품개발과 사업을 하는 부분이다. 이 부분은 교차 라이센싱 등 기업 스스로 적극적으로 특허 기반 개방형 혁신 전략을 수립할 필요가 있다. 자신의 연구개발투자가 상당하고 이미 회사 내에 상당한 특허를 축적하고 있는 경우, 즉 대기업의 경우, 자체 기술 중개 기업을 설립하거나 관련 기업들과 합작으로 특허 중개기업을 설립하는 방안도 검토해 볼 수 있을 것이다. MS의 인텔렉추얼벤처스 설립, 일라일리사의 이노센티브 설립 등이 여기에 해당한다.

사례 5-4. 글로벌 특허 소송 사례

"다국적 기업의 입안에까지 들어갔던 특허권을 찾아왔다는 데 의미가 있다고 생각합니다." 최근 이긍해 항공대 교수가 한국마이크로소프트(MS)를 상대로 낸 특허권 침해금지 및 손해배상 청구 소송에서 일부 승소 판결을 얻어낸 특허법인 신성의 박해천 대표변리사(50)는 "특허명세서를 잘 작성하면 다국적 기업과의 싸움에서 얼마든지 이길 수 있다"며 이같이 말했다. 박 대표는 "이 교수가 개발한 기술이 워낙 좋아서 특허로 등록할 경우 상당한 로열티를 받을 수 있겠다는 생각이 들었다"며 "그러나 소송 과정은 피를 말리는 전투 과정이나 다름없었다"고 강조했다. '다윗'이 '골리앗'을 물리쳤다는 평가를 받은 이번 특허소송의 씨앗은 1994년 뿌려졌다. 컴퓨터에서 한글·영어를 자동 변환하는 기술을 발명한 이 교수는 1994년 박해천 변리사를 찾아 특허출원을 상의했다. 당시 이 교수는 몇 가지 기술을 보완한 뒤 특허를 출원한 다음 MS에 특허 기술을 살 것을 제안했지만 보기 좋게 거절당했다. 하지만 2년 뒤 MS는 버젓이 이 교수의 특허기술을 'MS워드97', 'MS오피스97'에 탑재했다. 이 교수는 재차 라이선스 협의를 요청했으나 거절당했다. '골리앗' MS는 대학교수를 안하무인으로 무시한 셈이다. – 중략 –

박 대표는 "개인 발명가들과 중소기업인들은 특허 등록만 하면 모든 것이 해결된다고 생각한다"며 "그러나 특허의 범위를 명시한 특허명세서를 제대로 작성하는 것이 가장 중요하다"고 말했다. 특허명세서가 향후 닥칠지도 모르는 소송에서 키 역할을 하기 때문이라는 설명이다. 박정후 변리사는 "대부분의 기업인들이 특허 등록을 비용으로 치부한다"며 "비용을 조금 더 들여서라도 특허명세서를 제대로 작성하는 게 필요하다"고 설명했다.

자료:『한국경제신문』, 2008년 2월 22일, 「MS상대 특허소송 이긴 박해천 소장, 박정후 변리사」 기사 중 일부.

5-3. 특허 괴물에 대한 정부의 대응 문제 있다

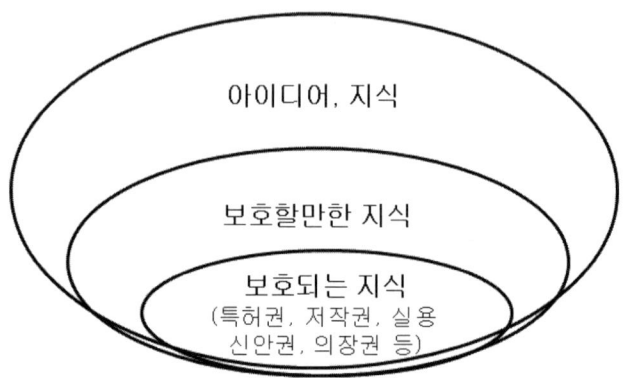

그림 36. 아이디어와 지적 재산권. 자료: Chesbrough(2003, 157)

지식에는 그림 36과 같이 3가지 종류가 있다. 단순한 지식과 기술에서부터 보호할 만한 지식, 그리고 현재 이미 특허법 등을 통해서 보호되고 있는 지식 등이 바로 그것이다. 외국의 지식과 기술 중개 전문 기업의 등장과 국내 진출에 대한 한국 정부의 적절한 대응이 필요할 때이다. 그런데 교육과학기술부가 인텔렉추얼벤처스 등의 국내 대학과 출연연구기관을 대상으로 하는 특허 거래 영업활동 활성화에 대한 사례 5-5와 같은 대응은 현재 문제의 본질과 상당히 동떨어진 것으로 판단하지 않을 수 없다.

첫째, 인텔렉추얼벤처스 등에서 실시하는 국내 대학 및 출연연구기관의 특허 구매 노력 저지의 일환으로 국가 연구개발 투자로 생산된 개인 출원 특허의 대학 및 출연연구기관 환수 노력이 그것이다. 국가 연구개발 투자로 생성된 특허의 외국 지식 거래 중개 회사 이전을 막기 위해서는 법률 개정으로 국가 연구개발 투자 관련 특허의 외국 중개 회사 이전을 금지하는 것으로 충분하다. 물론 동 법률개정은 국가의 연구개발투자 성과의 국내 귀속의 원론적 논거로 충분히 입법이 가능할 것이다. 국가 연구개발투자에 기반하고 있지만 개인의 본질적 연구의 자유에 기반한 특허 출원 행위의 저지는 오히려 국내에서 보호되는 지식(Protected Knowledge)의 양을 축소하는 결과를 초래하며, 보호할만한 지식(Protectable Knowledge)의 양을 증가시켜, 결국 그 지식이 외국계 지식 중개 기업을 통해 외국으로 특허권이 넘어가는 경향을 촉진할 수도 있다. 정부의 보다 신중한 접근이 요구된다.

둘째, 한국 정부가 특허관리회사를 설치하고자 하는 정책은 시장의 3단계 지식의 체계적이고 능동적 생산 유통을 촉진하고자 하는 것이 아니라, 단지 외국계 지식 중개 기업에 대응하고자 하는 단순한 제도적 장치로 국내 지식 중개 시장의 시장실패를 교정하는 데 한계가 있는 정책이다. 외국계 지식 중개 회사의 틈바구니 사이에서 국내의 정부 주도형의 특허관리 회사의 설립은 국내에서 자생적으로 형성 가능한 지식 중개 회사의 성장의 싹을 원천적으로 잘라내는 것이다. 즉 국가가 대학이나 출연연구기관 등 국가 연구개발투자를 통해 생성한 특허를 중앙 집중적인 인위적으로 만든 시장을 통해 거래하고자 하는 노력은 관주도로 만들어 실패한 기술거래소의 전철을 다시 한 번 밟는 길이 될 것이다. 아울러 이제 막 대학들이 다양한 기술사업화와 기술이전 노력을 활성화하고 있는 국내의 현실에 찬물을 끼얹는 것과 같은 효과를 나타낼 수도 있다.

사례 5-5. 기술 중개 시장의 활성화에 따른 정부의 대응

교육과학기술부는 최근 국내 대기업을 대상으로 무차별 특허공세를 펼치는 해외 '특허괴물(Patent troll)'에 대비해 국가 연구개발(R&D) 수행 과정 중 개인명으로 등록된 특허를 환원시키고 대학 내 기술이전전담조직(TLO)을 대형화하는 등 대책을 수립한다. 교과부는 국가 R&D 수행 과정에서 개인 명의나 제3자 명의로 등록한 특허 소유권을 대학으로 환원하는 방안을 마련 중이라고 27일 밝혔다. 이는 최근 해외 특허괴물이 KAIST, 서울대 등 국내 대학과 공공연구소 등을 대상으로 특허와 아이디어 매입에 들어갔다는 지적이 이어지는 데 따른 대책이다. 대표적 대형 해외 특허관리회사가 인텔렉추얼벤처스(IV)다. 이 회사는 작년 말 한국에 들어오자마자 국내 대학에서 260여 건의 특허 아이디어를 매집했다. 교과부는 지난해 국정감사 당시 지적당한 국가 R&D 결과물이면서 개인 혹은 제3자 명의로 등록된 특허 118건 가운데 최근까지 총 65건을 대학 명의로 환원시켰으며 나머지 53건은 연내에 환원할 계획이다. 이와 관련, 박영아 한나라당 의원은 국가 R&D 수행 과정에서 획득한 특허를 개인 명의나 제3자 명의로 내면 향후 국가 R&D 지원을 금지하는 법률을 제출한 바 있다.

교과부는 대학의 특허관리 및 이전 체계도 개선, 특허 기술이전을 확대하기로 했다. 제값을 못 받는 상황 때문에 국내 교수들이 외국 특허관리회사에 특허나 아이디어를 판매하는 상황을 막고, 국내에서 충분히 제값을 받을 수 있도록 하겠다는 의도다. 대학은 TLO를 두고 기업 등에 기술을 이전해왔으나 일부 대학을 제외하고는 상당수 TLO가 기술이전 실적이 전무해 부실하게 운영되고 있는 것으로 알려졌다. 정부는 부실 TLO를 통폐합, 대형화하고 이곳에 특허 전문가를 지원하는 형태로 TLO 개편을 추진하기로 했다. 아울러 대학 기술지주회사 설립요건을 완화, 현행 기술현물 출자 비율을 50%에서 20%로 줄이고 사업영역을 자회사 관리에서 직접 사업화, 펀드 결성·운영까지 가능하도록 관련법도 연내 개정하기로 했다. - 생략 -

자료: 『전자신문』, 2009년 8월 28일, 교육 및 과학면, 「국가 R&D 개인명의 특허 환원」 기사 중 일부.

셋째, 정부가 각 대학의 TLO를 묶어 대형화 하고 그곳에 특허 전문가를 파견하고자 하는 정책은 대학들이 가지고 있는 지식 및 기술재산권에 대한 기본적인 이해 부족 정책에 다름 아닌 것이다. 즉 인위적으로 개별대학의 기술 이전전담 조직을 통폐합할 경우, 그것이 대학들의 유망한 특허에 대한 은닉으로 연결되어 대학 생산 지식과 기술의 유통을 오히려 줄일 수도 있다. 대학들이 생산한 특허를 충분히 제값을 받고 보다 손쉽게 기술이전, 혹은 기술사업화로 연결시킬 수 있도록 정부가 정책을 개발하는 것이 오히려 타당할 것이다. 예를 들어 광역 경제권별로 '광역경제권 개방형 혁신 센터(가칭)'를 만들어, 해당 지역 내 개별 기업의 특허, 혹은 기술 수요를 상시로 체계적으로 분석하고 권역 내 개별 대학 및 출연연구기관의 보유 특허 정보를 체계적으로 수집·집적하여 양자 간의 상시 연결활동을 수행토록 하는 방안을 마련할 필요가 있다. 이 경우 개별 기관의 특허 정보를 수집하여 광역경제권 단위, 혹은 나아가 전국단위로 가치 있는 특허군을 형성하고 충분한 가치를 받고 기술을 이전하거나 보다 높은 가능성을 가지고 기술을 사업화 하도록 하는 노력이 활성화 될 수 있다. 이러한 활동은 개별 대학과 출연연구기관의 특허 재산권을 침해 하지 않으면서 국내 대학과 출연연구기관의 가치 있는 특허 생산과 사업화를 촉진할 것이다.

5-4. 기업의 신산업 진출, 개방형 특허전략이 필요하다

사례 5-6과 같이 신개념의 창조적 파괴에 가까운 제품, 동 사례의 경우에는 LED TV가 시장에 출시될 경우, 지식기반 경제에서는 관련기업들이 비즈니스 전략을 수립, 추진함에 있어서 지적 재산권이 매우 중요한 역할과 기능을 하게 된다. 인터넷의 발달, 지식 노동자의 글로벌 이동성의 증가, 그리고 글로벌 지식자본의 축적 등으로 인해서 특정 기업의 새로운 원천 기술 기반 제품은 짧은 시간에 경쟁 기업의 추격을 받게 된다. 그럴 경우 기존의 산업사회에서는 지적 재산권의 보유가 기업 간에 분명하게 드러났다. 하지만 지식 재산권이 신제품의 비즈니스 모델 정립에서 차지하는 비중이 커짐에 따라, 개방형 혁신 경제에서는 많은 경우, 신제품을 둘러싸고 첨단 기업들 간에 그림 36과 같이 복잡한 특허경합 현상이 발생하게 된다.

사례 5-6. 국내 대기업의 글로벌 특허 전략

삼성전자가 LED TV와 관련해 대대적인 특허 공세에 나선다. LED TV는 LED를 백라이트로 사용하는 LCD TV를 말하며 삼성은 지난 3월 이를 'LED TV'라 이름 짓고 공격적인 마케팅에 나서 최대 격전지인 북미 LED TV 시장에서 95% 가까운 점유율을 올리고 있다. 그러나 세계 LED TV 시장이 급성장하면서 주요 TV 업체들이 하반기를 목표로 출시 계획을 속속 발표하는 상황이다. 삼성전자 영상디스플레이사업부 고위 관계자는 "LED TV는 삼성이 주도해 세계 시장을 연 제품"이라며 "다른 경쟁 제품을 면밀히 분석해 특허 침해 여부를 가리겠다"고 말했다. 이어 "우선은 기술보다는 가격에 의존하는 중국과 대만 업체가 대상이며 점차 이를 모든 업체로 확대해 나가겠다"고 덧붙였다. 이는 LED TV에서 주도권을 잡은 삼성이 1위

자리를 지키며 경쟁사의 시장 진입을 원천적으로 막기 위한 전략으로 풀이된다.

　세계 LED TV 시장 90% 이상을 점유한 삼성이 특허 행사에 나서면 전체 시장에도 상당한 후폭풍이 불가피할 것으로 보인다. 삼성은 이미 내부 특허팀을 총가동해 시장 조사에 착수했으며 경쟁사 제품이 나오는 대로 특허 침해 수위를 조절하기로 했다. 삼성은 정확한 특허 규모는 공개하지 않았지만, 특허청에 따르면 국내에서만 2003년 이후 LED와 관련해 1,238건 특허를 출원했다. 이는 2위인 LG디스플레이(699건)와 비교해 두 배 이상 많은 수치다. 특허권 대상은 삼성이 에지 방식 LED TV 전체 라인업을 갖춘 점에 비춰 볼 때 LED백라이트를 TV 가장 자리에 배치에 빛을 쏘는 '에지(edge)' 기술에 비중을 두고 있는 것으로 전해졌다. 공교롭게 주요 TV업체들은 에지 방식 LED TV를 다음 달부터 출시한다고 공언한 상황이다.

　- 생략 -

자료:『전자신문』, 2009년 8월 18일, 경제면, 「삼성, LED TV 글로벌 특허공세」 기사 중 일부.

　그림 37은 창조적 파괴에 가까운 신제품 개발과 생산을 둘러싸고 개방형 혁신 시대에 대표적 기술기반 기업들이 처하게 되는 특허경합 상황을 보여준다. 기업들은 창조적 파괴에 가까운 신제품을 개발함에 있어서 전적으로 내부 기술만을 기반으로 하는 것은 불가능하다. 특히 IT의 경우는 더욱 그러하다. 그림 37에서 A기업이 신제품 개발의 지배적 기술 보유기업일지라도 B기업과 특허를 경합하는 2의 영역뿐만 아니라, A기업이 전혀 기술을 가지고 있지 않은 3의 영역이 필연적으로 존재하게 된다. 삼성의 사례의 경우, 대만이나 중국 기업들이 3의 영역은 없고 1의 영역만 존재하기 때문에, 우선 이들 기업들을 대상으로 LED TV를 대상으로 하는 강력한 특허공세가 가능할 것으로 판단된다. 그러나 유럽이나 일본 그리고 미국 같은 국가의 IT 기반 첨단 기업들

의 경우, 상당 부분의 기업들의 2와 3의 영역을 가지고 있다. 그럴 경우에는 '교차특허라이센싱' 등의 방법을 통해 개방형 혁신 전략의 이익을 극대화하는 방안의 강구가 필요하다.

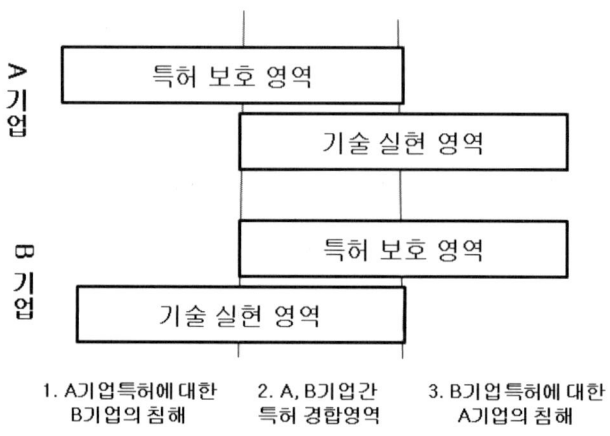

그림 37. 개방형 혁신 시대의 특허 경합. 자료: Chesbrough(2006. p. 84)

환언하면 개방형 혁신 패러다임이 주도하는 지식경제에서는 기업들의 특허 경영전략을 추진함에 있어서 대상 기업에 따라 매우 상이한 특허 전략의 채택이 요구된다. 사례 5-7상의 LCD를 둘러싼 삼성과 샤프의 현주소가 바로 그림 37을 통해서 설명가능하다. 삼성이 A, 샤프를 B라고 하면 삼성의 기술을 침해한 샤프의 기술영역, 즉 1이 존재할 뿐만 아니라 샤프의 기술을 침해한 삼성의 기술영역, 즉 3이 존재가능하고, 심지어 A, B간에 특허가 경합하는 2번째 영역이 존재하는 것으로 추정할 수 있다. 이럴 경우 사례에서도 밝히고 있지만, 교차특허라이센싱 등의 방법을 사용하여 양자가 상호의 특허를 사용하는 것을 허용하는 합의점에 도달할 수 있다. 물론 상대방의 특허영역을 확연히 많이 침해한 기업이 상대 기업에게 추가적으로 특허 라이센싱 비용을 지불해야 할 것이다. 현재 삼성과 샤프 간에 벌어지고 있는 경합은 어느 기업이 상대에게 더 많은 특허 사용료를 지불할 것인가와 관련되어 있는 것이다.

사례 5-7. 소송을 통해 본 국내 대기업의 특허 경영 현주소

삼성전자가 일본 샤프를 상대로 LCD 특허 침해 소송을 미국 국제무역위원회(ITC)에 추가로 제기했다. 지난 2007년부터 LCD 액정의 구동 기술과 관련한 ITC 특허 공방에서 양 사가 나란히 한 번씩 승소한 가운데, 또 다른 특허 공방으로 이어질 전망이다. 업계에서는 상호 특허 공유를 비롯한 타협점을 찾기 위해 양측이 주도권을 잡기 위한 움직임으로 해석했다. 샤프의 또 다른 맞소송으로 이어질 가능성도 있다는 분석이다. 3일 외신과 업계에 따르면 삼성전자는 최근 ITC에 자사의 액정 구동 기술과 구조에 관한 3건의 특허를 침해했다며 샤프에 소송을 제기한 것으로 전해졌다. 삼성전자 관계자는 "이번 특허 소송과 관련한 내용을 자세히 밝힐 수는 없다"며 "지난 2007년 최초로 특허 침해 소송을 제기했던 기술과는 다른 기술이며, 액정 구동 및 구조에 관한 3건의 특허 침해에 관한 것"이라고 밝혔다.

통상 ITC가 특허 침해에 따른 미국 내 판매 금지만을 강제한다는 점에서 샤프가 미국 시장에 판매한 일부 제품에 대해 판매 금지를 요청한 것으로 풀이된다. 하지만 특허 침해에 대한 본판정이 나오기까지 1년 6개월 이상이 걸리고, 그동안 양사가 상대방의 특허를 피해갈 수 있는 제조 기술을 적용해 판매 금지 조치를 벗어나고 있다는 점에서 힘겨루기의 의미가 더 크다는 분석이다. 결국 특허 소송과는 별개로 양사가 물밑 협상 과정에서 주도권을 잡기 위한 움직임으로 풀이됐다.

업계 관계자는 "삼성전자와 샤프의 특허 공방은 LCD 기술 종주국인 일본과 양산 기술력에서 앞선 한국 업체 간 자존심 경쟁의 성격이 강하다"며 "특허 소송과는

별개로 크로스 라이선스를 비롯한 접점을 모색하는 과정에서 기선 싸움이 벌어지고 있는 것"이라고 설명했다.

자료: 『전자신문』, 2009년 12월 4일, 신성장산업면, 「삼성전자 샤프에 LCD 특허 추가 소송」 기사.

5-5. 개방형 혁신 특허정책, 지식재산관리회사는
정부실패의 위험이 매우 크다

기업들이 내부의 지식과 기술 중심의 신제품 혁신에서 점차 기업의 경계를 넘어서서 기업 외부로부터 새로운 성장의 원천이 되는 지식을 찾거나 기업의 미활용 기술을 외부에서 새로운 방식으로 시장화하는 것이 기업의 중요한 비즈니스 모델이 되는 시대가 한국에서 차츰 현실이 되어 가고 있다. 특히 한국은 국가 전체의 연구개발투자가 국가 국내 총생산(GDP)의 3%가 훨씬 넘는 등 세계 5위권을 유지한지 이미 몇 해가 되었다. 국가 차원의 연구개발투자 활성화로 한국은 대학과 출연연구기관 및 기업들의 국제특허출원(PCT), 혹은 미국 내 특허출원 및 등록에서 세계 10위 이내의 높은 실적을 기록하고 있다. 그런데 한국은 현재까지 주요 대기업들의 주요한 성장 전략이 모방에서 자체 연구개발 투자 활성화로 변화하면서 폐쇄형 혁신 전략에 집중하였다. 그리고 국내 주요 대기업들이 폐쇄형 전략을 통해서 세계적인 기술경쟁력을 가진 기업으로 등장하는 데 성공한 것도 사실이다. 삼성, 현대, 포스코, LG 등 많은 국내 기업들이 대규모의 자체 연구개발 투자를 기반으로 미국 내 특허출원 및 등록에서 세계적 수준을 기록하고 있을 뿐만 아니라 세계적인 기술기반 신제품을 개발하여 글로벌 시장을 다투고 있는 것이 사실이다.

사례 5-8. 개방형 혁신시대의 특허 중개 기업에 대한 국내 시각

국내기업과 '발명 자본' 꾸려 아이디어 해외유출 막기로 "당장 큰 도움 되긴 힘들 듯"

세계적인 '특허괴물'의 국내 산업계 공격에 맞서 정부가 앞으로 5년 동안 5,000억 원 대의 '발명 자본'을 만들어 적극 대응하기로 했다. '특허괴물'(Patent Troll)'이란 상품 제조·판매는 하지 않고 특허만 보유해 특허 사용료를 주 수익으로 삼는 전문기업을 말한다. 미국·유럽에 근거를 둔 '특허괴물'들은 아시아 기업들에 제조업 분야에서 밀린 것을 만회하기 위해 지적 재산권 전쟁을 통해 세계 경제 패권을 되찾는다는 전략이다. - 중략 -

'발명 자본'은 대학이나 연구소의 특허를 사거나 연구 중인 특허 아이디어를 지원해 이들 특허가 해외로 유출되는 것을 막는 게 목표이다. 정부는 올해 정부 예산 50억 원을 포함해 총 200억 원을 펀드로 조성할 방침이다. 2011년에는 민관 공동으로 '지식재산관리회사'를 세워 해외 특허 기업들에 대응한다. 이를 위해 최대 5,000억 원까지 펀드 규모를 확대할 계획이다.

또 각 대학과 공공연구소에서 특허 상용화를 담당할 기술지주회사의 설립 요건을 완화, 해외로 빠져나가는 기술을 극소화할 방침이다. 현재 지난해 이후 새로 생긴 기술지주회사는 6개이다.

정부는 지적재산기본법을 만들어 범정부 차원의 국가지식재산위원회를 설치하고, 현재 국가 연구개발 예산 가운데 0.7% 남짓한 기술이전·사업화 예산의 비중을 2013년까지 3% 수준으로 늘릴 계획이다. 실제 특허괴물과의 분쟁에 대비해 올 12월까지 지적재산권 소송 보험, 특허분쟁 예보 시스템 등도 도입한다. - 생략 -

자료: 『조선일보』, 2009년 7월 31일, 「특허 괴물을 퇴치하자, 정부, 5000억 자본 조성」 기사 중 일부.

그런데 세계적인 기술 선진국뿐만 아니라 국내에서도 점차 개방형 혁신 패러다임이 강화되면서 개방형 혁신을 추구하는 기업들 간의 기술의 이전과 맞춤형 지식 확보 등을 중개하는 기술 중계 기업들이 다양한 분야에서 광범위하게 등장하게 되었다. 그런데 전 세계에서 미활용 기술과 특허를 체계적으로 획득하여 특허권을 형성하고 특허를 필요로 하는 기업들을 찾아서 해당 특허를 맞춤형으로 이전하는 해외의 대표적 기업들, 예를 들어 인텔렉추얼벤처서, 이노센티브, 그리고 오션토모 등은 기존의 폐쇄형 기술혁신 전략을 추진하는 국내 기업들에게는 특허괴물의 이미지를 가진 것이 사실이다. 이러한 특허괴물에 대응하기 위해 한국 정부는 사례 5-8에서와 같이 5,000억 규모의 지식재산관리회사를 설립하겠다고 밝히고 있다.

한국 정부의 지식재산관리회사 정책방향은 개방형 혁신 패러다임과 기술경영에 대한에 대한 이해 부족에서 나온 아디이어로서 정부실패의 가능성이 매우 높은 정책이다. 아울러 점증하는 개방형 혁신 패러다임 시대에 한국의 개방형 혁신 기반 조성에 매우 치명적인 위험을 초래할 가능성이 크다.

첫째, 정부가 설립하는 지식재산관리회사가 대학과 출연연구기관의 미활용 특허를 양도받아 특허 및 지식거래의 기반으로 삼겠다는 현재의 정책방향은 지식의 재산적 가치를 중요시 하는 지식기반 경제의 원칙에 반한다. 전국의 대학과 출연연구기관들은 독립된 법인격으로 자신이 가진 특허를 중요한 자산으로 확보하고 있다. 그러한 상황에서 정부가 만든 기업에서 임의로 대학과 출연연구기관의 미활용 특허를 활용하겠다는 것은 현재의 시장 질서를 무시한 매우 위험한 발상이다. 차라리 출연연구기관과 대학의 미활용 특허들이 체계적인 DB화와 유통경로를 거쳐서 국내의 신산업 창출뿐만 아니라 전 세계적으로 활용되도록 하는 국가 정책적 지원이 요구된다. 광역경제권 단위로 현재 기업들의 신제품 개발을 위한 외부의 기술 요구를 주기적으로 분석하고, 그에 맞는 맞춤형 특허권을 찾아주며, 해당 기업의 외부 특허기반 개방형 혁신 전략 집행에 필요한 정책적 지원책 등의 시스템을 정비하는 것이 더 요구된다. 대학과 출연연구기관에서 더욱 더 창조적인 새로운 특허들이 창출되는 것이 개방형 혁신 패러다임 시대에 한국의 국제경쟁력을 높이는 주요한 원동력이 될 것이다. 그런데 대학과 출연연구기관의 미활용 특허를 정부가 임의로 확보하여 관리, 경영한다는 것은 대학과 출연연구기관의 특허 창출욕구를 오히려 떨어뜨리는 결과를 초래할 것이다.

둘째, 현재 국가혁신체제 뿐만 아니라 지역혁신체제에서 기술수요와 기술공급간의 불일치 현상이 심각한 상황에서 국내 대학과 출연연구기관 및 기업들 간의 개방형 혁신 촉진을 위한 근본적인 정책마련이 우선 요구된다. 환언하면 개방형 혁신 패러다임 시대에 외국계 기술 및 지식 중계 기업에 대한 국내 지식 보호를 위한 대응 전략은 정책의 우선순위가 바뀌었다. 현재 국내의 많은 중소기업들은 글로벌 경쟁력과 미래 시장 창출을 위한 새로운 기술과 지식을 필요로 한다. 그들은 필요로 하는 특허들을 기업 외부에서 확보할 수 있는 체계적인 접근 통로와 방법, 그리고 외부에서 확보하는 특허에 대한 신뢰를 받을 수 있는 공인된 인증 방안을 필요로 한다. 대학과 출연연구기관의 교수들이나 연구원들도 자신들이 개발한 특허를 실질적으로 사업화할 수 있는 사업 파트너를 찾아서 보다 안전하고 실질적인 과정을 거쳐서 해당 특허를 현재 산업, 혹은 미래 산업 내에서 사업화하기를 간절히 원하고 있다. 한국의 경제 현실에서 특허를 둘러싸고 애로우 정보 패러독스가 매우 중요하게 엄존하는 것이 사실이다. 팔고자 하는 기술에 대한 정보를 너무 상세하게 구매자에게 알려주면 구매자는 해당 기술을 구매하기 보다는 해당 기술에 무임승차하고자 한다. 다른 한편으로 연구자나 교수들이 자신이 가진 기술을 충분히 구매자에게 설명해주지 않거나, 해당 기술의 시장적 가치를 알려 주지 않거나, 해당 기술의 사업화 과정에 필요한 기술지원을 해 주지 않는다면 기술구매자는 해당 기술에 대한 충분한 정보 부족으로 해당 특허를 구매하고자 하지 않는다. 체스브로(2006. p. 139)는 애로우 정보 패러독스를 해결하는 주요한 수단으로 국내에서 특허괴물로 지칭되는 인텔렉추얼벤처스, 이노센티브 등과 같은 혁신 중개 기업(Innovation Intermediaries)의 필요성을 밝히고 있다.

사례 5-9. 국내 발명자본 등장

대학과 공공연구원, 기업 등이 보유한 유망 아이디어나 발명, 특허 등에 투자하는 지식재산투자 펀드인 '창의자본'이 국내에서 처음 조성됐다. 22일 한국벤처투자에 따르면 최근 국내 발명특허관리회사에 집중 투자하는 '창의자본(Invention Capital) 1호'를 결성, 본격 투자에 나선다. 창의자본은 국내 산학연에서 보유한 아이디어나 특허권 매입 후 부가가치를 높여 라이선싱, 인큐베이팅 등을 통해 수익을 창출하는 자본을 말한다. 창의자본은 모태펀드 90억 원, 민간자금 155억 원 등 총 245억 원 규모로 결성됐다. 운용기관으로 산은캐피탈이 선정됐다. 운용 기간은 향후 10년이다. 창의자본은 아이디어, 발명 및 특허 등을 매입하거나 관리하면서 이를 권리화하고 라이선싱 등을 통해 부가가치를 창출하는 발명 및 특허관리회사에 투자될 예정이다.

그동안 우리나라에선 지식재산 거래 및 투자 시장이 성숙하지 않아 우수 아이디어나 발명, 특허 등 지식재산을 제대로 활용하지 않아 사장된 경우가 다반사다. 최근에는 인텔렉추얼벤처스(IV) 등 해외 자본이 국내 대학과 중소기업 등의 아이디어, 특허 등을 매입하면서 우수 기술의 해외 유출 문제가 불거지기도 했다. 이번 펀드 출범으로 투자가 활성화될 경우 지식재산 창출 및 활용이 촉진되고, 국내에서도 창의자본이 본격적으로 육성될 것으로 전망된다. 또 국내 우수 특허 기술의 해외 유출을 막는 데도 상당부분 일조할 것으로 예측됐다. 한국벤처투자 관계자는 "실질적으로 이번 지식재산투자 펀드는 국내 창의자본 활성화에 기폭제로 작용할 것"이라면서 "지식기반 경쟁 시대에 국가 경쟁력 강화에도 큰 도움이 될 것"이라고 말했다.

자료: 『전자신문』, 2009년 12월 23일, 「국내 첫 창의자본 1호 250억 원 결성」 기사.

사례 5-9는 국내의 혁신 중개 기업들에게 투자하고자 하는 토종 발명자본의 출현을 소개하고 있다. 개방형 혁신 패러다임의 대두로 등장한 기업들의 외부 개방형 혁신 중계 기업의 중요성이 더욱 중요해 지고 있다. 해외 기술 혹은 혁신 중계 기업에 대한 경계보다 국내의 혁신 중계 기업을 활성화하는 것이 한국 정부의 올바른 정책 방향인 것이다. 국내의 다양한 기술 중계 기업들이 국내의 특허 생산자와 특허소비자를 중계하는 것뿐만 아니라 해외의 특허 소비자, 혹은 특허 공급자들도 국내의 특허 생산자, 혹은 소비자들과 적극적으로 연결하는 노력이 필요하다.

5-6. 개방형 특허 경영의 촉진자, 특허백기사(Patent White Knight)

사례 5-10은 글로벌 기술 중개 기업 중 개별 기업의 특허를 구매하지 않고 기업의 개방형 혁신 특허 중계 컨설팅을 주요한 수익모델로 하는 360IP라는 회사를 소개하고 있다. 기존의 특허괴물이라고 불리는 기술 중계 기업과 다른 점은 동 기업은 특허를 구매하지 않고 특정 기업의 미활용 특허의 가치를 측정하고 다른 기업이나 대학 및 연구기관의 가치 있는 미활용 특허와 묶어서 현재 혹은 잠재적인 필요가 있는 기업을 찾아 중개하는 일을 주로 하는 점이다.

사례 5-10. 글로벌 기술 중개 기업

국내 중소벤처기업의 특허기술이 세계 시장에 진출할 수 있도록 특허 상업화를 도와주는 국제 특허 도우미가 등장했다. 세계적인 특허기술 투자·관리 전문회사인 360IP(대표 글렌 클라인)는 최근 서울 역삼동에 사무실을 마련, 본격적인 국내 시장 조사와 마케팅에 들어갔다고 15일 밝혔다. 360IP는 세계 최대 비영리 연구개발 전문 그룹인 미국 '바텔(Battelle)연구소'의 자회사인 바텔벤처가 지난해 싱가포르에 본사를 설립한 IP(지식재산권)투자·관리 전문회사다. 중소기업이나 연구기관, 대학 등이 특허를 활용해 제품을 만들어 국내외 시장에 내다 팔 수 있도록 특허의 상업화를 지원하는 것이 핵심 사업이다. 클라인 대표는 "중소기업이나 대학이 보유한 기술이 과연 돈이 될 수 있는지, 아니면 상용화를 위해 어떤 보완 기술이 필요한지를 분석해주는 것이 주된 역할"이라며 "필요하다면 이들이 직접 제조하는 것이 좋은지, 기술이전으로 리스크를 분산하는 것이 유리한지까지도 판단해준다"고 설명했다.

회사는 컨설팅을 받은 고객사가 특허를 활용해 제품을 실제 생산, 판매하거나 기술이전 등으로 수익을 냈을 때에만 이 수익의 일정 비율을 받는 것으로 매출을 올린다. 별도의 컨설팅 수수료는 받지 않는다. 대신 중소벤처기업이나 대학연구소의 특허 상업화 과정에서 자칫 실패할 리스크를 나눠 부담해야 하기 때문에 우수 업체와 핵심 기술을 가려내는 안목이 까다로운 것으로 유명하다. 클라인 대표는 "우리 회사의 최대 경쟁력은 바텔이 보유하고 있는 전 세계 연구 네트워크와 기술 전문성"이라고 강조했다. 전 세계 130개국에 진출해 2만1000명의 연구 인력을 보유하고 있는 바텔연구소는 에너지와 환경, 보건의료 및 생명과학, 정보기술(IT), 신소재, 보안 등 5개 주력 분야에서 세계 최고 수준의 연구개발 능력과 기술분석력을 확보한 것으로 알려져 있다.

특히 360IP는 기업들의 특허소유권은 사들이지 않는 원칙을 지키고 있다. 특허권을 매입한 뒤 국제 특허시장에 팔거나 경쟁사에 소송을 걸어 자본이익을 취하는 이른바 '특허괴물(Patent Troll)'과는 구별되는 대목이다. 대신 특허의 상업화에 필요한 가치분석과 '번들링(다른 회사의 특허와 묶어 부족한 상업성 보완)' 등에 집중한다는 것이 회사 측 설명이다. 이 때문에 지식재산권 관련 업계에선 특허괴물의 대칭적 개념으로 360IP와 같은 기업들을 '특허백기사(Patent White knight)'로 부르기도 한다.

자료: 『한국경제신문』, 2009년 11월 18일, 경제면, 「벤처기술 특허 상업화 국제 도우미 떴다」 기사.

이와 같은 특허백기사라고 불리는 특허, 혹은 기술 중개 기업은 기술을 구매하지 않음으로써 사실 특허 구매에서 오는 부담을 최소화할 수 있다. 아울러 대학과 출연연구기관 등 한국 경우, 정부로부터 연구비 지원의 주요한 부분을 제공받는 기업들이 꺼려하는 특허의 외국 판매의 부담을 줄일 수 있다.

사례 5-11. 글로벌 기술 중개 기업된 특허괴물

특허 장사로 IT업계를 벌벌 떨게 만드는 일명 '특허괴물(Patent troll)'이 '기업 특허 파수꾼'으로 변신했다. 2008년 11월 25일 월스트리트저널 · EE타임스 등 주요 외신은 회원제 기반의 특허 관리 서비스로 호응을 얻고 있는 신생 벤처기업 'RPX'

를 집중 조명했다. 지난 2008년 9월 문을 연 RPX는 회원사의 기술 관련 특허를 구매해 갈수록 늘어나는 특허 침해 소송에 대비하는 것은 물론 기업 규모에 따라 연간 3만5000~490만 달러의 차등화된 연회비를 적용, 신선한 돌풍을 예고하고 있다.

미국 IT 벤처 업계는 최근 급증하는 기술 특허 소송으로 골머리를 앓고 있는데다 경기 침체로 인한 매출 감소를 상쇄하려는 특허괴물이 활개를 치고 있어 RPX의 등장을 반기는 분위기이다. RPX에 따르면 2008년 미국 내 특허 소송 건수는 2100여 건에 달하며 이중 실제로 제품 및 기술 개발을 하지 않고 특허를 사들여 로열티를 챙기는 특허괴물이 제기한 소송이 16%에 달한다. RPX가 등장하기 전에도 인텔렉추얼벤처스(IV)나 얼라이드시큐리티트러스트(AST)처럼 유사한 서비스를 제공하는 업체가 존재했으나 고정 연회비만으로 특허에 관련한 모든 업무를 대신해주는 업체는 RPX가 처음이라고 외신은 전했다.

인텔 · MS · 소니 등을 회원사로 보유한 IV의 경우 수수료를 갈수록 인상하고 있으며 AST는 특허 구매 결정 과정이 신속하지 못하다는 불만을 샀다. 존 앰스터 RPX CEO는 "연 회원가입 모델은 특허 시장의 룰을 바꿀 것"이라며 "수천 개의 기업이 잠재 고객"이라고 자신했다. 세미컨덕터인사이트의 마이크 맥린 부사장은 "RPX의 핵심 가치는 특허 구매 과정에서의 의사 결정이 빠르다는 것"이라며 "특허 시장에서 신속성은 매우 중요한 요소"라고 평가했다. 현재까지 RPX는 인터넷 검색 · RFID · 무선 메시지광대역 통신 등 다양한 분야에 걸친 150여개 특허를 사들인 것으로 전해졌다.

자료:『전자신문』, 2008년 11월 26일, 「특허괴물 기업 파수꾼 변신」 기사.

사례 5-11은 미국 현지에서 특허괴물에 대한 기업들의 태도를 보여주고 있다. 특허괴물은 기업들의 미활용 기술, 혹은 판매 희망 기술을 판매하여 가장 빨리 수익을 창출할 수 있는 루트이다. 즉 미국 기술기반 벤처기업들의 기술 사업화의 가장 짧은 통로인 것이다. 다른 한편으로 개방형 혁신 패러다임이 지배적인 시대에 기업들 자신들이 보유하지 않은 특허영역의 신제품 개발과정에서 발생하는 타 기업의 특허 활용을 위한 개방형 혁신 특허 중계 기업으로서 유용한 가치를 가진다는 점이다. 물론 이러한 특허 중계 기업을 통한 타 기업의 특허활용 방식은 현재 일정한 연회비를 지불하고 해당 기업의 특허들에 대한 총체적인 라이센스를 가지는 방법이다. 개별 기업들 입장에서는 자신들이 판매하고자 하는 특허에 대한 구매 결정을 신속하게 해 주고 특허 라이센스의 연회비를 가장 저렴하게 받는 특허 중개기업에 대한 강력한 선호가 존재하는 것으로 나타나고 있는 것이다.

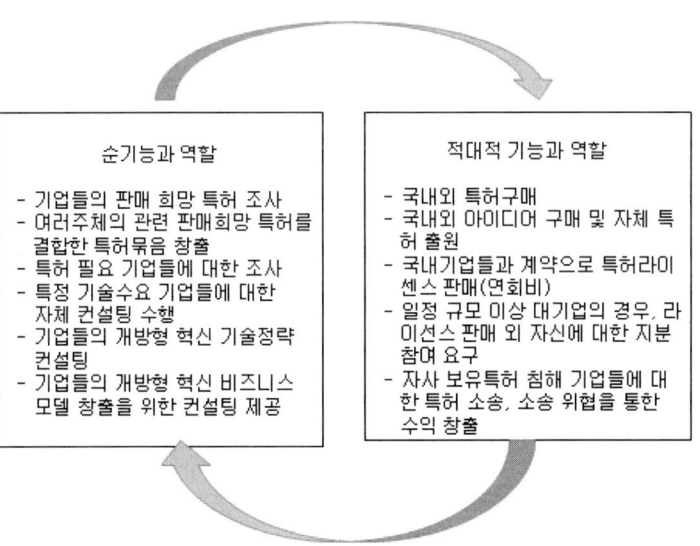

그림 38. 특허 중개 기업(특허괴물)의 순기능과 역기능

사실 특허백기사, 혹은 특허 중개 기업과 특허괴물과는 별개의 존재가 아니다. 동일하게 개방형 혁신 패러다임 자체를 비즈니스 모델로 하는 기업 형태인 것이다. 다만 그림 38과 같이 각각의 특허 중개 기업이 가지는 순기능에 주목하느냐, 혹은 부정적 측면에 주목하느냐에 따라 명칭이 달라 질 뿐이다.

따라서 한국 정부는 특허 중개 기업의 순기능 활성화를 목표로 하는 정책을 강화할 필요가 있다. 정부의 정책이 또 다른 특허괴물, 즉 특허 중개 기업의 역기능을 목표로 한다면, 대학이나 출연연구기관에게는 또 하나의 국산 특허괴물의 출현으로 비추어질 따름이다.

5-7. 개방형 혁신 정책 부처별 제각각

사례 5-12는 교육과학기술부가 공공 R&D IP 협의회를 조직해서 대학이 가진 특허들을 체계적으로 조직하여 기업들에 대한 개방형 혁신 활성화에 보다 적극적으로 기여하겠다는 정부 정책 방향을 밝히고 있다. 물론 이 과정에서 특허 분석 등의 기능을 위해 특허청의 역할과 기여를 반영할 것이라고 한다.

사례 5-12. 국내 대학을 위한 새로운 개방형 혁신 특허 정책

61개 대학 및 공공(연)이 참여한 '공공 R&D IP 협의회'가 2009년 11월 13일 본격 출범한다. 61개 대학 및 공공연구기관의 지식재산 관리 책임자들이 '공공 R&D IP 협의회'를 결성하고 국가 연구개발(R&D) 성과물의 사업화와 유망 특허기술의 창의자본(Invention Capital) 연계에 나선다. 교육과학기술부(장관 안병만)와 특허청(청장 고정식)은 '공공 R&D IP 협의회'가 13일 서울 노보텔 앰베세더 호텔에서 창립총회를 개최하고 본격 활동에 들어간다고 밝혔다. 국가 R&D 성과의 확산을 위해서 대학과 공공(연) 각각의 개별적 협의체가 활동한 사례는 있으나, 대학·공공(연)이 모두 참여하는 '메머드급 협의체'가 출범하기는 이번이 처음이다. 협의회는 공공 R&D 부문의 연구개발 성과물의 사업화 촉진과 투자자본 연계 등 R&D 성과 제고를 위한 지식재산협력 네트워크를 구축할 계획이다.

대학과 공공(연)이 보유하고 있는 유망 지식재산을 토대로 특허청이 연내에 조성할 예정인 200억 원 규모의 '한국형 창의자본(Invention Capital)'과 4,220억 원 규모의 '모태펀드 벤처 자본'과 연계하고 보유하고 있는 기술 중 '돈 되는' 유망 지식재산을 발굴하고 사업화 가능한 단계까지 보호·육성(Incubation)하게 된다. 이를 위해 공공 R&D IP 협의회는 지재권 중심의 기술획득 전략의 확산, 지식재산 사업화를 위한 학술정보·연구성과 데이터베이스의 통합 운영, 산업적 가치가 큰 연구성과 창출을 위한 연구기획, 유사한 목적으로 여러 기관에서 개발된 지식재산의 패키징, 권리범위가 강한 특허 설계 및 사업화 컨설팅, 기업·투자자본과의 연계사업 추진 등의 업무를 추진할 예정이다.

자료: 연합뉴스, 2009년 11월 12일, 「대학 및 공공연구기관 지식재산관리책임자 된되는 특허 창출 나섰다」 기사.

동 정책은 사실 대학 및 출연연구기관의 미활용 특허를 양도받아서 국가적인 개방형 혁신 기업인 국가지식재산관리회사(가칭)에서 사업화하겠다는 지식경제부의 정책방향과 상충된다. 한편, 사례 5-13에서는 지식경제부 정책의 일환으로 대기업의 미활용 특허에 대한 유출형 개방형 혁신을 촉진하기 위한 정부의 정책이 새로운 조직 설립으로 그 기능이 사라질 위기에 처한 사실을 밝히고 있다. 대기업을 유출형 개방형 혁신 촉진을 위한 정부의 정책은 현재, 범정부 차원에서 추진되는 개방형 혁신 정책들 내에서 충분히 처리가능하다.

다만 미국의 주요 기술기반 대기업들, 예를 들어 MS나 P&G등이 자신의 미활용 특허나 외부로부터 유용한 특허 활용을 위해 특허 중개 기업들을 스스로 설립하여 세계적인 개방형 혁신 패러다임을 주도하고 있는 점을 주목할 필요가 있다.

이와 같은 정부의 개방형 혁신 정책이 현재 부처 간에 매우 상이한 형태로 진행되고 있다. 그리고 정부의 개방형 혁신 정책이 국민들의 개방형 혁신 마인드 확산, 기업들의 개방형 혁신 인프라의 활성화, 개방형 혁신 비즈니스 모델의 촉진 등 일정한 정책적 체계를 갖추지 못하고 부처 간의 과열 경쟁의 성격을 띠고 있다.

사례 5-13. 뒷걸음치는 정부의 개방형 혁신 특허 정책

대·중소기업 상생 일환으로 민관이 함께 마련한 '대기업 휴면(미활용) 특허 이전 사업'이 시작 2년 만에 사실상 중단됐다. 정부는 제도 활성화를 위해 조세특례제한법까지 개정하는 등 의욕을 나타냈으나, 기관 통폐합으로 기능이 없어지면서 사업이 꽃도 피지 못한 채 사라지게 됐다. 9일 관련 기관 및 업계에 따르면 대기업 휴면 특허 이전 사업을 담당하던 한국기술거래소가 지난 5월 한국산업기술진흥원으로 흡수통합되면서 사업을 더 이상 펼치지 않는 것으로 확인됐다. 지난해 기술거래소에서 특허 이전 사업을 담당했던 산업기술진흥원 관계자는 "공공기관인 진흥원이 거래와 평가 같은 민간 기능인 수익사업을 할 수 없게 됐다"고 중단 배경을 밝혔다. 기술거래소는 그간 정부와 민간이 공동으로 출자해 설립, 일부 수익사업을 펼쳐왔다. 사업 중단으로 가뜩이나 미진했던 휴면 특허 이전은 사실상 유명무실해졌다. 본격적으로 휴면 특허 이전 사업을 펼쳤던 2007년에는 총 21건의 대기업 특허가 중소기업으로 이전됐으나, 지난해는 현황조차 파악이 안 된다.

휴면 특허 이전 사업은 지난 2005년 전국경제인연합회·중소기업중앙회 공동의 '대·중소기업협력위원회'가 기획한 것으로 이를 정부(당시 산업자원부)가 채택했다. 재계는 대기업이 보유한 특허 상당수(약 60%)가 휴면 상태라는 데 착안, 이를 중소기업이 활용할 수 있도록 한다는 차원에서 마련했다. 사업 초기에 LG전자가 2,061건을 등록하고 삼성전자가 931건, 한국전력과 KT도 400건 안팎의 휴면 특허를 등록하는 등 대기업이 대거 참여했다. 현재도 1만여 건의 대기업 휴면 특허가 등록된 것으로 파악됐다. 산자부는 사업활성화를 위해 당시 재정경제부를 설득해 조특법 시행규칙을 개정해 대기업 특허 이전 시 연구개발(R&D) 세액공제를 일부 허용하기도 했다. 산업기술진흥원은 휴면 특허 이전 사업과 유사한 특허 신탁 사업을 펼치고 있다. 이 사업은 기업뿐만 아니라 대학·연구소 등이 양도 또는 라이선싱을 목적으로 기관에 휴면 특허를 신탁하는 것으로 산업기술진흥원은 양도·라이선싱과 특허 연차료(20만~30만 원)를 지원한다. 대·중소기업 상생 일환으로 추진하는 것은 아니며 실익이 떨어져 대기업 참여가 극히 미진하다. 진흥원 관계자는 "올해 1,400여건이 신청됐으나, 대기업 신청은 거의 없다"고 밝혔다.

자료: 『전자신문』, 2009년 11월 10일, 경제면, 「휴면 특허 이전 시작 2년 만에 중단」 기사.

정부의 단계를 개방형 혁신 정책의 수립, 기존 개방형 혁신 정책의 종합 조정, 그리고 현재 개방형 혁신 패러다임과 상충되는 기존 정책의 조속한 수정(예를 들어, 앱스토어상의 게임에 대한 사전 심의제 등) 등이 요구된다.

5-8. 대기업의 개방형 혁신 특허 경영전략

사례 5-14와 같이 국내의 대기업들은 현재 특허 경영의 측면에서 폐쇄형 혁신의 수준에 머물러 있다. 글로벌 특허 중개 회사, 특히 특허괴물들에 대항하기 위해서 특허 등 지식재산 관리 전담인력의 수를 2009년에 거의 배로 늘린 상태이다. 그런데 국내 주요 연구개발 지출과 미국 내 특허출원 및 등록 건수가 세계 최고수준을 기록하고 있는 반면, 국내 기업의 특허 전략은 매우 수동적 수준에 머물고 있다.

사례 5-14. 대기업의 특허 경영전략 현재

주요 대기업들이 특허 담당 조직을 대폭 확대하고 있다. 국내 기업들을 타깃으로 삼고 있는 특허괴물에 대응하기 위해서다. 소극적으로 외국 업체의 소송에 대응하는 데서 한 발 나아가 역소송을 제기하는 등의 방법으로 지식재산권 분쟁을 막겠다는 게 기업들의 공통된 계획이다. LG전자 고위관계자는 2일 "현재 200명 수준인 특허 전담 인력의 숫자를 내년 중 10%가량 늘리기로 했다"며 "특허전담 인력을 국내외 로스쿨에 파견하는 방법으로 전문성을 높이고 그룹 차원에서 운영 중인 'IP(지식재산권) 스쿨' 활동도 강화할 계획"이라고 밝혔다.

LG디스플레이 관계자도 "기업 간 특허소송이 늘어나는 추세를 감안, 특허전담 조직을 확대하는 방안을 검토하고 있다"고 말했다. 2005년 '특허 경영'을 선포한 삼성전자도 특허전담 조직 확대작업을 지속적으로 벌이기로 했다. 김광준 IP법무그룹 상무는 "특허 담당 조직에 '천재급 인재'를 채용하고 특허소송을 전담하는 인력을 확대하는 방안을 추진하고 있다"고 강조했다. 삼성전자는 2005년 250여명이던 특허 전담 인력을 올해 550명 수준까지 늘렸다. 전담인력 중 상당수가 변리사나 변호사 등의 전문인력이라는 게 회사 측 설명이다. 지난 3월 한·미 FTA(자유무역협정) 협상을 이끌었던 김현종 전 외교통상부 통상교섭본부장을 해외 법무담당 사장으로 영입한 것도 특허 관리 역량을 강화하기 위해서였다.

주요 대기업들이 특허 조직 추스르기에 나선 가장 큰 이유는 특허괴물 때문이다. 전국경제인연합회가 삼성전자, 현대자동차 등 R&D(연구·개발) 투자 상위 기업 30개사를 대상으로 조사한 결과, 27개사가 "특허괴물의 공격을 이미 받았거나 향후 공격 받을 가능성이 있다"고 답했다.

자료: 『한국경제신문』, 2009년 12월 2일, 경제면, 「대기업 특허괴물을 막아라, 삼성 및 LG 등 전담조직 확대」 기사 중 일부.

MS에서 자신의 미활용 특허활용을 극대화하고 외부로부터 유용한 특허를 효과적으로 획득하기 위해 운영하던 부서가 인텔렉추얼벤처스이다. 지금도 빌 게이츠는 한 달에 몇 번씩 인텔렉추얼벤처스 실험실을 들러서 이상기후 대체 기술, 말라리아 퇴치기술 등 인류의 미래를 위한 기술개발에 집중하고 있다. P&G, 그리고 이노센티브 등도 세계적 대기업들의 개방형 혁신 전략의 일환으로 운영되는 부서가 독립하여 분사한 기업들이다.

그런데 삼성이나 LG가 확대하고 있는 특허전담부서의 경우는 어떠한가? 개방형 혁신 기업 전략을 강화하는 목적보다는 자사의 신제품에 대한 선제적 특허 방어의 목적이 강하다. 삼성은 비록 2005년부터 특허 경영을 주창하고 있지만, 특허를 선제적 세계 기술 확보와 자사 신제품에의 적용을 넘어서는 개방형 혁신 활용으로까지 나아가는 데는 해외의 주요 기업들에 비해 오히려 뒤쳐져 있는 것이 사실이다.

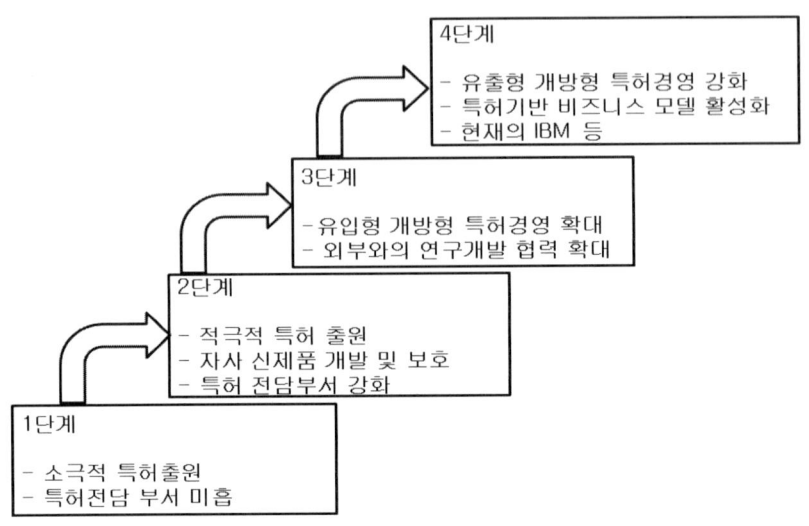

그림 39. 개방형 혁신 특허 경영의 4단계

그림 39는 기업들의 개방형혁신 특허 경영을 발전시키는 단계를 모델화한 것이다. 상당수의 중소기업들은 비록 자신들이 기술기반 기업들이라도 특허를 전혀 가지고 있지 않거나 약간 가진 수준으로 특허 전담 조직이 거의 없다. 이 경우를 개방형 혁신 특허 경영의 1단계라고 할 수 있다. 단순 조립, 생산 판매, 최소한의 영업이익, 그리고 자체 기술경쟁력 결여의 단계라고 할 수 있다. 2단계는 이제 기업들이 자신의 기술역량을 갖추어 가는 단계로 자사의 신제품 보호를 위해 적극적으로 특허출원에 나서고 연구개발 및 특허 전담부서를 설치, 강화하는 단계라고 할 수 있다. 3단계는 기업들이 스스로 개발한 기술뿐만 아니라, 외부로부터 보다 적극적으로 기술을 유입하는 유입형 개방형 혁신 단계라고 할 수 있다. 삼성이 삼성종합기술원을 삼성전자로 통합하고, 전 세계로부터 IT관련 새로운 성장 동력 기술을 확보하는 임무를 추진한다는 점에서 현재 3단계에 있다고 볼 수 있다. 마지막 4단계는 유출형 개방형

혁신을 적극적으로 추진하는 단계로 자신의 미활용 기술을 적극적으로 외부로 내보내 새로운 성장 동력을 창출하고 외부 연계 기업, 혹은 가치사슬 연계 기업들과 동반 성장을 지속하는 기업의 특허 경영전략을 말한다.

현재 국내의 대부분 기술기반 중소기업은 아직 1단계에 머물러 있다. 그리고 상당수의 중견기업들이 2단계에 나아가 있다. 국내 대기업 중 극히 일부가 3단계로 나아가 있다. 하지만 미국의 주요 기술기반 대기업들은 현재 4단계에 진입해 있어서 지식기반 경제를 전 세계적으로 주도하고 있다.

5-9. 글로벌 특허소송 대응 3단계 전략

미국 등 세계적인 기업들이 개방형 혁신 전략으로 특허 및 기술경영전략을 수정함에 따라 국내 주요기업들이 새로운 글로벌 경쟁 환경에 처해 있다. 삼성과 LG의 휴대폰 산업이 세계시장에서 두각을 나타내는 상황에서 코닥은 신제품 판매가 아니라 자신이 가지고 있는 카메라 관련 원천 특허를 기반으로 수익을 창출하고자 양사를 동시에 특허법원에 제소한 사례가 사례 5-15과 사례 5-16에 나타나 있다.

사례 5-15. 개방형 특허 경영전략과 특허소송

코닥과 휴대폰업체가 디지털 카메라폰 기술을 둘러싸고 특허 전쟁을 치르고 있다.

23일 블룸버그에 따르면 휴대폰업체 RIM은 코닥을 상대로 휴대폰에 쓰이는 디지털 카메라 기술을 포함한 총 4개의 특허를 코닥이 위반해 소송을 제기했다. 이번 소송은 코닥의 로열티 요구에 대해 RIM 측의 강경 입장을 반영한 것으로 보인다. RIM은 스마트폰 '블랙베리' 제조사로 최근 '펄'이라는 신상품을 내놓았다. RIM 측은 "지난 5년간 코닥은 과도한 로열티를 요구해 왔으며 최근 출시한 펄에 대해서도 마찬가지였다"면서 "코닥이 주장하고 있는 디지털 카메라 관련 기술은 타당하지 못하며 시행할 수 있는 것이 아니다"고 말했다. 이에 대해 코닥 측은 "RIM이 합리적인 대화를 종료하고 (소송에 나선 것에 대해) 실망한다"면서 "RIM이 지적한 코닥의 특허들은 모두 타당하며 시행 가능한 것"이라고 주장했다. 이에 앞선 지난 19일 코닥은 RIM과 특허 논쟁이 붙은 디지털 이미지 기술과 관련, 삼성전자와 LG가 특허를 위반했다며 법원에 제소했다. 코닥 측은 "삼성전자와 LG전자의 카메라폰이 이미지 캡처, 압축 및 데이터 저장, 모션 이미지 미리보기 등 자신의 특허를 침해했다"면서 "이번 문제를 해결하기 위해 삼성과 LG를 접촉했으나 만족스러운 합의점을 찾지 못해 법적 대응에 나선 것"이라고 말했다.

코닥의 안토니오 페레즈 CEO는 지난 2월 투자자들에게 "코닥의 연매출 중 2억 5000만~3억5000만 달러를 특허 라이선스로 올리겠다"며 특허 라이선스 매출을 강조하는 경영 방침을 밝힌 바 있다.

자료: 『전자신문』, 2008년 11월 24일, 국제면, 「RIM 코닥 걸고, 코닥은 삼성, LG 제소」 기사 중 일부.

RIM은 코닥의 개방형 특허 전략에 반발하여 개방형 혁신 특허전략에서 일반적으로 나타나는 상호 침해 가능성을 전제로 역공에 나서고 있다. 코닥은 사실 디지털 카메라 부문을 창출한 원천기술 보유기업이다. 따라서 코닥이 개방형 혁신 특허전략을 핵심 비즈니스 모델로 설정할 경우, 국내뿐만 아니라 글로벌 디지털 카메라 기업들과의 특허분쟁이 불가피하다. 이러한 상황에서 삼성이나 LG 등에는 단계적 접근 전략이 요구된다. 첫째, 단기적으로는 자사가 가진 특허 중 상대 기업이 활용하는 특허를 확인하고, 그 다음 자사와 상대 기업이 경합하는 특허를 확인한 후, 마지막으로 상대의 특허영역을 침해하는 부분이 어디인지 확인하는 것이 급선무다. 그런 다음 자사의 상대방 특허 침해 정도를 최소화하고, 상대의 자사 특허 침해를 최대화하는 전략이 필요하다. 결국에는 상호 특허 침해 논리를 통한 합의에 도달하는 전략이 단기 전략의 궁극적인 과정일 것이다. 둘째, 장기 전략은 국내 기업들이 자신들의 특허기반을 토대로 글로벌 개방형 혁신 기술 중개 기업을 분사하여 자사 기업의 특허 기반뿐만 아니라, 글로벌 관련 기업들의 특허를 전략적으로 축적하여 개방형 혁신 전략을 구사하는 해외 기술기반 기업과의 경합을 스스로가 아닌 분사한 기술 중개 기업을 통해 대응하는 것이다. 이는 MS나 몇몇 기업에서 이미 성공한 모델이다. 세계적 생산기술과 생산 인프라를 가지고 있는 국내 대기업들이 스스로 자신이 지불 가능한 일부 특허 사용료를 유인책으로 하여 세계적인 특허 중개 기업들 육성하는 전략을 고려해 볼 수 있다.

사례 5-16. 국내 대기업의 글로벌 특허 침해 소송 현재

삼성전자와 LG전자가 잇따라 해외 IT업체와 특허침해 소송에 휘말렸다.

18일(현지시각) 뉴욕타임스 · 월스트리트저널 등 주요 외신에 따르면, 실리콘밸리 플래시메모리 칩 업체인 스팬션은 삼성전자를 상대로 플래시메모리 칩과 관련된 특허침해 소송을 제기했다. 스팬션은 삼성이 자사의 10개 특허기술을 아무런 보상 없이 사용해 왔다고 주장하며 미 국제무역위원회(ITC)와 델라웨어 연방법원에 고소장을 내고 해당 칩을 사용한 MP3 플레이어, 휴대폰, 카메라, 노트북PC 등의 미국 내 반입을 금지해 줄 것을 요구했다. 지난 1993년 AMD와 후지쯔의 합작법인으로 설립된 이 회사는 특허에 저촉된 삼성 칩이 한 해 약 70억 개가 판매된 것으로 추정했다.

머틀랜드 캄보 스팬션 CEO는 "최근 삼성과 라이선스 계약을 위해 협상했지만 아무런 진전이 없었다"며 "비록 우리가 바라던 바는 아니지만 삼성 측에서 문을 닫았다"고 소송 배경을 밝혔다. 이에 대해 삼성전자 측은 "타인의 유효한 특허권은 존중해 왔지만 사용하지 않는 특허권의 공격에는 법적 대응조치를 취해 왔다"며 "이번 소송도 상대 주장이 근거 없음을 입증할 것"이라고 밝혔다.

이스트먼 코닥도 삼성전자·LG전자를 상대로 디지털 카메라 기술 관련 특허침해 소송을 제기했다. 삼성·LG의 카메라폰이 자사의 이미지 캡처·압축 기술과 데이터 저장 기술, 동영상 미리보기 등 1993~2001년에 획득한 특허 기술을 침해했다고 주장하며 뉴욕 로체스터 지방법원에 고소장을 제출했다. 또 ITC에 관련 제품 수입금지 소송도 제기했다. 하지만 구체적인 피해액수와 특허를 침해한 모델 등은 밝혀지지 않았다. 코닥의 지식재산권 책임자인 로라 쿼틀라는 "두 회사와 문제를 해결하기 위해 논의를 했지만 만족할 만한 합의를 이끌어 내지 못해 소송을 제기했다"고 설명했다. LG전자 측은 "올해 초부터 코닥이 제기한 특허침해 주장뿐만 아니라, 코닥 디지털 카메라 제품의 LG전자 영상기술 사용 부문을 포괄하는 협상을 진행 중이었다"며 "LG전자는 제품에 적용된 영상기술이 코닥의 주장과는 달라 기술적으로 특허 침해가 아니라는 주장이며, 관련 소송에 적극 대응할 방침"이라고 밝혔다.

자료: 『전자신문』, 2008년 11월 19일, 「삼성, LG 특허침해 피소 줄이어」 기사 중 일부.

셋째, 국내 대학과 출연연구기관에 축적되어 있는 수많은 미활용 특허들은 상당 부분 글로벌 경쟁이 가능하기 때문에 개방형 혁신 경영을 추진함에 있어서 이들이 기술자산으로서 무한 가치를 가질 수 있는 점을 활용하는 것이다.

┌───┐
│   3단계 : 국내의 축적된 대학 및 출연연구기관 기반 기술중개기업   │
│   │
│ – 국내 대학과 출연연구기관의 미활용 특허 임대(권리이전 아님)   │
│ – 분야별 특허군 형성 및 해외 PCT 특허 출원   │
│ – 글로벌 특허 전쟁상의 국내 기업의 참여   │
│ – 글로벌 특허지주회사 활동 참여   │
│ – 글로벌 특허경합에 능동 대응 및 해당 대학 및 출연연 보상   │
└───┘

┌───┐
│   2단계: 특허 기술 중개기업 분사 전략   │
│   │
│ – 국내 대기업 자사 특허기반 기술중개기업 분사   │
│ – 국내 및 해외 관련 특허 혹은 원천 아이디어 매집   │
│ – 글로벌 개방형 특허 군집의 분야별 형성   │
│ – 기술지주 회사 기반의 글로벌 기방형 특허 비즈니스 모델 추진   │
└───┘

┌───┐
│   1단계 : 개방형 혁신 특허 전략   │
│   │
│ – 자사 침해 상대 특허 근대화   │
│ – 상대 권리 침해 자사 특허 최소화   │
│ – 그리고 상호 침해 특허 복잡화   │
│ – 상호 크로스 라이센싱 등을 통해 특허 사용료 지급 최소화   │
└───┘

그림 40. 글로벌 특허소송 대응 3단계 전략 개략 개념

대학과 출연연구기관의 미활용 특허를 임의로 정부 주도의 지식재산관리회사
로 이전하는 것이 아니라, 대학과 출연연구기관의 미활용 특허 임대를 기반으
로 하는 전문 기술 중개 회사를 설립하고 글로벌 개방형 혁신 전쟁이 직면한
국내 주요 대기업들이 해당 기업에 적극적으로 참여하여 특허자산의 글로벌
경합의 수단으로 활용하는 것이다. 이러한 과정에서 활용되는 특허에 대해서

는 충분한 자산적 가치보상을 제공하는 방안을 고려할 수 있을 것이다. 이러한 경우 대학과 출연연구기관의 특허자산을 침해하지 않고 보다 적극적으로 대학과 출연연구기관의 특허 경영 노력과 기술사업화 실적을 제고할 수 있을 것이다.

환언하면 그림 40과 같이 글로벌 특허소송에 직면한 국내 대기업들은 기업 개인 차원에서 1단계의 대응 전략을 체계화할 수 있다. 그리고 나아가 2단계의 특허중개기업 방식을 통해 보다 능동적으로 글로벌 특허경쟁에 대응할 수 있다. 마지막으로 3단계에서는 국가의 축적된 미활용 특허를 활용한 국가 혁신체제 차원의 글로벌 특허소송 대응이 가능하다.

6부

개방형 혁신 제안

6-1. 정부의 개방형 혁신 정책 패러다임 재설계 요망

폐쇄형 혁신 패러다임에서 개방형 혁신 패러다임으로 기업들의 기술경영의 방향이 선회함에 따라, 정부의 관련 정책의 전환이 불가피하다. 무엇보다도 기업들의 개방형 혁신을 촉진할 수 있는 기반의 확충이 필요하다. 첫째, 정부 차원에서 광역경제권별 개방형 혁신 연구 프로그램을 활성화하여 대학과 기업, 그리고 출연(연)의 개방형 혁신 신제품 개발을 직접적인 목표로 하는 집중적인 연구 개발 프로그램의 활성화가 요망된다. 기업 현장 중심, 개방형 혁신 목표 중심, 그리고 폐쇄가 아닌 기업의 개방형 혁신을 목표로 하는 국가 차원의 광역경제권별 프로그램이 요망된다.

둘째, 개방형 특허 중개를 활성화 할 수 있는 다양한 차원의 민간 개방형 혁신 기술 중개 기업의 창출과 활성화를 위한 정부의 정책적 지원이 필요하다. 정부 스스로 지식재산관리회사를 운영하는 것은 또 다른 폐쇄형 혁신의 길을 만드는 것임을 분명히 밝히는 바 이다.

셋째, 정부 정책의 개방형 혁신화가 필요하다. 정부가 스스로가 아니라 정책의 수요자나 정책의 이해관계자들이 제안하는 정책 어젠다에서 출발해서 능동적으로 정부의 정책을 수립하고 집행하는 신개념의 정책 접근방식의 창출이 요구된다. 앱스토어 기반의 게임에 대해 기존의 게임 사전 인증을 요구하는 현재의 정책 접근은 한국의 모바일 게임 생태계 자체를 훼손하는 결과를 초래한다. 개방형 혁신 정책 패러다임의 도입이 필요하다.

넷째, 모바일 앱은 향후 새로운 벤처 생태계를 형성할 것인 바, 모바일 앱 생태계의 미래를 좌우할 사회적 네트워크와 관련하여 모바일 앱 기반 창업을 위한 정부의 다양한 벤처 정책이 요구된다. 모바일 앱을 기반으로 하는 국가적 창업 모멘텀을 창출함으로서 새로운 개념의 창업 어젠다의 창출이 가능하다. 모바일 앱 기반 광고, 조사, 네트워크, 지식검색, 뉴스 및 보도 등 기존에 존재하지 않은 새로운 모바일 앱 기반 서비스의 창출이 요망된다. 정부 차원의 집중적인 벤처창업 집중 지원 정책이 모바일 앱을 중심으로 모아진다면, 현재 한국에서 꺼져가는 벤처창업의 불길을 살리고 세계적 인터넷 강국으로서의 위치를 다시 찾을 수 있을 것이다.

다섯째, 정부의 모든 출연연구기관은 국가의 개방형 혁신 역량 활성화의 핵심 동력으로서의 역할을 담당해야 한다. 대구경북과학기술원이나 울산과학기술대학교 같은 신규 국립대학이나 동남권원자력의학원 같은 신규 국가출연연구기관 등은 지역 밀착형의 글로벌 연구개발 성과의 창출과 동시에 지역의 기존 혹은 신규기업을 통해서 해당 기술이 바로 시장으로 연결되도록 하는 개방형 혁신 창업 지원팀, 혹은 개방형 혁신 기술경영 연구실을 핵심적인 개방형 혁신 주무부서로 운영할 필요가 있다. 개방형 혁신 방식의 기술활용 없는 연구개발 투자나 기초연구는 개방형 혁신 패러다임에 반하는 반 시장적 정책 방향인 것이다. 정부는 최소 신설 출연연구기관, 혹은 신설 국립대학을 시발로 해서 보다 체계적이고 강력하며 집중적인 정부기관의 개방형 혁신 거점화 전략을 추진할 필요가 있다.

6-2. 삼성 등 국내 대기업의 개방형 혁신 전략 적극 추진 요망

삼성이나 LG, 혹은 현대자동차 등은 더욱 치열한 글로벌 특허 전쟁의 상황에 직면하고 있다. 뿐만 아니라 세계적인 기술경쟁이 가속화되고 신제품의 기술 수명 주기는 갈수록 줄어들고 있다. 그동안 자체 연구개발 투자의 집중화와 효과적인 폐쇄형 기술경영전략으로 한국의 주요 대기업들은 세계적인 기술능력을 갖춘 글로벌 기업으로 성장한 것이 사실이다. 하지만 지금은 상황이 급격하게 변화하고 있다.

첫째, 글로벌 특허경쟁에서 살아남기 위해서는 국내 대기업들은 자신이 개발하지 못한 세계적인 원천기술을 지속적으로 해외에서 확보하거나 채용할 수 있는 개방형 혁신 특허 획득 시스템을 갖출 필요가 있다. 전 세계적으로 새롭게 제시되고 있는 원천기술을 지속적으로 모니터링하고 적기에 해당 기술을 유입할 수 있는 유입형 개방형 혁신 전략의 체계화가 필요하다. 이를 위해선 대기업 내부의 기존 중앙연구조직을 전 세계의 신기술을 스크린 하고, 보다 효과적으로 보다 정확하게 필요한 해외 기술 확보에 활용하는 방안을 마련할 필요가 있다.

둘째, 국내 주요 대기업은 자신이 축적한 기술들을 기반으로 글로벌 특허 중개 및 기술 사업화를 촉진하는 글로벌 기술 중개 기업을 분사 설치하는 방안을 고려할 필요가 있다. 현재 MS 등 세계적 기업들이 개방형 혁신 전담 분사 기업을 설치하여 특허괴물, 혹은 특허백기사라는 이름을 얻고 글로벌 차원에서 막강한 영향력을 발휘하고 있다. 자신의 미활용 특허를 가장 효과적으로 활용하며 외국의 글로벌 특허괴물에 능동적으로 대응하며 나아가 특허기반 비즈니스 모델의 활성화로 새로운 기업 성장 동력을 확보할 수 있다.

셋째, 체스브로 교수가 2009년 11월 대구에서 개최된 대경개방형 혁신 포럼에 참석해서 삼성이 유출형 개방형 혁신 상당히 부족하다고 지적한 바와 같이, 국내 대기업들이 미활용 특허의 외부 활용을 촉진하기 위한 유출형 개방형 혁신을 활성화할 필요가 있다. 대기업들과의 가치사슬을 형성하고 있는 하청, 혹은 관련 기업만이 아니라 글로벌 경쟁의 한가운데 있는 다른 기업들에게도 삼성 등 국내 대기업들 자신이 가지고 있는 미활용 기술들을 적극적으로 유출함으로써 단기적 영업이익을 얻을 수 있을 뿐만 아니라 삼성의 확실한 새로운 지식 기반을 확충할 수 있다. 글로벌 경쟁에서 새로운 수익 창출모델을 확실하게 확보하는 것이 바로 유출형 개방형 혁신인 것이다. 현재 IBM이 유출형 개방형 혁신 전략 정착에 성공했고, 코닥이 그 길로 나아가고 있으며, 많은 글로벌 기술기업들의 유출형 개방형 혁신 전략으로 나아가고 있다. 삼성은 세계 2위 미국 내 특허등록 기업이다. 삼성의 유출형 개방형 혁신 전략의 활성화는 국내 중소기업의 기술 경쟁력을 단기간에 세계적 수준으로 향상시킬 뿐만 아니라 새로운 글로벌 경쟁 기반을 국내에 축적시키는 결과를 만들 것이다.

넷째, 삼성 등 국내 대기업의 글로벌 개방형 혁신 비즈니스 모델 개발 노력이 필요하다. 스티브 잡스가 창출한 앱스토어나 래리와 세르게이의 구글은 사용자들이 창출하고 제시하는 아이디어나 지식을 기반으로 하는 비즈니스 모델을 만들어 세계적인 성공 사례를 창출하고 있다. 기술기반 제품은 언제 중국의 모방 추격을 받을지 모른다. 하지만 개방형 혁신 비즈니스 모델은 지속 가능한 경쟁우위 확보 전략으로서 점점 격화되는 글로벌 경쟁에서 매우 중요한 의미를 가진다. 'Isceneshop'과 같은 국내 토종의 개방형 혁신 비즈니스 모델들을 적극 발굴하고 그것들을 기반으로 새로운 방식의 글로벌 개방형 혁신 비즈니스 모델 창출이 요구된다.

6-3. 1인 창조기업, 미래의 앙트푸르너십 동력
   개방형 혁신 비즈니스 모델에 있다

   20세기 IT 혁명은 IT 자체의 혁명이었던 반면, 현재의 혁명은 IT, 특히 스마트폰 기반의 전 산업영역의 스마트화 혁명이다. 그런데 이와 같은 2차 IT 혁명은 모든 사용자와 소비자들의 창조적인 아이디어와 지식이 스마트폰의 모바일 앱을 통해서 새로운 성장 동력으로 작용하는 사용자 기반 개방형 혁신 혁명이라고 볼 수 있다. 정지훈(2010)은 이를 클라우드소싱 혁명, 혹은 나노 경제 혁명이라고 표현한다. 체스브로(2003)는 개방형 혁신 혁명으로, 히펠(2005)은 사용자 혁신 혁명으로 표현하는 오늘날 스마트폰 기반의 혁명적 변화는 분명 사용자 기반 개방형 혁신 혁명인 것이다.

   사용자, 혹은 소비자로서 일반인의 참여와 공유, 그리고 그들의 창조적 아이디어를 혁신과 신제품의 직접적 동인으로 사용한 스마트폰 모바일 앱 기반의 혁명이 바로 그것이다. 이러한 사용자 기반 개방형 혁신의 시대는 어느 때보다도 젊은 앙트푸루너들의 창조적 기업가 정신을 요구한다. 아이폰이나 구글폰의 앱스토어는 이미 글로벌 마케팅 네트워크를 갖추고 있으며, 개인의 창조적 아이디어만 제공된다면 바로 신제품의 전 세계 판매를 가능케 한다. 개개인의 창조적 아이디어를 기반으로 하는 새로운 앱스토어 애플리케이션 신제품은 바로 전 세계의 또 다른 창조적 소비자들에 의해 소비된다. 그리고 이러한 1인 창조기업의 아이디어 제품은 대량 소비가 아니라 전 세계의 창조적 소비자들과 만나 다품종 소량 소비의 대상으로 긴 꼬리를 형성하며 지속적인 소비의 대상이 된다.

   사용자 기반 개방형 혁신의 앱스토어 혁명은 국내뿐만 아니라 전 세계의 잠재적 예비창업가들에게 새로운 신천지를 제공하고 있다. 창업은 멀리 있는 것이 아니다. 각자의 삶의 현장에서 포착되는 창조적 아이디어가 스마트폰이라는 플랫폼을 통해서 구현되어 인간의 삶의 양과 질을 개선하는 것이 바로 개방형 혁신 앱스토어 1인 창업의 미래인 것이다.

사용자 기반 개방형 혁신 1인 창업은 첫째, 개인 스스로 자신의 삶의 주체로써 성찰적으로 자기 삶을 주목하고, 그 속에서 창조성과 혁신의 모티브를 탐색하는 과정이 필요하다. 둘째, 개인 차원의 혁신을 넘어서 자신의 창조적 사용자 혁신 아이디어를 모든 소비자, 사용자와 공유할 수 있는 혁신 아이디어의 일반화가 필요하다. 셋째, 사용자 기반 개방형 혁신 아이디어의 모바일 앱 구체화 작업이 필요하다. 이 단계는 학습을 통해서 스스로 할 수 있을 뿐만 아니라 필요할 경우, 소량의 금액으로 외부 용역을 통해 수행가능하다. 넷째, 자신의 창조적 혁신 제품을 글로벌 소비자들을 대상으로 트위터, 페이스북, 혹은 유튜브 등을 통해 무료로 홍보하는 방안을 적극 강구할 필요가 있다.

산업화 시대의 창업은 노동과 자본 중심의 생산 함수를 토대로 하는 창업이었다. 반면 지식기반 경제의 창업과 생산 함수는 노동과 자본뿐만 아니라 바로 지식기반의 창업이 중요해졌다. 개인의 창조적 지식을 기반으로 하는 능동적 창업활동이 바로 새로운 생산과 경제성장의 동력인 시대가 도래한 것이다.

국내외의 젊은 예비창업자들이 자신의 창조적 아이디어를 끊임없이 발굴하고, 일상의 신문 속에서 나타나는 세상의 현실에 사고실험의 방식으로 적용해 보는 시행착오를 거치면서, 보다 세련되고 지속가능한 수익모델을 가진 개방형 혁신 창업의 대열에 합류할 수 있기를 기대한다.

세르게이 브린이나 스티브 잡스를 넘어서는 창조적 앙트푸르너가 바로 여기에서 잉태되고 성장하기를 기대한다.

참고문헌

김중태(2009), 『모바일 혁명이 만드는 비즈니스 미래지도』, 서울. 한스미디어.

도널드 스토크스(저), 윤진효 외(역), 『파스퇴르 쿼드런트: 과학과 기술의 관계 재발견』, 서울. 북&월드.

삼성경제연구원(2010), 「스마트폰이 열어가는 미래」, 『CEO Information』, 서울. 삼성경제연구원.

야마사키 준이치로(저), 성윤아(역)(2009), 『돈버는 모바일: 아이폰 앱스토어』, 서울. 팬덤하우스.

윤종훈·김용민(2009), 『글로벌시대의 전자상거래』, 서울. 학현사.

윤진효 외(2009a), 「모듈여부에 따른 개방형 혁신효과 차이 분석연구」, 2009년 10월 16일. 한국정책학회 추계학술대회 학술자료집. 대전국립과학관.

윤진효 외(2009b), 「중소기업 개방형 혁신 사례조사 연구: 채널별 개방형 혁신을 중심으로」, 한국정부학회 추계학술대회 학술대회자료집. 김천문예회관.

윤진효(2010a), 「개방형 혁신시대의 신 정책어젠다 개발 연구」, 서울행정학회 2010년 동계학술대회 발표논문집.

윤진효(2010b), 「사용자 기반 개방형 혁신 사례분석」, 기술경영경제학회 2010년 동계학술대회 발표논문집.

스콧 벨비·테리 화이트(저), 강철구(역), 『The iPhone 아이폰 북, Third Edition』, 서울. 에이콘.

정지훈(2010), 「제 4의 불」, 서울. 열음사.

크리스 앤더슨(저), 이노무브그룹(역), 「The Long Tail, 롱테일 경제학」, 서울, 랜덤하우스.

Cappellin. Riccardo(2003), "Networks and Technological Chane in Regional Clusters", In Brocker. Johannes, Dohse. Dirk, Soltwedel. Rudiger(eds). *Innovation Clusters and Interregional Competition*. Springer.

Chesbrough. Henry(2003), *Open Innovation*. Massachusetts: Harvard Business School Press.

Chesbrough. Henry(2006), *Open Business Models: How to Thrive in the New Innovation Landscape*. Massachusetts: Harvard Business School Press.

Chesbrough. Henry, Vanhaverbeke. Wim. Joel West(ed).(2006), *Open Innovation, Researching a New Paradigm*. Oxford: Oxford Press.

Cooke. Philip(2007), "theorizing regional knowledge capabilities: economic geography under 'open innovation'", In Surinach. Jordi, Moreno. Rosina, Vaya. Esther(ed)(2007), *Knowledge Externalities, Innovation Clusters and Regional Development*. Massachusetts: Edward Elgar Publishing, Inc.

Fashacht. Daniel(2009), *Open Innovation in the Financial Services: Growing Through Openness, Flexibility and Customer Integration*. Berlin: Sprigner.

Gleeson. Michaer E.(2009), *Towards a Service Science: Lessons from Public Sector Cases*. Working Paper.

Goldman. Ron. Gabriel, Richard P.(2005), *Innovation Happens Elsewhere: Open Source as Business Strategy*. Oxford: Morgan Kaufmann Publishers.

Yun JHJ(2009-1), "Geographic Boundary of Open Innovation: Sources Within and Beyond Cluster" Atalanta Conference In Georgia Tech Univ.

Yun JHJ(2009-2), "Research on the relationship between Firm's internal and external open innovation, and performance" *Asialics* 6th In Hong Kong Science and Technology University.

HIppel. Eric Von(2005), *Democratizing Innovation*. Massachusetts: The MIT Press.

Motzek. Robert(2007), *Motivation in Open Innovation. An Exploratory Study on User Innovation*. Munich: VDM Verlag Dr. Müller.

Prahalad. C. K, Rrishanan. M. S.(2008), *The New age of Innovation: Driving Co-Created value through global networks*. New York: McGrawHill.

Skarzynski. Peter, Gibson. Rowan((2008), *Innovation to the Core: A Blueprint for Transformaing The Way Your Company Innovates*. Harvard Business Press.

Terwiesch. Christian, Ulrich. Karl T.(2009), *Innovation Tournaments: Creating and Selecting exceptional opportunities*. Boston, Massachusetts: Harvard

Business Press.

Timmons. Jeffry A., Spinelli. Stephen(2007), *Seventh Edition New Venture Creation: Entrepreneurship for the 21st Century.* Boston: McGrawHill International Edition.

Yun. Jin Hyo Joseph(2009), Open Innovation Location and Boundary. Atalanta International Conference.